rororo

Zu diesem Buch

Als Ulerika 16 war, hat ihr Vater sie umgebracht. Ein Ehrenmord. Das aufgeweckte Mädchen war wie alle in ihrem Alter, ging tanzen, stand auf coole Klamotten, träumte davon, Popstar zu werden, und hatte einen Freund. Ihr Vater, traditionell erzogen, konnte das nicht ertragen.

Die Autorin

Hanife Gashi, geboren 1968 im albanischen Kosovo, kommt 1989 mit Mann und Tochter nach Deutschland, lernt gegen den Willen ihres Mannes die deutsche Sprache und macht eine Ausbildung als Altenpflegerin. Drei weitere Töchter sind in Deutschland geboren. Sie lebt in Baden-Württemberg.

Sylvia Rizvi, Journalistin und Autorin, schreibt unter anderem für die *Frankfurter Rundschau*, die *Welt* und die *Stuttgarter Zeitung*; sie ist Lektorin und Herausgeberin von Büchern für Terre des Femmes, zuletzt «Mode, Macht und Frauenrechte» (2003). Sie lebt in Tübingen.

Hanife Gashi
mit Sylvia Rizvi

Mein Schmerz trägt deinen Namen

Ein Ehrenmord in Deutschland

Rowohlt Taschenbuch Verlag

2. Auflage Mai 2006

Veröffentlicht im Rowohlt Taschenbuch Verlag,
Reinbek bei Hamburg, Dezember 2005

Umschlaggestaltung ZERO Werbeagentur, München
(© Foto: nonstock/mauritius images)
Satz Sabon PostScript, InDesign,
bei Pinkuin Satz und Datentechnik, Berlin
Druck und Bindung Druckerei C. H. Beck, Nördlingen
Printed in Germany
ISBN 13: 978 3 499 62088 1
ISBN 10: 3 499 62088 x

Für Ulerika

Vorwort

Meine Tochter Ulerika ist tot. Ihr Vater hat sie ermordet. Sie war erst sechzehn Jahre alt und starb mitten in Deutschland, in einer Märznacht vor knapp zwei Jahren. Die älteste meiner vier Töchter musste ihr Leben lassen, weil sie so sein wollte wie ihre deutschen Mitschülerinnen. Sie wollte ausgehen und sich mit ihren Freundinnen treffen, sie wollte sich ein wenig schminken und auch nach der neuesten Mode kleiden. Und sie hat einen Jungen geliebt, der ihrem Vater nicht «albanisch» genug war.

Ja, nicht nur in fernen Ländern, auch mitten in Deutschland werden Frauen und Mädchen aus Gründen der Ehre getötet. Und viele Menschen fragen sich, wie es dazu kommen kann. Deshalb erzähle ich Ulerikas Geschichte. Es ist auch die Geschichte meiner Ehe. Sie begann mit einer Zwangsheirat im Kosovo. Vor rund zwanzig Jahren wurde ich als Siebzehnjährige mit einem Mann verheiratet, den ich am Hochzeitstag zum ersten Mal gesehen habe. Ich musste zu meinen Schwiegereltern ziehen. Auf ihrem Bauernhof wurden die Traditionen sehr viel strenger gelebt, als ich es aus meinem Dorf und Elternhaus kannte. Mit Schlägen bläute mir mein Ehemann Disziplin ein, zwang mich zu bedingungsloser Unterordnung.

Nach unserer Flucht nach Deutschland versuchten wir mit unserer zweijährigen Tochter Ulerika in einem fremden Land Fuß zu fassen. Ich lernte eine neue Kultur kennen und wollte sie leben. Meine Liebe zum Kosovo und zu unserem Volk bewahrte ich in meinem Herzen. Ulerikas Schwestern sind in der Gegend von Tübingen geboren. Dort lebten wir all die Jahre. Die Mädchen sagen, sie sind «Albanerinnen mit deutscher Kultur». Ulerikas Vater aber versuchte, die alten Traditionen seines Dorfes in unserer Familie aufrechtzuerhalten. Für ihn musste alles bleiben, wie es in alten Zeiten war.

Er schlug uns, missbilligte meinen Deutschkurs und später meine Ausbildung, er wollte mich nicht als Altenpflegerin arbeiten sehen. Besonders drangsalierte er seine älteste Tochter Ulerika, seit sie in die Pubertät kam. Mein geschiedener Mann verstand nicht, dass wir in Deutschland nicht anders leben konnten. Er kontrollierte uns, nannte uns «Huren».

«Niemand weiß, wie wir leben», sagte Ulerika oft. Wir hatten ein Haus gekauft, ich lächelte viel, Ulerika war Schulsprecherin – die Fassade war perfekt. Denn bei uns ist es nicht üblich, Familienprobleme nach außen zu tragen. Vor allem wir Frauen schweigen. Und wir haben uns geschämt.

Erst nach und nach habe ich mich gegen die Gewalt und dieses Leben gewehrt und Hilfe gesucht. Zu zögerlich, wie ich heute weiß. Immer wieder habe ich gehofft, alles würde sich einrenken. Jetzt ist Ulerika tot, ihr Vater hat sie getötet. Mein Buch – es entstand mit Hilfe des Rowohlt Verlages, der Frauenrechtsorganisation Terre des Femmes und der Journalistin Sylvia Rizvi, die meine Geschichte niedergeschrieben hat – soll alle Frauen warnen. Verbergt eure blauen Flecken nicht unter langärmeligen Blusen oder Schminke, heuchelt nicht vor der Haustür Harmonie, wenn dahinter eine Hölle lodert! Das ist Ulerikas Vermächtnis.

In ihrem Namen kämpfe ich gegen Männer, die ihre Töchter wegen der Ehre umbringen. Ich hoffe, dass die Menschen mehr miteinander reden, zum Beispiel wir Kosovo-Albaner über unsere Traditionen. Es gilt, das Gute zu bewahren und das Menschenverachtende zu verdammen – was viele meiner Landsleute im Übrigen schon lange tun. Doch es gibt noch viele Täter wie meinen geschiedenen Mann, die im Gefängnis sitzen, und viele, die ihre Familien terrorisieren und ihre Frauen und Töchter schlagen. Und sie aus Gründen der Ehre töten. Wir Migrantinnen und Migranten sollten gemeinsam mit Deutschen gegen Ehr-Verbrechen kämpfen – hier und auf der ganzen Welt. Wir müssen zusammenstehen und Frauen nicht nur ermutigen, sich zu wehren, sondern ihnen noch viel mehr Hilfe anbieten.

Hanife Gashi

Eine Kindheit am Weißen Drin

Der Wind weht mir die langen Haare ins Gesicht. Sanft streichelt er meine Wangen. Ich wische meine Tränen nicht fort. Mir ist, als würde ich den See mit ihnen wärmen. Sachte Wellen plätschern ans Ufer. Doch der Hirschauer See bleibt stumm und spiegelt nichts als Grau. Ich fühle Leere. Willst du mich nicht trösten?

Damals vor zwei Jahren – wie wartete ich auf Ulerika. Ihren Anruf, ihre Stimme und ihr Lachen. Dann gabst du die Leiche meiner Tochter frei. Du, der See, wo sonst im Sommer Mädchen baden. Polizeitaucher legten Ulerikas toten Körper ins noch winterblasse Ufergras.

Das Gras zu meinen Füßen ist durchsetzt von kahlen Stellen blanker Erde. Hierher legten sie meine älteste Tochter. Spannten grelle Absperrungen. Männer und Frauen befassten sich mit ihrem Leichnam. Taten ihre Arbeit und besprachen, wer mir die Nachricht bringen würde. Weißt du, See, warum sie sterben musste? Mit erst sechzehn Jahren?

Warum antwortest du nicht? Fühlst du dich schuldig, weil du die Leiche eines unschuldigen Mädchens umschlangst? Bin ich die Einzige, die zu dir kommt und mit dir spricht? Hast du sie behütet vor deinem Strauchwerk? Hat dein ruhiges Wasser ihr Haar bewegt, so wie mich jetzt der Wind streichelt? Hast du ihr das Blut abgewaschen? Wir sind nicht schuldig, weder du noch ich. Ich werde ihren Vater, ihren Mörder, ein Leben lang hassen.

Der Wind bringt warme Luft und treibt die Wolken auseinander. Ein Stück blauer Himmel zittert auf deiner Oberfläche. Kleine

Wellen kräuseln sich, als bewegten dich die Worte, die ich spreche. Soll ich dir erzählen von Ulerika? Ein Fisch springt hoch, und seine Kreise verlieren sich im Sonnenwasser. Unversehens scheint es mir, als wäre ich am Weißen Drin. Wie gerne habe ich in diesem Fluss gebadet, wie gerne dort geangelt, als ich so alt war wie Ulerika.

Dort, in Krusha Madhe, in meiner Heimat Kosovo, in meiner Kindheit, hat unsere Geschichte begonnen.

An heißen Sommertagen fließt der Weiße Drin schwer und langsam. Dort kamen wir Freundinnen und Freunde, Cousins und Cousinen zusammen. Kein Wölkchen trübte das leuchtende Blau des Himmels, unter dem wir badeten und Fische fingen. Wer näher kam, konnte unser Lachen hören. Ich war fünfzehn Jahre alt. Mein Bikinioberteil passte nicht zum Unterteil, gelbe Rauten auf blauem Grund bissen sich mit Hellrot. Mich störte es nicht. Hauptsache, ich hatte etwas, womit ich baden konnte. Meine Freundin badete im Turnhemd. Glucksend vor Vergnügen schwamm sie hin und her, die anderen Mädchen waren im Unterhemd und genossen das aufgeheizte Wasser des Flusses.

Wie stolz waren wir Mädchen, dass wir mehr Fische fingen als die Jungen. Doch waren sie uns nicht gram. Einige von ihnen sagten bewundernd, die Mädchen in Krusha Madhe seien Frauen geworden, gescheit, schön und fleißig.

Kichernd schürte ich mit den Mädchen das Feuer. Wir brieten die Fische und kühlten die mitgebrachten Melonen im Fluss. Die Jungen lagen im heißen Sand des Drin-Ufers und erwarteten uns schon ungeduldig, als wir ihnen lachend die gebratenen Fische brachten. Zwanglos ließen wir uns zum Essen nieder. Wir hatten reichlich, und es duftete herrlich. Das Wasser tranken wir der Reihe nach aus einem Napf. Es war von der Hitze ganz warm. «Jetzt wollen wir die Melone essen, holst du sie?», sagte mein Cousin Shpend* und zeigte auf die Frucht im Fluss.

«Geh doch selber», antwortete ich feixend, «weshalb sollen wir Mädchen euch bedienen?»

Er grinste. «Warum nicht? Ihr seid Mädchen; und wenn du heiratest, bedienst du die Familie deines Mannes noch viel mehr als uns.» Und wieder lachte Shpend. «Der ganzen Familie wirst du die Füße waschen, vom Herrn des Hauses bis hin zum kleinsten Kind.» – «Ah! Na warte!», rief ich und warf ein Handtuch nach dem frechen Burschen. Er duckte sich und wollte weiterlästern. Selbstbewusst schnitt ich ihm das Wort ab: «Vielleicht nehme ich einen Burschen aus unserem Dorf.» Ich lächelte siegessicher: «Bei uns in Krusha Madhe ist es nicht Sitte, der ganzen Familie die Füße zu waschen.»

«Oh, ihr armen Mädchen», flötete er weiter, «ihr habt es schwer. Ihr müsst in Familien mit anderen Sitten und Gebräuchen heiraten.»

«Genug.» Ich ließ ihn nicht weiterreden. «Lass uns Fische fangen für zu Hause.» Mich überlief ein Schauer, denn was wäre, wenn ich tatsächlich in eine solche Familie heiraten würde? Schnell verjagte ich die Gedanken, ich wollte mir die Stimmung nicht vermiesen lassen. Für mich kam das ja gar nicht infrage.

Ich warf die Angel aus und blickte über den Fluss. Die Mücken schwärmten im Licht des Nachmittags. Ich blinzelte in die Sonne, die tief über den schneebedeckten Gipfeln des Berges Pasvtrik stand. Ich saß zu Füßen einer Welt, in der die verschiedensten Völker und Religionen zusammen lebten.

Meine Familie und ich, wir waren Muslime. Der Vater meines Vaters war katholisch gewesen. Wie seine Brüder hatte er eine muslimische Frau geheiratet. In der Folge lebten wir unseren Glauben tolerant, im täglichen Leben spielte er kaum eine Rolle. Ich ließ die Blicke schweifen. Rechts vor dem Pasvtrik lag ein kleiner Gebirgszug, in dem die Hasjanen leben. Die Bewohnerinnen und Bewoh-

* Alle Vor- und Zunamen in diesem Buch sind geändert, mit Ausnahme von Hanife Gashi, Ulerika und Hanife Gashis Schwester Ruka sowie der Mitarbeiterinnen von Terre des Femmes.

ner der Region Has waren Muslime wie wir. Die Frauen trugen mit Glasperlen und Perlmutt bestickte Korsagen, darunter weiße Blusen mit weiten Ärmeln. Aufsehen erregten ihre ausgestellten, langen Röcke. Gerne wurden die Hasjanen-Frauen für Reiseführer abgelichtet. Ihre langen, schwarzen Haare trugen sie mit einem gerade geschnittenen Pony. Blonde Frauen mussten die Haare schwarz färben.

Den kleinen Gebirgszug überragt ein hoher Berg. Dort siedelten katholische Albaner. Sie waren sehr gläubig. Das osmanische Regime hatte sie nicht zum Islam bekehren können, und nicht einmal unsere kommunistische Regierung brachte sie von ihrer Religion ab. Sie sind sicher stolz darauf, dachte ich unvermittelt.

Ein Fisch biss an. Ich zog ihn aus dem Wasser. Die Stimmen der Jungs und Mädchen hallten zu mir herüber. Noch einmal warf ich die Angel aus. Der Köder tauchte leise platschend ins Wasser. Ich wartete. Meine Blicke schweiften wieder zum Pasvtrik-Gebirge. Auf der anderen Seite der Berge war Albanien, mein Mutterland. Ob dort auch Hasjanen wohnten? Oder andere Stämme? Wir Kosovo-Albaner konnten nicht nach Albanien reisen, die Grenzen waren dicht. Wie sehr wünschte ich zu wissen, wie es dort war. War es auf der anderen Seite wie bei uns? Gab es dort genauso schöne Obstbäume wie am Drin, wo Äpfel, Birnen, Zwetschgen und Pfirsiche gediehen? Und dann fiel mir mein Onkel väterlicherseits ein, der im Zweiten Weltkrieg im Pasvtrik-Gebirge getötet worden war. Ich wusste: Es hatte viele Kriege bei uns gegeben.

Wie lebten die Menschen in Albanien heute zusammen? Wir in Krusha Madhe waren fast alle albanischer Abstammung und muslimisch. Aber es gab auch serbische Familien christlich-orthodoxen Glaubens. Meine Mutter war mit einigen befreundet, ab und zu besuchten sich die Frauen gegenseitig. Der Islam bestimmte den Alltag meiner Familie kaum, genauso wenig wie den der meisten Dorfbewohnerinnen und -bewohner. Ein paar Ältere gingen in die Moschee. Und in den Nachbardörfern wohnten viele Katholiken. Auch sie praktizierten einen toleranten Glauben. Eine Stimme unterbrach meine Gedanken: «Hanni!» Ein Junge rief mich bei meinem Kosenamen. «Hanni, wir wollen gehen. Es ist spät geworden, unsere Eltern warten.»

Hastig packte ich mein Zeug zusammen und rannte zu den anderen. Mit den auf Ästen gespießten Fischen machten wir uns auf den zwei Kilometer langen Weg in unser Dorf. Fröhlich lachend grüßten wir die Bäuerinnen und Bauern in den Paprikafeldern. Bald würde die Ernte reif sein, Krusha Madhe war bekannt für seine leckere Paprika.

Wir verabschiedeten uns vor der Tankstelle. Ich winkte. Die Abendsonne warf ihr warmes Licht über die Straßen des 5000-Einwohner-Dorfes. Bald würden die drei Lebensmittelgeschäfte und das kleine Einkaufszentrum schließen. Auf der geteerten Hauptstraße, die noch weich von der Sonne war, ließ ich das Rathaus hinter mir, die große Ärzte-Ambulanz, die Bibliothek und die Konzerthalle mit dem Jugendzentrum. Weil ich mich beeilen musste, konnte ich keinen Blick mehr in die Eisdiele werfen, in der ich mich oft mit Freundinnen traf. Ich hastete die gepflasterte Seitenstraße hinauf und bog um die letzte Ecke. Die Straße war aus Erde. Als ich das gewölbte, schwarze Ziegeldach unseres 300 Jahre alten Hauses sah, beschleunigte ich meine Schritte noch. Es war in den Hang gebaut und hatte zwei Geschosse. Vor der Haustür wuchsen Blumen. Eilig riss ich die Tür auf, meine Mutter wartete bereits. «Na, das war ja mal wieder im letzten Augenblick», sagte sie.

Meine Familie: Von fünf Schwestern und drei Brüdern war ich das fünfte Kind. Die kräftigen schwarzen Haare und den dunklen Teint hatte ich von meiner Mutter. Deshalb nannten mich die Kinder manchmal neckend «die Zigeunerin» oder «die Schwarze».

Man sagte, ich hätte auch ihr Lächeln und ihre dunklen Augen geerbt. Mit ihren fünfundvierzig Jahren war sie zupackend und bodenständig. Sie war Herr und Frau im Haus. Sie entschied und organisierte, wachte über die Finanzen und erzog uns Kinder. In der Erziehung hatte sie Prinzipien und legte Wert auf eine klare Linie. Zum Beispiel auf Pünktlichkeit. Aber trotz ihrer gelegentlichen Strenge erzog sie uns offen und tolerant.

Tolerant war auch mein Vater. Durch die natürliche Autorität, die er ausstrahlte, war er im Dorf sehr angesehen. Er war ein warmherziger Mensch. Nie wurde er laut. Und stets trug er seine Anliegen bei Nachbarn und Verwandten höflich und zurückhaltend vor.

Er hatte eine schwere Kindheit gehabt. Aufgewachsen war er in einer Familie aus Krusha Madhe, die sieben Hotels und eigene Läden besaß und die einen älteren Sohn noch in Rom studieren lassen konnte. Doch mit dreizehn Jahren wurde mein Vater Waise. Vorher hatte sein Onkel das Vermögen der Großfamilie verspielt und vertrunken. Nur das 300 Jahre alte Haus war der Familie meines Vaters geblieben. Mein Vater wurde von seiner neunzehn Jahre älteren Schwester erzogen. Er ging nach Bosnien, um eine weiterführende Schule zu besuchen und zu arbeiten. Dann kehrte er ins Kosovo zurück, um auf Geheiß der Schwester eine albanische Frau zu heiraten. Sie hatte für ihn bei einer Bauernfamilie ein Mädchen gefunden – meine Mutter. Eine albanische Frau zu heiraten war Sitte. Albaner, die es nicht taten, galten als «Verlorene».

Trotz der arrangierten Ehe wurden meine Eltern glücklich. Sie bekamen acht Kinder, und die meisten meiner Geschwister hatten wie mein blonder Vater helle Haare und eine helle Haut. Ich mochte seinen blonden Schnurrbart und die lachenden grünen Augen, seine Gestalt war schlank und groß gewachsen. Für ihn war ich die kleine Prinzessin. Gala hat er mich genannt. Er gab nichts auf gängige Schönheitsideale, wonach die Blonden als die Schöneren galten. Und er fand meine Pausbacken reizend.

Er hatte einen guten Draht zu uns Kindern. Deshalb bügelten wir Mädchen ihm gern seine Hosen, deren Bügelfalten akkurat sitzen mussten. Er war ein sehr ordentlicher Mensch und kleidete sich gepflegt. Früher war er Steuerberater gewesen, nun arbeitete er als Hausmeister in der Schule – in meiner Schule. Er hatte ein kleines Büro, in dem alle Lehrer gern vorbeischauten, um zu plauschen. Am 6. Dezember spielte mein Vater immer – «Hooo, hooo, hooo!» – den Nikolaus. Oh, war mir das peinlich!

Drei meiner Schwestern waren verheiratet und lebten bei ihren Männern. Mein verheirateter Bruder, seine Frau und der Rest unserer großen Familie teilten sich die fünf Zimmer unseres Hauses und einen riesigen Wohnflur im oberen Stock. Im Flur stand ein großer Tisch, an dem wir Kinder Hausaufgaben machten. In die Wände waren hölzerne Einbauschränke eingelassen, deren Türen schon schwarz vom Alter waren. Dort bewahrte ich in einem eigenen Fach meine geliebten Bücher auf und verschloss es mit einem Vorhängeschloss. Meine Geschwister sollten nicht in meinen Sachen wühlen. Ja, auch ich hatte Prinzipien wie meine Mutter.

Für mich bedeutete die Schule alles. Wäre es nach meinen Eltern gegangen, hätte ich nur die achtjährige Schulpflicht absolviert. Ich aber wollte noch zwei Jahre lernen und alles über die Welt erfahren. Mein größter Traum war, Ärztin zu werden. Deshalb wollte ich aufs Gymnasium und nach dem Abitur am Ende der zehnten Klasse studieren. Schließlich gab es in unserem Dorf nicht nur Landwirtschaft und Gewerbe, sondern auch Lehrer und Ärzte, ja, auch Lehrerinnen und Ärztinnen. Mein Vater erlaubte mir den Besuch des Gymnasiums erst nach längerem Zögern und unter den skeptischen Blicken meiner Mutter, denn wir waren arm. Schon für die Schuluniform mussten meine Eltern lange sparen.

Ich trug das seeblaue Wickelkleid, mit dem ich Tag für Tag unser Dorfgymnasium besuchte, voller Stolz. Dass ich Medizin studieren wollte, war meiner Mutter nicht geheuer.

«Was findest du nur gut daran?» Sie saß im kühlen Wohnzimmer und nahm einen Schluck Mokka.

«Das Fach interessiert mich. Und ich könnte Menschen helfen», entgegnete ich.

Meine Eltern schauten sich an. Ich wusste, sie hätten es lieber gesehen, wenn ich in Haus und Hof gearbeitet hätte.

«Die Universität von Priština ist weit weg», gab meine Mutter zu bedenken.

«Ja, schon.»

«Du musst ein Zimmer mieten und Bücher kaufen.»

«Wovon willst du deinen Lebensunterhalt bezahlen, wovon Essen und Fahrgeld?», sekundierte mein Vater.

«Und Schuhe und Kleider brauchst du auch.»

«Aber es gibt doch staatliche Unterstützung für Studierende», wendete ich ein.

«Kind, das reicht nicht, um über die Runden zu kommen.»

Ich wusste keine Antwort. Trotzig warf ich ein: «Aber mein ältester Bruder darf später auch studieren. Meine Noten sind mindestens genauso gut.»

Meine Vater brach die Diskussion ab. «Jetzt mach erst mal deine Schule fertig. Dann sehen wir weiter.»

Mit dieser vagen Hoffnung lernte ich weiter. Rasch verdrängte ich den Gedanken, dass es anders kommen könnte.

Im Unterricht interessierte mich jede Kleinigkeit. In meinen Lieblingsfächern Geographie und Geschichte lernte ich viel über fremde Länder. Der Kanun allerdings wurde im Fach Geschichte nur kurz gestreift. Dieses alte albanische Gewohnheitsrecht aus dem Spätmittelalter regelte rund ein halbes Jahrtausend den Alltag der Menschen, von der Hochzeit bis zum Begräbnis, vom Hausbau bis zur Rechtsfindung. Nach dem Kanun herrschte der Vater als Patriarch über die Familie, die Frauen hatten wenig zu sagen. Der Vater, oder, falls er zu alt oder zu krank war, der Erstgeborene, entschied über rechtliche oder private Streitigkeiten sowie über die Zukunft der Söhne und Töchter. Aufgabe der Frauen war es, kräftige Kinder zur Welt zu bringen – am besten Jungen. Doch die Details und Paragraphen des mittelalterlichen Rechts waren kein Unterrichtsstoff. Und so erfuhren wir auch nichts Näheres über die Fragen der Ehre, die der Kanun regelte. Das archaische Recht auf Blutrache etwa, das Familien erlaubte, einen getöteten Verwandten zu rächen.

Bei den meisten Menschen war der Kanun in Vergessenheit geraten. Wir lebten im sozialistischen Jugoslawien, die Blutrache war verboten, Männer und Frauen waren gleichberechtigt. Trotzdem flammte unter den albanischen Hochlandbewohnern und bei uns im Süden des Kosovo immer noch die Blutrache auf. Auch in Krusha Madhe herrschte die Angst vor dieser Tradition.

Ein anderer, lebendiger Brauch war die arrangierte Ehe. Sie war nicht nur nach dem Kanun, sondern auch bei den Türken Sitte gewesen, die das Kosovo über Jahrhunderte regiert hatten. Wir Schülerinnen fürchteten uns davor. Lebten wir nicht eigentlich in einem modernen Land? Wir wollten doch nicht nur englische und albanische Popmusik hören und Jeans tragen. Wir wollten auch einen Mann heiraten, den wir liebten. Inständig hofften wir, dass uns unsere Eltern mit einem Mann vermählen würden, den wir uns selbst ausgesucht hatten. Trotzdem, Zwangsverheiratungen gab es nicht nur in muslimischen Familien, sondern auch in katholischen. Und es gab sie in meiner eigenen Familie.

Meine sechs Jahre ältere Schwester Ruka hatte sich ihren Mann nicht selbst ausgesucht. Vor vier Jahren war sie mit einem Bauern aus der Familie Behluli im 13 Kilometer entfernten Dorf Radoste vermählt worden. Sie fügte sich in ihr Schicksal, wie es von einer anständigen Tochter erwartet wurde. Sie war in das Haus ihres Mannes nach Radoste gezogen, hatte sich mit einem Kopftuch verhüllt und von morgens bis abends auf den Feldern gearbeitet. Wie hielt Ruka das nur aus? Nun lebte sie seit Jahren in Deutschland. Dort schuftete ihr Mann auf einer Baustelle. Einmal im Jahr kamen sie zu Besuch in die Heimat. Ich war wild entschlossen, meine Zukunft anders zu gestalten.

Für meine Eltern war Rukas Heirat eine gute Partie. Immer wieder musste ich mir Lobeshymnen auf die Familie Behluli anhören: Sie sind reich, sie haben alles, sie haben vier Häuser. Mich ärgerte das. Auch wir hatten ein Haus. Zwar war es alt, aber sauber. Violette und weiße Blumen rankten sich um das Gemäuer. Die anderen hatten, wie ich von meiner Schwester wusste, neuere Häuser, und in den Wohnungen standen teure Möbel, die aber ohne Stilgefühl zusammengewürfelt worden waren. Und im Hof lagen Dreck und Matsch, durch die die Kühe wateten.

Jedes Mal, wenn uns meine Schwester mit ihrem Mann und der Schwiegerfamilie besuchte, wurde mir klarer: Ich wollte keinen Ehemann wie meinen Schwager. Mein Schwager war kein Gentleman. Seine hinterwäldlerischen Ansichten, seine schlechten Manieren, seine bäuerliche Art, sich auszudrücken, und seine Kleidung, die wie bei der ganzen Familie seit zwanzig Jahren aus der Mode schien – das war nichts für mich. Ich träumte von einem modernen Mann. Außerdem klang der altalbanische Dialekt, den die Familie sprach, in meinen Ohren plump. Wir sprachen in unserem Elternhaus hochalbanisch.

Vermutlich hielten mich die Behlulis für eingebildet. Aber fühlt sich nicht jeder in seiner Sprache am meisten heimisch? Und meine Eltern hatten uns Geschwister immer gut gekleidet – bis ich in die siebte Klasse kam. Zu dieser Zeit verlor das Geld seinen Wert, und die Löhne reichten kaum noch für die Lebensmittel. Wir verarmten wie viele Familien. Vielleicht lag es daran, dass ich immer von schönen Kleidern träumte. Sie mussten ja nicht teuer sein. Mein Motto war: Lieber billig und dafür alle zwei Jahre etwas Neues. Wir müssen doch vorwärts gehen mit den Zeiten, oder?

Es war ein Wintertag, und Schnee bedeckte die Dächer und Gassen von Krusha Madhe, als ich von einer Freundin nach Hause kam. Als ich meinen Mantel an die Garderobe hängte, hörte ich meine Mutter im Wohnzimmer mit einer Verwandten tuscheln. Von weitem erkannte ich das schnell versteckte, typisch geschmückte Tuch: Bonbons waren in der Form eines Herzens aufgeklebt.

Ich zog meinen kleinen Bruder ins Nebenzimmer: «Sag, weißt du, wen sie verloben wollen?»

Er druckste herum.

«Na sag schon.»

Der Kleine begann zu weinen.

«Hey, was ist hier los? Wer wird verlobt?»

Er weinte lauter: «Ich glaube du.»

«Ich?!»

«Ja, du.»

Mir wurden die Knie weich. Wie war das möglich? Ich wusste von gar nichts. «Und mit wem?»

«Ich glaube, mit Adem Behluli.»

«Aber den kenne ich doch gar nicht», schrie ich meinen Bruder entsetzt an. «Nie! Nie! Hörst du?» Ich merkte gar nicht, dass ich ihn gepackt hatte und schüttelte. Nicht in diese Familie. Mein Bruder weinte noch lauter. Erschrocken ließ ich ihn los und nahm ihn in die Arme: «Na komm, war nicht so gemeint.»

«Ich weiß es nicht!», schluchzte er an meiner Schulter. «Auf jeden Fall sollst du in das Dorf Radoste heiraten.»

Meine Gedanken überschlugen sich. Ich musste Einzelheiten in Erfahrung bringen.

«Schließ mich in der Dusche ein und häng den Schlüssel wieder ans Schlüsselbrett. Dann sieht keiner, dass ich hier drin bin.»

Der Kleine gehorchte und verschloss den Riegel der Holztür mit dem Vorhängeschloss. Nun war ich eingesperrt. Es war kalt. Hier war mein Großonkel gestorben, der Alkoholiker und Spieler, der das Familienvermögen durchgebracht hatte. Ich nahm den Frottémantel meines Vaters vom Haken und zog ihn über. Durch die dünne Wand verfolgte ich die Vorgänge im Wohnzimmer.

Ich lauschte und hörte, wie sie Verlobungsgeschenke für die Familie des Bräutigams vorbereiteten. Sie wickelten Pullis und Hemden in Geschenkpapier und packten sie in einen Koffer. Dann klingelte es an der Tür. Ich hörte die Stimme des ältesten Sohnes der Familie Behluli. Mit fröhlichem Hallo empfing ihn meine Familie, die Stimmung nebenan war prächtig. Nach einer Stunde brach er wieder auf nach Radoste und nahm den vorbereiteten Koffer mit.

Mein Magen krampfte sich zusammen, ich fühlte mich verraten und verkauft. Es schien die Wahrheit zu sein, was mein Bruder erzählt hatte. Schlimmer noch: Ich sollte nicht nur verlobt werden, ich war bereits verlobt!

Zitternd zog ich den Bademantel enger um meine Schultern. Hier in dem kalten, dunklen Raum erinnerte ich mich an die Worte von Rukas Ehemann, die vor sechs Jahren gefallen waren. Ich war damals zehn gewesen. Ganz leise hatte er mein Kinderzimmer betreten. Im Halbschlaf hatte ich gehört, wie er meiner Mutter zuflüsterte: «Es ist ein Fehler, wenn ihr Hanife die Wahrheit sagt. Sie ist doch noch ein Kind.» Jahrelang hatte ich mir über diese merkwürdigen Worte Gedanken gemacht. Jetzt ergaben sie plötzlich einen

Sinn. Sie mussten mich als kleines Mädchen versprochen haben. Mir kamen die Tränen. Was sollte ich jetzt machen? Frierend kauerte ich am Boden, meine Finger waren eiskalt.

Dann hörte ich die Stimme meiner Tante. «Du bist ein guter Mensch», sagte sie zu meinem Vater. «Deshalb verstehe ich nicht, warum du deine Tochter in diese Kreise verheiratest.» Ich schöpfte neue Hoffnung. Die Schwester meines Vaters war schon immer eine coole Frau gewesen, jetzt redete sie ihm ins Gewissen.

Er sagte nur: «Alle verheiraten ihre Töchter. Auch ich muss es tun.»

«Du bist dumm. Deine Mädchen haben gute Noten in der Schule. Besonders Hanife. Du wirst es irgendwann bereuen. Sieh, die Zeiten haben sich geändert.»

Bevor er antworten konnte, sagte meine Mutter schroff: «Kümmere dich um deine eigenen Angelegenheiten.»

Ich hörte eine Tür schlagen. Meine Tante war ohne einen Gruß gegangen. Schweigend aßen meine Eltern zu Abend. Nur ab und zu hörte ich eine Schüssel klappern.

Es wurde dunkel, als sie mich vermissten. Man rief meinen Namen, aber ich rührte mich nicht. Meine Mutter fand mich schließlich in der Dusche. Wortlos und mit rot geweinten Augen ging ich an ihr vorbei.

Jäh hatten meine Träume an diesem Wintertag ein Ende. Mit sechzehn Jahren.

Am nächsten Morgen meldete ich mich in der Schule krank. Ich war verlobt. Wie sollte ich vor meine Freundinnen und Mitschülerinnen treten? Hatte ich nicht immer über die alten Traditionen gespottet? Hatte ich nicht groß getönt, ich würde Medizin studieren? Hatte ich nicht von einem Gentleman geträumt? Ich schämte mich. So lag ich zu Hause im Bett und starrte an die Decke.

Warum nur behandelten mich meine Eltern so? Ich konnte sie nicht verstehen. Sie hatten mich tolerant erzogen, mir mehr oder weniger alles erlaubt, und dann, mit einem Schlag, sollte alles nicht mehr gelten? «Prinzessin» hatte mein Vater mich genannt. Jetzt tat er, als sei nichts gewesen. Er überließ es meiner Mutter, mir die Wahrheit zu sagen. Aber auch sie hat es nicht über sich gebracht, mit mir zu sprechen. Mein Vater, meine Schwester, meine Brüder – keiner hat sich getraut.

Tags darauf war ich wieder in der Schule – und log. Ich sei verliebt, hörten mich meine beiden besten Freundinnen sagen. Ich hätte den Mann selbst gefunden, und wir hätten uns verlobt. Wenn ich mit dem Studium fertig sei, würden wir heiraten. «Ach ja?», antworteten sie. «Wir haben gehört, dass du schon lange versprochen warst. Eigentlich haben wir gedacht, du würdest gar nicht mehr zur Schule kommen.» Ich wurde blass, rang nach Ausreden, gab ihnen zu verstehen, sie hätten alles falsch verstanden. «Ich kenne Adem gut, und wir treffen uns regelmäßig», versicherte ich. Sie sahen mich ungläubig an. Die Wahrheit war: Ich kannte Adems Eltern, Adems Brüder, Adems Schwester, nur ihn selbst nicht. Es lag auf der Hand warum: Er durfte nicht kommen. Bevor er nicht mit mir verheiratet sein würde, durfte er mich nicht sehen. Und eine andere Wahrheit schmerzte zutiefst: Mein kleiner Bruder, meine Schwester, meine Freundinnen – alle schienen mehr zu wissen als ich. Wie konnten mir meine Eltern das nur antun?

Ich hoffte, meine Mutter würde zu mir kommen und mir alles erklären. Ich wollte, dass sie den ersten Schritt machte. Aber sie kam nicht. Das von mir so ersehnte Gespräch unter vier Augen fand nicht statt. Ich fühlte mich kalt und tot. Irgendwann wollte ich auch nicht mehr darüber reden. Nur indirekt äußerte ich noch meine Meinung. Etwa, wenn wir zu dritt auf dem Sofa saßen und ich zu meiner Schwester sagte, so, dass es meine Mutter hören konnte: «Die passen doch gar nicht zu mir.» Inzwischen verdichtete sich meine Vermutung, ich sei bereits als Kind verlobt worden. Auch meine ältere Schwester hielt das für wahrscheinlich.

Meine Mutter sagt heute noch, es sei nicht wahr. Außerdem habe ich sie gefragt, ob sie und Vater mich wegen Geld, wegen des Brautpreises, verheiratet haben. Auch das weist meine Mutter energisch von sich.

Ich beschloss, nach Kroatien zu fliehen. Dort war ich im Schullandheim gewesen. Das Meer, die Insel, die Freiheit – so wollte ich leben. Den ganzen Tag im Bikini am Strand liegen und von der Zukunft träumen. In meiner Verzweiflung flüchtete ich in diese rosige Teenager-Phantasie.

In der Stadt wollte ich mir einen Pass besorgen. Doch die Behörde ließ mich abblitzen. Ich war zu jung und durfte den Antrag nicht unterschreiben. So musste ich den Plan aufgeben. Bedrückt ging ich nach Hause. Ich stand in der Küchentür und beobachtete, wie meine Mutter am Herd das Abendessen zubereitete. Konnte ich sie wirklich alleine lassen? So ganz ohne Worte weglaufen? Ich wusste, sie liebte mich. Und ich liebte sie auch, genauso wie meine ganze Familie – obwohl sie mich verraten hatten. Ich wollte ihnen nicht zumuten, die Schande meiner Flucht mit Geld reinwaschen oder gar Blutrache fürchten zu müssen.

Erst nach und nach vertraute ich mich meinen Freundinnen an. Sie waren so lieb zu mir in dieser Zeit, denn sie teilten meine Verzweiflung, dass ich einen unbekannten Mann heiraten und in Radoste als Bäuerin schuften sollte. Oft saßen wir in der Eisdiele, wo sich die Jugendlichen trafen. Mit finsteren Mienen löffelten wir Vanilleeis, Pudding und Tulumba. Adem würde mir nicht erlauben, eine Universität zu besuchen. Obwohl mein Bräutigam und einer seiner Brüder studierten, war die Hochschule für mich tabu. Mein Ehemann hätte bei mir wohnen und mit mir studieren müssen. Aber Priština, die nächste Universitätsstadt, war 100 Kilometer entfernt, und ich würde auf dem Hof gebraucht werden. Wir wussten uns keinen Rat.

«Die Jungen haben es viel leichter», warf ich ins Gespräch.

«Das ist richtig gemein», pflichteten sie mir bei.

«Weißt du noch, wie sich letzten Herbst unser Schulfreund Malsor geweigert hat, eine arrangierte Ehe einzugehen?»

«Ja. Der hat einfach ‹Nein› gesagt.»

«So einfach war das.»

«Und es hat keinen Skandal gegeben.»

«Nein, nicht mal einen Streit. Sein Vater ist einfach zur Braut-Familie gegangen und hat das Problem geklärt.»

«Und dann haben sie die Verlobung abgeblasen.»

«Nada ist heute noch froh.» Wir lachten.

«Sonst hätte sie nicht mehr mit uns zur Schule gehen können.»

Die Jungen konnten die Ehe verhindern, wir Mädchen nicht. Hätte sich Adem geweigert, wäre die Ehe nicht zustande gekommen. Doch aus bedingungslosem Respekt gehorchte er seinen Eltern. Bedrückt bezahlten wir unsere Rechnung und machten uns auf den Heimweg.

Was blieb mir anderes übrig, als die Verlobung zu akzeptieren. Meine Schwester Ruka hatte in die Familie des Bräutigams geheiratet. Sie hätte ein schweres Leben gehabt, wenn ich mich quer gelegt hätte. Klar war mir auch: Wenn die Braut eine Heirat platzen ließ, war das ein Verstoß gegen die Ehre. Die Familie des Bräutigams hätte von meiner Familie vermutlich eine hohe Geldsumme verlangt, um die Schande reinzuwaschen. Ich mochte gar nicht daran denken, was geschähe, wenn sie gar Blutrache forderten und einen meiner Brüder töteten. Mein Leben lang hätte ich mich schuldig gefühlt.

Und deshalb stellte ich mich auf die Dinge ein, die da kommen sollten. Noch hatte ich knapp ein halbes Jahr Zeit. Eines Tages organisierte mir meine Schwester unter der Hand ein Bild meines Bräutigams. Das war verboten, aber ich wollte doch wenigstens wissen, wie er aussieht. Gespannt nahm ich die kleine, blasse Fotografie in die Hand. Ich traute mich erst nicht, das Bild anzusehen, ich fürchtete mich vor einer Enttäuschung. Dann drehte ich das Foto langsam um. Mein Bräutigam blickte mir aus eng stehenden, tief liegenden Augen misstrauisch entgegen. Er hatte hellbraune, kurze Haare und war, wie ich wusste, dreiundzwanzig Jahre alt. Sein langes Kinn reckte er entschlossen vor. Zwei dünne Falten zogen sich rechts und links der Nase hinab zum Mund. Er war hager, und wie erwartet war sein Outfit genauso langweilig und dröge wie das seiner Familie. Mein Gott, er passt nicht zu mir, dachte ich. Er ist nicht mein Typ!

Doch das wollte niemand wissen. Und so verbrachte ich die Monate bis zur Hochzeit zwischen großer Traurigkeit und dem verzweifelten Versuch, meine letzte Freiheit zu genießen. Irgendwie schaffte ich es, die zehnte Klasse abzuschließen und das Abitur zu machen. Nebenher stickte und strickte ich an der Brautausstattung. Durch den Stress verlor ich jeden Appetit und so viel an Gewicht, dass ich meine Rippen zählen konnte. Meine in Prizren verheiratete Schwester Mehrem half mir beim Fertigen der Deckchen, Bettbezüge und Pullis. Ohne sie wäre ich aufgeschmissen gewesen. Wie oft pfefferte ich das ganze Zeug in die Ecke und ging mit meinen Freundinnen in die Stadt, ins Kino und zum Eisessen – es waren doch die letzten Wochen.

Im Juni wurde der Hochzeitstermin festgesetzt: der 18. August 1985. Meine Mutter, Schwestern und Tanten hatten alle Hände voll zu tun. Sie planten das Festmahl und die Feier, allerdings ohne Hodscha und religiöse Zeremonie. Unter dem kommunistischen Regime war es in Albanien und im Kosovo verboten, den muslimischen Geistlichen hinzuzuziehen. Über die standesamtliche Trauung würden sich unsere Eltern später Gedanken machen. Sie würde erst ein Jahr nach der Dorfhochzeit stattfinden. Eine Siebzehnjährige wie ich konnte in Jugoslawien keine rechtsgültige Ehe schließen.

Und so lud meine Familie fünfunddreißig Hochzeitsgäste ein. Von unten bis oben putzten und schrubbten sie das Haus, unter der Aufsicht meiner Mutter wurden die Gästezimmer hergerichtet, dass sie nur so glänzten. Drei Tage würden wir mit unseren Verwandten und Freunden feiern. Dann, am Sonntag, würde mich die Familie des Bräutigams abholen. Im Dorf Radoste würde das Fest seinen «krönenden Abschluss» finden.

Es kam der Tag, als ich mit meinen Freundinnen in Prizren zum letzten Mal Eis aß. Es war das Ende meiner Kindheit. Wir verabschiedeten uns, und wie jedes Mal, wenn ich in Prizren war, bestieg ich den Zug nach Hause. Wie versteinert sah ich aus dem Fenster, die Sommerlandschaft glitt vorbei, der Zug ratterte in regelmäßigem Takt über die Holzschwellen. Das höre ich jetzt zum letzten Mal als Mädchen, dachte ich. Der schrille Pfiff des Zuges an der Station in Krusha Mahde ließ mich hochschrecken. Schnell wischte ich mir die Tränen ab und stieg aus.

Das weiße Kleid

Der 15. August 1985. Rund acht Monate war es her, seit ich von meiner Verlobung mit Adem erfahren hatte; ein Mann, den ich noch nie zu Gesicht bekommen hatte; ein Mann, den ich in drei Tagen, am Sonntag, zum ersten Mal sehen würde. Meine Mutter, Schwestern und Tanten kochten und backten seit Tagen, ihre Gesichter glühten vor Hitze und Vorfreude. Auch den Männern war das Ereignis eine willkommene Abwechslung. Wie es Sitte war, schlachteten sie ein Schaf. Alle freuten sich. Ich war verzweifelt.

Die Feierlichkeiten vor dem Achtzehnten fanden in unserem Haus statt. Als die Mädchen des Dorfes kamen, um mich zu verabschieden, trug ich ein weißes, langes Kleid, wie es die Frauen unseres Dorfes vor der Hochzeit tragen. Schon an der Tür bewunderten meine Freundinnen und Nachbarinnen die edle Seide, ehrfürchtig berührten sie die weißen Perlen und die glitzernden Stickereien. Auf sie muss ich sehr würdevoll und fraulich gewirkt haben. Doch der Seidenstoff umhüllte meinen Körper wie eine fremde Haut. Ich wollte keine Frau sein. Ich wollte ein Mädchen bleiben und wie meine Freundinnen weiter die geliebten Jeans und Miniröcke tragen. Und ich wusste, nach dem Seidenkleid würde man mich in das Brautkleid stecken, nach der Hochzeitsnacht in lange Röcke und Pluderhosen. Und obendrein würden sie mir ein Kopftuch umbinden. Grimmig ballte ich die Fäuste. Wenigstens das wollte ich mit allen Mitteln verhindern. Ich musste meinen Ehemann darauf ansprechen. Gleich in der Hochzeitsnacht.

Ich riss mich zusammen. Fünfundzwanzig junge Frauen drängten sich in einem festlich geschmückten Zimmer unseres Hauses. Um ihnen nicht den Spaß zu verderben, versuchte ich fröhlich zu sein. Sie lachten, scherzten und ließen sich das Gastmahl aus Lammfleisch, Pitta und Süßigkeiten schmecken. Ich schämte mich. Es kam mir verlogen vor, mit meinen vertrauten Freundinnen ein fröhliches Fest zu feiern. Alle wussten, dass ich nicht heiraten wollte. Eine absurde Veranstaltung.

Bald sangen die Mädchen Lieder über den Abschied von der Kindheit. Wie hatte ich auf anderen Hochzeiten bei diesem Ritual schon gekichert und gelacht. Denn nicht alle Bräute sind über den Auszug aus dem Elternhaus und den Schritt in ein neues Leben unglücklich. Junge Frauen, die aus freiem Willen heirateten und noch dazu einen Mann, den sie liebten, machten aus dieser Tradition einen Heidenspaß. Sie liefen mit lautem Huuu-huuu umher, um das Weinen nachzuäffen. Doch auf meiner eigenen Feier war mir zum Heulen. Ich klammerte mich an meine Teetasse.

«Du wirst dich jetzt von uns verabschieden …», tönte es aus fünfundzwanzig hellen Kehlen.

«… Wenn du uns wieder siehst, bist du kein Mädchen mehr …», hämmerten die Verse in meinem Kopf.

«… Sondern eine verheiratete Frau …» Mein Herz begann wild zu klopfen.

«… Du wirst deine Mutter verlassen …» Ein dicker Kloß bildete sich in meiner Kehle.

«… Sie wird dich vermissen …» Ich schlug die Hände vors Gesicht und begann, laut zu weinen. Einige der Mädchen weinten mit mir und hielten tröstend meine Hand.

Irgendwann stimmten sie eine zarte und traurige Melodie an: «Steh jetzt auf und lass zwei Hände für die Mutter da!» Ich kannte das Lied gut. Es war auch auf der Hochzeit meiner zwölf Jahre älteren Schwester Lidi gesungen worden. Zum Klang der Strophen hatten junge Frauen mit einem feinen, roten Henna-Stift Blumenornamente auf Lidis Handrücken gezeichnet. Dann musste sie ihre Handflächen in das angerührte Hennapulver drücken. Sie war zur Wand gegangen und hatte ihre Hände so lange an die Wand gepresst, bis zwei rote Abdrücke zurückgeblieben waren. Damals war sie sechzehn.

Jetzt war ich an der Reihe. Ich blickte hinüber zu Lidi. Sie wischte sich die Tränen ab. Währenddessen wurde für mich auf dem Herd Wasser mit viel duftendem Kaffeepulver erhitzt. Denn ich hatte keine altmodischen roten Hände und Henna-Blumen gewollt. Meine Freundin nahm den Kaffee-Sud vorsichtig vom Feuer und ließ ihn abkühlen. Dann versenkte ich meine Hände in den tiefbraunen Brei. Sie färbten sich dunkel. Als ich diesmal weinen musste, konnte ich mir die Tränen nicht aus dem Gesicht wischen. Und so stand ich auf, lief tränenblind zur Wand und presste meine Handabdrücke neben die von Lidi.

Um elf Uhr nachts gingen die Freundinnen und Nachbarinnen. Doch für mich war der Tag noch nicht zu Ende.

«Schöne, schwarze Haare hast du. Wir müssen sie ein bisschen schneiden. Die Spitzen sind kaputt.» Es war ein Uhr. Meine Cousine war gekommen, sie war Friseurin. Ich lächelte müde.

Sie berührte meine Schulterblätter am unteren Ende. «Auf diese Länge?»

«Ja. Das ist gut.»

Sie nahm einen Schluck Kaffee, machte sich ans Werk und besprach mit mir die Brautfrisur. Es sollte eine Hochsteckfrisur mit lockigem Pony werden. Als Wickler nahm sie kleine Stoffstücke, die über Nacht drinbleiben sollten.

«Hoffentlich werden die Locken morgen schön werden. Deine dicken Haare sind so widerspenstig. Du musst doch gut aussehen, wenn sie dich zu deinem Mann bringen.»

Ich lächelte bitter.

Am Sonntagmorgen klingelte der Wecker um sechs Uhr. Ich fühlte mich wie zerschlagen. In der Nacht hatte ich heftiges Nasenbluten bekommen. Hektisch hatten meine Geschwister den Arzt gerufen. Stress, hatte er diagnostiziert und mir aufmunternd auf die Schulter getätschelt. Jetzt war mein Hochzeitstag angebrochen, und unerbittlich nahmen die Dinge ihren Lauf. Meine Schwestern und Verwandten umringten mich, um mich für die Reise vorzubereiten und zu schminken. Vorsichtig umrahmten sie meine Augen mit schwarzem Kajal und trugen blassblauen, glitzernden Lidschatten auf. Sie pinselten Nagellack auf meine Fingernägel und Lippenstift auf meinen Mund. Dann erschien meine Cousine. Sie sah blass und übernächtigt aus und musste wegen meiner Locken die ganze Nacht nicht geschlafen haben. Wie sich herausstellte, waren ihre Sorgen unbegründet. Meine Haare hatten sich nicht gegen die Prozedur gesträubt, sie ringelten sich am Pony zu Löckchen. Erfreut steckte sie mir die Hochzeitsfrisur, meine Mutter lächelte gerührt.

Dann brachte meine Mutter mit feierlicher Miene das weiße Brautkleid. Wie es Brauch war, hatten es die Schwiegereltern ausgesucht. Ich zog es an. Plötzlich packte mich eine unbändige Wut. Ich riss mir das Kleid vom Leib und gab ihm einen Tritt, sodass es aus dem Fenster flog. Fast wäre es im Straßenmatsch gelandet.

«Spinnst du, Hanife?»

«Das Kleid ist furchtbar! Es ist altmodisch!»

«Stell dich nicht so an!»

«Mama, du weißt doch, dass ich ein modernes Kleid wollte!» Ich sah sie verzweifelt an. «Siehst du denn nicht, dass es nicht passt?! Da!» Ich zog an dem um meine Hüften schlabbernden Stoff herum. «Es ist zu groß.»

Meine Mutter wollte zurückschreien, da griff meine drei Jahre ältere Schwester Mehrem ein. «Regt euch nicht auf. Das kriegen wir in den Griff.» Rasch ging sie nach unten und sprach leise auf meinen Schwager ein. Eilig ging er davon und kam bald darauf wieder – mit einem neuen Kleid.

«Das passt auch nicht!!» Wütend warf ich das zweite Kleid auf den Boden. Wie von Sinnen durchwühlte ich Schubladen und Fächer nach einer Schere. In kleine Fetzen wollte ich es zerschneiden! Jawohl!

«Hanife!» Meine Mutter packte mich am Arm. «Jetzt sei vernünftig! Gleich kommt die Familie von Adem, und du bist noch nicht angezogen.»

«Lass mich!» Ich riss mich los.

«Was soll ich nur mit diesem Mädchen machen?» Sie streckte laut klagend beide Arme zum Himmel. «Sie wird mich vor der neuen Verwandtschaft bis auf die Knochen blamieren.» Hektisch lief sie auf und ab und baute sich vor mir auf. «Warum tust du mir das an?»

Trotzig schaute ich auf den Boden.

«Wenn du dieses Kleid jetzt nicht anziehst, dann wirst du eben das traditionelle Brautkleid tragen.»

Mit Entsetzen dachte ich an die dunkle Kluft, die deutsche Leser an eine Schwarzwaldtracht ohne Bollenhut, aber mit Haube erinnern dürfte. «Dann heirate doch du!» Ihr blieb die Luft weg. «Ich heirate nicht!», schrie ich.

Meine Mutter brach in Tränen aus. Mehrem zog mich weg und nahm mich in den Arm. «Hanife, du musst das jetzt akzeptieren.» Ich begann zu weinen. Zärtlich streichelte sie mir über den Rücken. «Glaub mir, das Kleid steht dir. Auch wenn es nichts Besonderes ist.» Ich putzte mir die Nase. «Was brauchst du ein schönes Kleid? Du bist eine so schöne Frau.» Sanft redete sie auf mich ein, und langsam beruhigte ich mich. Was kann ich schon machen, dachte ich resigniert, und zog mir das Kleid über den Kopf. Meine Schwester schloss mir den Reißverschluss, und mein Blick fiel in den Spiegel. Da stand ich nun mit meinen siebzehn Jahren. In weißen Spitzen und Goldschmuck, mit hängenden Schultern und verheulten Augen. Meine Mutter atmete tief durch.

Von draußen waren Rufe zu hören. Mir stockte der Atem. «Sie kommen!» Die Leute rannten auf die Straße vors Haus. Ein Autokonvoi näherte sich mit Musik und Liedern.

«Hey, das sind dreißig Wagen», rief ein kleiner Junge. «Und mit so vielen Blumen geschmückt.» – «Ganz vorne fährt ein Kombi aus Deutschland!» Kinder und Erwachsene drängelten sich auf der Straße, jeder wollte der Erste sein. Die Familie meines Bräutigams kam, um mich abzuholen. Es war zehn Uhr.

Ich wurde in der Mitte des Zimmers aufgestellt. «Du musst jetzt die Augen schließen.»

«Mach ich nicht!»

Die Frauen schauten mich entsetzt an. «Aber es ist Tradition.»

«Ihr wisst genau, dass viele junge Frauen das nicht mehr tun.» Entschlossen blickte ich ihnen direkt ins Gesicht.

Meine Mutter bot ihre ganze Selbstbeherrschung auf. Mühsam um Fassung ringend, sagte sie: «Du kommst jetzt in eine Familie, die an diesem Brauch festhält. Sie werden über dich lachen.»

«Hier in meinem Haus werde ich die Augen nicht zumachen!»

Vielleicht wollten sie wegen dieser Kleinigkeit nicht die ganze Feier gefährden, jedenfalls gaben sie nach. Im Gegenzug war ich einverstanden, den Blick wenigstens zu senken.

Während ich auf meine Schuhe schaute, betraten Frauen aus der Familie des Bräutigams den Raum. Wie es Brauch war, verteilte Adems älteste Schwester Zuckerwürfel. Drei Stück steckte sie mir ins Dekolleté. Es sollte die Süße der Hochzeitsnacht andeuten. Ich griff in meinen Ausschnitt, holte die Würfel heraus und schleuderte sie durchs Zimmer. Das war nach dem Brauch natürlich nicht vorgesehen. «Gut gemacht!», versuchte Mehrem die Situation zu retten. «Das hat bestimmt wehgetan.» Meine Mutter brachte ein gequältes Lachen zustande.

Ich wehrte mich nur noch schwach, als sie mir den weißen Schleier ins Haar setzten. Ich ließ es geschehen, als sie mir ein rotes, viereckiges Damasttuch über den Kopf legten, das mein Gesicht verhüllte. Niemand hatte sich dafür interessiert, dass ich lieber einen Hut gehabt hätte.

Dann kamen Männer die Treppe herauf. Mit zitternden Fingern streifte ich meine weißen Handschuhe über. Die Tür ging auf, sie waren da. «Komm, Schwester.» Mein Bruder hakte mich auf der rechten Seite unter, mein Cousin auf der linken. Wir gingen langsam auf die Tür zu.

Unwillkürlich schloss ich die Augen. In mir war alles schwarz. Ich wollte nicht heiraten. Nicht mit siebzehn. Nicht einen Mann, den ich nicht kannte. Warum mussten sie mich zwingen? Der Schmerz über diese Ungerechtigkeit brannte mir bis in die Knochen. Mir war, als ginge ich in schwarzer Trauer. Und plötzlich spürte ich, dass es nicht gut gehen würde. Damals wusste ich noch nicht, dass viele meiner dunklen Befürchtungen eintreffen würden.

Sie führten mich die Treppe hinunter und brachten mich zu dem Kombi. Dort wartete Adems ältester Bruder. Er half mir ins Auto, und widerwillig stieg ich ein. Als ich saß, durfte ich das rote Damasttuch ablegen. Die Blicke von vier Männern und Frauen, die mit lauter Stimme sangen, richteten sich auf mich. Es war heiß in dem Wagen, und Schweißperlen glänzten auf ihren fröhlichen Gesichtern. Da ich weder reden sollte noch wollte, wendete ich meinen Blick ab. Ich schaute durch das Autofenster, um mich von meinem Dorf zu verabschieden. Es gab mir einen Stich, als ich ein paar Meter entfernt meine Schulkameradinnen und meinen Cousin Shpend stehen sah. Ihr Blick war voller Trauer. Wieder rannen Tränen über mein Gesicht, das Make-up begann zu zerfließen.

Die Männer luden das Gepäck ein. Dann kam mein Vater, um mir Adieu zu sagen. Normalerweise tun das albanische Väter nicht. Er drückte mir fest die Hand. «Ich wünsche dir alles Gute.» Aufschluchzend warf ich mich an seine Brust. Als er meine Arme vorsichtig löste, war sein Anzug ganz nass von meinen Tränen. «Alles Gute, meine Kleine», sagte er mit belegter Stimme. Schnell ging er zurück ins Haus. Die Leute sollten nicht sehen, dass er weinte. Während ich ihm verzweifelt nachschaute, wurde meine Cousine zum Auto gerufen. Mein Gesicht war völlig verschmiert, und sie gab sich alle Mühe, das Make-up zu retten.

Dann drehte mein Schwager den Zündschlüssel, legte den Gang ein und fuhr los. Mein Vater, meine Mutter, meine Schwestern, Tanten, Onkel und Nachbarn standen vor unserem Haus und winkten mir nach. Benommen sah ich ihre kleiner werdenden Figuren, und bald war mein Elternhaus nur noch ein Punkt in der Landschaft. Da es nicht üblich war, die Braut anzusprechen oder gar zu trösten, ging es mit Liedern und Gesang die Landstraße hinunter bis ins 13 Kilometer entfernte Dorf Radoste. Dort lebte mein Bräutigam, und dort würde auch ich leben. So wollte es der Brauch.

Als wir ankamen, musste ich wieder die Augen zumachen. Mit geschlossenen Lidern habe ich die nächste halbe Stunde erlebt. Irgendeine männliche Stimme begrüßte mich, eine Hand griff nach der meinen und half mir aus dem Auto. Mit unsicheren Schritten stolperte ich mit meinen weißen Riemchenschuhen über den gestampften Lehmboden, immer wieder knickte ich weg. Ich klammerte mich an die unbekannte Hand. Wir hielten an, und nun stimmten Mädchen und Frauen ein fröhliches Begrüßungslied an, im Rhythmus schlugen sie Schellenkränze, also Tambourine ohne Fellbespannung. Die Männer begleiteten die Sängerinnen mit Klarinetten und der Harmonika. Jemand senkte nach alter Sitte nacheinander drei hohe, traditionelle albanische Hüte auf mein Haupt. Ich wusste, mit den drei Plis wünschten sie sich, dass ich viele Söhne gebären möge. Die Stimmung kochte dem Höhepunkt entgegen. «Ein Foto! Ein Foto!», riefen plötzlich einige Stimmen. Da habe ich gemerkt, dass Adem, mein Bräutigam, neben mir stand.

Bilder wurden geschossen, und Verwandte dirigierten uns in die richtige Position. Die Sonne brannte mir auf den Kopf, es musste bald Mittag sein. Endlich wurde ich ins Haus geführt. Hier war es etwas kühler. Nach ein paar Schritten ging es die Treppen hinauf. Ein kurzer, heißer Luftzug wehte durch den Raum, eine Balkontür war geöffnet worden. Man dirigierte meinen Bräutigam und mich auf den Balkon. Wieder Fotos. Wieder Tanz. Schließlich brachte man mich in ein Zimmer, wo ich bereits erwartet wurde. Endlich durfte ich die Augen öffnen. Ich blinzelte ins helle Licht. Nach und nach erkannte ich eine Schar von Frauen. «Setz dich», sagte eine herzlich. «Danke», murmelte ich und nahm Platz. Wie es sich gehörte, hielt ich züchtig den Blick gesenkt.

Das Fest dauerte bis spät in die Nacht. Fünfzig Verwandte, Freunde und Kollegen waren zu Adems Familie gekommen, um die Hochzeit des zweitjüngsten Sohnes zu feiern. Die Frauen feierten in dem ersten Bauernhaus von Adems Familie. Die älteren hatten ihre schönsten Kopftücher umgeschlungen, zu grauen oder beigen Pluderhosen trugen sie westliche Blusen. Die jüngeren dagegen stöckelten stolz im edlen Kostüm und hochhackigen Schuhen durchs Haus. Die Männer feierten in einem zweiten, gegenüberliegenden Bauernhaus der Familie. Sie trugen elegante Anzüge mit Krawatte, und einige Großväter hatten den weißen, albanischen Plis auf dem Kopf. Zum Essen traf sich die ganze Hochzeitsgesellschaft im Hof und Garten, wo Holzbänke aufgestellt waren. Als Musik aufspielte, bildeten die Männer einen Kreis und fassten sich an den Schultern, um gemeinsam nach der Art des Sirtaki zu tanzen.

Vielleicht tanzte dort unten auch mein Bräutigam. Ich wusste es nicht. Denn viel bekam ich nicht mit von dem frohen Treiben. Es ist nicht vorgesehen, dass die Braut sich unter die Gäste im Hof mischt. Es ist nicht Sitte, dass sie tanzt. Und es gehört sich nicht, dass sie sich mit den Leuten unterhält. Vielmehr sitzt sie mit einigen Frauen in einem separaten Zimmer. Und so saß ich schweigend und mit keusch niedergeschlagenen Augen unter den weiblichen Mitgliedern der Familie meines Mannes. Mein Blick heftete sich mal auf meine Fingernägel, mal auf mein Glas. Bleierne Müdigkeit legte sich auf meine Lider, das Tischtuch verschwamm vor meinen Augen. Ich kämpfte, dass mir nicht die Augen zufielen, und versuchte, ihren lebhaften Gesprächen zu lauschen. Doch sie drangen nur in kurzen Fetzen in mein Bewusstsein. Es wurde heiß und stickig in dem Raum, Parfumwolken standen in der Luft. Ich wollte nur noch schlafen.

Abwechslung gab es, wenn jemand zur Tür hereinkam. Dann hatte ich würdevoll aufzustehen. Würdevoll hatte ich den Gast zu begrüßen, und würdevoll hatte ich mich wieder hinzusetzen. Das Ganze mit gesenktem Blick. Es kamen viele Gäste, die mich willkommen hießen und natürlich ihre Neugier auf die Braut befriedigten. Immerhin hielt mich die Prozedur wach.

Als das Essen aufgetragen wurde, ließ man mich mit zwei Frauen allein. Ich brachte keinen Bissen hinunter. Mein Magen rebellierte. Ich trank nur Wasser und musste die Suppe zurückgehen lassen, genauso wie das Lamm und das in Weinblätter gewickelte Hackfleisch mit Reis. Auch beim Kuchen und beim Bakhlawa, dem süßen Blätterteig-Gebäck, sowie beim Milchreis musste ich passen. Mir war schlecht. Irgendwann kamen die Schwiegertanten, Schwägerinnen und Cousinen zurück, und der Nachmittag verrann so lähmend, wie er begonnen hatte.

«Wir bringen dich jetzt nach oben.» Plötzlich standen zwei Frauen vor mir. Erschrocken blickte ich auf. Es war erst sechs Uhr.

Sie schauten auf mich herab und lächelten schelmisch. Wie betäubt erhob ich mich. Mit sanftem Druck schoben sie mich aus dem Raum und dirigierten mich die Treppe hinauf in ein Zimmer im oberen Stock. Mit aufmunternden Worten verließen sie mich, ich war allein.

Ich versuchte, mich zu fassen und meine Angst zu beherrschen. In diesem Zimmer würde ich also mit meinem Mann leben. Zugegeben, es war ein hübscher, großer Raum. Der Duft von frischer Wandfarbe und neuen Möbeln hing in der Luft. Neue Schrankwände, neue Sessel, neue Gardinen, ein neuer Tisch, alles war hell und freundlich. Ich schaute ins Bad nebenan, es blitzte mit neuen Fliesen und Armaturen. Zurück im Wohnraum erregten zwei Polaroid-Fotos meine Aufmerksamkeit. Schnell huschte ich zu der Vitrine. Es waren Fotos, die vorhin bei meiner Ankunft geschossen worden waren. Das eine zeigte mich mit geschlossenen Augen. Das andere Adem. Mein Bräutigam blickte mir aus seinen tief liegenden Augen misstrauisch entgegen. Aber vielleicht hatte ihn ja nur die Sonne geblendet. Seine mittelbraunen Haare trug er kurz, an der Stirn waren sie lang. Fast schwarz schimmerte sein dunkelgrüner Nadelstreifenanzug, der etwas aus der Mode wirkte. Aber mein Brautkleid war ja genauso.

Mein Blick fiel auf das Ehebett. Angst stieg in mir hoch, schnell wandte ich mich ab. Um mich abzulenken, schärfte ich mir nochmal ein: Du musst heute Abend das Thema Kopftuch ansprechen. Wenn du das nicht schaffst, läufst du ab morgen im Kopftuch herum.

Von der Treppe her war Musik zu hören. Singende Männer und Frauen stiegen zum Klang von Klarinetten und Harmonika die Stufen empor. Ich wusste: Sie brachten meinen Bräutigam. Panik erfasste mich. Für Sekunden verlor ich die Fassung, dann fiel mir wieder ein, was ich zu tun hatte. Ich hastete zu einem der Koffer, den meine Geschwister für mich gepackt hatten. Mit zitternden Händen nahm ich ein Handtuch heraus und legte es nach unserer Tradition für den Bräutigam bereit. Rasch verhüllte ich mich noch mit dem roten Viereckstoff.

Die Tür ging auf, und Musik brandete ins Zimmer. Lachen erfüllte den Raum, die Verwandten und Kinder riefen: «Komm, Adem, wirf das Tuch!» Aus dem lauten Kreischen der Leute schloss ich, dass mein Mann das Handtuch nach altem Brauch in die fröhliche Schar warf. Ein Junge musste es wohl erwischt haben, die Gäste klatschten, lachten und feixten: Er würde angeblich der Nächste sein, der heiratete. Mit guten Wünschen und Gesang verabschiedete sich der Geleitzug und ging wieder hinunter auf den Hof, wo das Fest noch in vollem Gange war.

Wir waren allein.

Es war jetzt ganz still. Laut pochte mein Herz. Ich hörte, wie sich seine Schritte näherten. Dann blieb er vor mir stehen. Er roch nach Rasierwasser und kaltem Zigarettenrauch. Meine Finger klammerten sich in die Rockfalten meines Brautkleides. Ich schloss die Augen und hielt die Luft an. Er hob das rote Tuch. Obwohl ich sein Bild kannte, stand ein Fremder vor mir.

Eine Uhr tickte.

«Nimm doch Platz», sagte der Mann, der mir als Ehemann gegeben war.

«Danke.» Ich wusste nicht, was ich sonst sagen sollte. Mit weichen Knien setzte ich mich an den Tisch. Verkniffen schaute Adem auf mich herab, was mich irritierte. War er nervös? Gefiel ich ihm nicht? Er setzte sich und holte seine Zigaretten aus der Jackentasche. Umständlich fingerte er an dem Päckchen. «Magst du eine?», fragte er und hob mir die Schachtel hin.

«Nein, danke. Ich rauche nicht.»

Er ließ das Feuerzeug schnippen und zündete sich eine an. Rauchwölkchen stiegen in die Luft.

Irgendwie haben wir angefangen zu sprechen. Stockend, holpernd, nach Gesprächsstoff suchend. Immerhin schien ihn meine Antwort von vorhin befriedigt zu haben. Er hatte offenbar eine gute Frau abbekommen. Eine Frau, die nicht rauchte.

Irgendwann fragte ich: «Du, was haben die Leute draußen gesagt? Fanden sie, dass mich meine Familie gut zurechtgemacht hat?» Denn in meiner Heimat war es sehr wichtig, eine schöne

Braut zu sein. Ich musste wissen, ob ich diese Prüfung bestanden hatte.

«Ja», sagte Adem und schwieg.

Ich war verletzt und beschämt. Warum war er so kurz angebunden? Warum guckte er so sauer? Was hatte ich falsch gemacht? Hatte er eine andere?

Er ist nicht mein Typ!, dachte ich.

Wie hatte ich gehofft, er würde nett sein. Doch ich war ihm kein einziges Kompliment wert. Ernüchtert stand ich auf und flüchtete mich zu meinen fünf dicken Koffern. «Ich muss jetzt meine Aussteuer ausstellen.»

«Soll ich dir helfen?»

«Ja, gern.» Er konnte ja doch freundlich sein. Adem nahm einen schweren Koffer und wuchtete ihn auf den Tisch. Gemeinsam holten wir meine handgestickten Tücher, Deckchen und Bettbezüge hervor. Selbst gestrickte Pullover und Sofakissen kamen zum Vorschein. Ich freute mich und schöpfte neue Hoffnung. Alles würde vielleicht gar nicht so schlimm werden. Als ich zusah, wie er die bereitgelegten Nägel in die Wand schlug und Leinen an der Wand befestigte, ließ meine Anspannung etwas nach. Gemeinsam hängten wir die Sachen auf. Am nächsten Morgen würden die Frauen und Verwandten kommen und begutachten, wie emsig und wie viel ich gearbeitet hatte. So eine gute, fleißige Frau!, würden sie sagen. Allerdings hatten meine Schwestern beim Anfertigen der Aussteuer geholfen. Denn Sticken und Stricken waren und sind nicht gerade mein Hobby.

«Gefällt dir meine Aussteuer?»

«Ja. Sie kann sich sehen lassen.»

«Das ist nett von dir.»

Noch immer waren wir am Auspacken, als er etwas entdeckte: «Oh, was ist denn das?»

«Das sind zwei Kostüme.» Ich hielt den Atem an. Würde ihm die westliche Kleidung missfallen?

Er betrachtete den dunklen Stoff: «Gut, dass du sie gekauft hast. Sie sind schön. Sie werden dir bestimmt gut stehen.»

Mir fiel ein Stein vom Herzen. Diese Hürde war genommen. Denn es war nicht selbstverständlich, dass ich tragen durfte, was ich wollte. Und er hatte etwas Nettes gesagt.

Er nahm sich eine Zigarette. Nun wurde ich mutig. Ich gab ihm Feuer, lächelte beherzt und sagte: «Das freut mich, dass dir die Kleider gefallen. Ääh ...» Jetzt war der Moment gekommen. Auf, Hanife! Los! «Ääh, weißt du ... ich möchte nämlich kein Kopftuch tragen.» Jetzt war es heraus.

Er zog an seiner Zigarette und blies den Rauch ins Zimmer. «Ich will das auch nicht.»

Ich war baff. Gleichzeitig machte mein Herz einen Sprung. Er war einverstanden! Glücklich sah ich ihn an.

«Aber mit meinen Eltern wird das schwierig werden.»

«Nun, ich habe ja dich geheiratet. Nicht die ganze Familie.»

«Wir werden sehen.» Und entschlossen fügte er hinzu: «Ganz bestimmt brauchst du kein Kopftuch zu tragen.»

Ich entspannte mich zusehends. Während er unentwegt rauchte, aß ich die Pralinen, die auf dem Tisch standen. Fast hatte ich vergessen, warum wir eigentlich hier saßen. Bis er sagte: «Es ist Zeit.»

Noch immer fällt es mir schwer, daran zu denken. Vielleicht bin ich rot geworden, vielleicht blass, ich weiß es nicht mehr. Mein Magen krampfte sich zusammen, kalter Schweiß brach mir aus. Ich fühlte mich erbärmlich. Zitternd erhob ich mich und ging ins Bad. Ich knipste das Licht an und knipste es gleich wieder aus. Er sollte mich nicht durch die Scheibe sehen können, die in die Tür eingesetzt war. Ich stand im Dunkeln und zog mit fahrigen Bewegungen mein Nachthemd an. Meine Hände und Füße waren eiskalt. Als ich unter seinen Blicken zum Ehebett ging, wäre ich am liebsten im Erdboden versunken. Ich schämte mich zutiefst. Schnell huschte ich an ihm vorbei ins Bett und kauerte mich in die äußerste Ecke. Die Decke zog ich mir bis unters Kinn.

Er legte sich zu mir und sagte: «Komm mal her.»

Ich drückte mich dichter an die Wand. Er kam näher, und mir schlug das Herz bis zum Hals.

«Du, Adem … ich möchte heute nicht», sagte ich zitternd.

Er schaute mich an. «Keine Angst. Du weißt doch, dass das so ist.» Er versuchte, mich an sich zu ziehen.

Ich wand mich und wollte ihn wegschieben. «Bitte nicht!»

«Jetzt komm! Du musst das machen!» Seine Hand suchte meinen Körper.

Ich begann zu weinen. Warum konnte er keine Ausnahme machen? Schließlich war es bei uns nicht Sitte, das Laken den Hochzeitsgästen zu zeigen.

«Es ist unsere Hochzeitsnacht», beharrte er ungerührt und löschte das Licht.

Was dann kam, daran will ich nicht mehr denken. Ich war bereit für gar nichts. Ich war ein Kind.

Als es vorbei war, starrte ich in die Dunkelheit. Jetzt war ich seine Ehefrau, aber ich fühlte mich so allein wie noch nie in meinem Leben. Geblendet schloss ich die Augen, als er die Nachttischlampe anknipste.

Plötzlich sagte er: «Ich sehe kein Blut.»

«Was willst du damit sagen?», fragte ich erschrocken.

«Du warst keine Jungfrau mehr.»

«Ich war sehr wohl Jungfrau.»

«Warum blutest du dann nicht?»

Erst jetzt sah ich, dass auf dem Laken keine Blutflecken waren. Ich bekam Angst.

«Ich habe keine Ahnung. Ich weiß es nicht. Nicht alle Frauen bluten beim ersten Mal. Du bist doch Student und müsstest besser Bescheid wissen als ich.»

«Komm mir bloß nicht mit Ausreden. Mit wem warst du zusammen?» Seine Augen funkelten gefährlich.

«Ich habe mit niemandem geschlafen!»

«Und was ist dann das?»

Wütend warf er die Decke zur Seite und stand auf. «Ich muss es meiner Familie mitteilen. Sie werden beschließen, was zu tun ist.»

Mit finsterem Blick ging er auf und ab. Ich wusste, was das bedeutete. Hier ging es um eine Frage der Ehre. Sie würden mich noch in derselben Nacht aus dem Haus werfen. Panik erfasste mich, mir stiegen die Tränen hoch: «Manche Frauen bluten nicht so stark. Vielleicht kommt ja noch Blut.»

Abrupt hielt er an. Er drehte sich um. Seine Augen verengten sich zu Schlitzen. Entsetzt starrte ich ihn an. Er kam langsam auf mich zu. Es war kein Entkommen. Brutal warf er sich über mich.

Danach hat es geblutet. Ihm war es immer noch nicht genug.

«Eine Jungfrau muss richtig viel Blut verlieren.»

«Ist denn nicht jede Frau anders?», schluchzte ich.

Er gab keine Antwort. Meine Verzweiflung wich der Wut. Zeugte dieses Verhalten etwa von Respekt? Vertraute er mir nicht?

«Denk doch, was du willst!», sagte ich, stand auf und ging ins Bad. Ich konnte kaum gehen.

Ich saß am Fenster und schaute hinaus. Warm klatschte der Sommerregen auf den Hof. In der Ferne sah ich die Felder der Familie Behluli. Schwere Wolken hingen am Himmel, die vier Wohnhäuser und die Ställe wirkten grau. Sicher regnete es auch in Krusha Madhe. Was wohl meine Eltern machten? Ob sie an mich dachten? Der Lehmboden färbte sich unter dem Regen dunkel, es roch nach feuchter Erde. Durch die Tropfen, die am Fenster herabrannen, sah ich den Garten mit Gemüse, Kräutern und Wassermelonen. Die Hochzeitsgäste waren abgereist. Nur die beiden in Deutschland lebenden Brüder von Adem waren noch geblieben. Bald würden sie mit Ruka und mit meiner ältesten Schwägerin Aishe wieder in die Fremde zurückfahren.

Unten im Haus wurde gestritten. Satzfetzen drangen durch die offene Tür. Es ging um Gerechtigkeit. Jemand wollte einer der vier Schwägerinnen ein Geschenk kaufen. Ein anderer schimpfte: «Wenn eine ein Geschenk bekommt, müssen alle eins bekommen. Alle müssen gleich behandelt werden.» Eine Frauenstimme schrie: «Du weißt genau ...» Ich schloss die Tür.

Wo bin ich da nur hingeraten? Ruka hätte mich warnen müssen. Ich schaute wieder aus dem Fenster. Dass die Familie sehr traditionell lebte, darauf hatte ich mich eingestellt. Dass sie sich so heftig stritten, das hatte ich nicht gewusst. Als ich nach der Teetasse griff, merkte ich, dass meine Hand zitterte.

Einige Tage später – meine Blutungen und Bauchschmerzen aus der Hochzeitsnacht klangen allmählich ab – fuhr mich Adems ältester Bruder zum Friseur nach Prizren. Meine Schwiegereltern waren der Meinung, ich brauche eine ordentliche Frisur. Sie fanden meine langen, glatten Haare zu mädchenhaft. Eine Dauerwelle sollte her.

Zwei junge Schwägerinnen begleiteten mich. Im Pulk trabten wir die Straße entlang. Ich war jetzt eine Frau, und ich hatte in der Öffentlichkeit fünf Meter hinter dem Mann herzugehen. Hoffentlich würde mich niemand sehen. Wie oft war ich mit meinen Freundinnen mit dem Bus nach Prizren gefahren, um Eis zu essen. Viele meiner Bekannten lebten in der Provinzhauptstadt, ehemalige Mitschülerinnen und Mitschüler besuchten hier weiterführende Schulen. Schnell huschte ich hinter den Frauen in den Salon. Der Bruder meines Mannes verabschiedete sich und verschwand, um sich die Zeit auf dem Basar zu vertreiben.

«Du siehst verändert aus», sagte die Friseurin, als sie meine Haare vorsichtig kämmte. Ich kannte sie von meinen Ausflügen nach Prizren.

«Ich habe mich verändert», sagte ich. «Bitte schneide die Haare nicht so kurz.»

«Wenn wir sie auf Schulterlänge kürzen, werden die Locken deinen Nacken schön betonen.»

«Ja, gut.» Ich hatte sowieso keine Wahl.

Sie stand jetzt hinter mir und drehte mich mit dem Stuhl zum Spiegel: «Du bist weniger geschminkt. Du trägst keinen Schmuck mehr.»

«So ist das jetzt eben.»

Warum musste sie in meinen Wunden bohren? Trotzig schaute ich auf die Steinfliesen. Mir kam Aishe in den Sinn, meine älteste Schwägerin, die mich vor kurzem böse beleidigt hatte. Ihr und den älteren Frauen in Adems Familie war das Schminken fremd. Erst wir jüngeren führten es ein. Und solange wir nur Lippenstift und

Make-up trugen, hatte niemand etwas dagegen – außer eben Aishe. Um sich zu schminken, müsse man schon sehr hübsch sein, hatte sie zu mir gesagt. Sie hatte wohl andeuten wollen, ich sei dazu zu hässlich. Ich war noch neu in der Familie und durfte deshalb nicht widersprechen. Also schluckte ich meinen Zorn hinunter und erwiderte, sie sei doch von allen die Schönste: warum sie sich denn nicht schminke. Es würde ihr bestimmt gut stehen. Sie hatte gekichert und sich geschmeichelt gefühlt. Und ich hatte süß dazu gelächelt. Die Spitze hatte sie nicht kapiert. Bis soeben hatte ich mich an diesem winzigen Sieg noch freuen können.

«Heb mal den Kopf ein bisschen an», hörte ich die Friseurin sagen. Sie legte ihre Hände sanft auf meine Schultern und lächelte mir zu. «Lass uns jetzt erst mal die Haare waschen. Du wirst sehen, das wird toll aussehen.» Ich beugte mich über das Waschbecken. Warmes Wasser rann über meinen Kopf.

Die Friseurin versuchte redlich, mich aufzumuntern. Sie schenkte mir Tee ein und plauderte über Gott und die Welt. Meine Schwägerinnen schwatzten fröhlich durcheinander. Sie und die anderen Frauen im Salon hatten sich viel zu erzählen. Bald fingen sie an, sich über Männer lustig zu machen. Ihre Eitelkeit, ihre Besserwisserei, alles wurde durch den Kakao gezogen. Auch ich taute langsam auf und musste mitlachen. Eine Frau erzählte, wie komisch ihr Mann in der Hochzeitsnacht aussah. «Er trug einen wunderschönen Anzug und dazu – Puma-Turnschuhe.» Wir prusteten los. Die Friseurinnen mussten uns mahnen, nicht so mit dem Kopf zu wackeln. Der Nachmittag wurde sehr lustig. Es tat gut, in dieser unbeschwerten Runde zu sitzen. Für ein paar Stunden vergaß ich mein Elend. Als wir den Salon verließen, hatte ich mit den beiden Schwägerinnen Freundschaft geschlossen. Ihre Frisuren waren durch Kopftücher verhüllt, meine jetzt üppigen Locken wallten dagegen offen über meinem Nacken.

Dann haben sie uns verprügelt. Plötzlich und unerwartet. Adem kam am Abend, trat durch die Tür und schlug mir wortlos ins Gesicht. Ich fiel gegen die Wand. Um Gottes willen, er ist ein Irrer!, dachte ich voll Panik. Wo ist meine Schwester? Sie hat mir nicht die Wahrheit erzählt! Adem kam auf mich zu: «Warum hast du gelacht beim Friseur?» Ich drückte mich an die Wand und hielt meine brennende Wange. Mein Atem ging stockend. Eine von den Schwägerinnen musste meiner Schwiegermutter brühwarm von unserer Unterhaltung berichtet haben. Nun hatte sie ihre Söhne geschickt, damit sie sich Respekt verschafften. Ich verteidigte mein Lachen, schließlich waren wir Frauen unter uns gewesen. Und selbst wenn nicht, durften wir jetzt nur noch mit ernstem Gesicht herumlaufen? «Ja. So ist das bei uns», schrie er mit zornrotem Gesicht. Beim Abendessen sah ich, dass auch meine beiden Schwägerinnen von ihren Männern geschlagen worden waren. Die Schwiegermutter brachte einer von ihnen Eis, um sich ihr zugeschwollenes Auge zu kühlen. Die Stimmung unter uns jungen Frauen war am Totpunkt. Voller Angst und Furcht gingen wir schlafen. Wo war ich nur hingeraten?

Nachts trat Adem an das Bett und befahl: «Steh auf und räum deinen Schrank auf!» Er baute sich bedrohlich nahe neben mir auf. «Ich will, dass die Wäsche gerade liegt! Dieses Durcheinander dulde ich nicht!» Und so stapelte ich Blusen, Handtücher und Unterwäsche Stück für Stück Kante auf Kante. Ganz gerade. Wie beim Militär. Seine ganze Haltung sagte: Du machst in diesem Haus, was ich will! Du wirst hier keine neuen Sitten einführen. Er behandelte mich wie eine Sklavin.

Von meiner über siebzigjährigen Schwiegermutter war keine Hilfe zu erwarten. Im Gegenteil. Sie hatte die Disziplinierungsmaßnahme ja angeordnet. Und sie hatte bei mir ein weiteres Vergehen festgestellt. «Sieh, Hanife, du hast unsere Familie beleidigt. Wie konntest du nur unsere Geschenke wegwerfen?» Wir saßen in der Küche, ihre grauen Haare lugten unter dem Kopftuch hervor.

«Aber ich habe eure Geschenke nicht weggeschmissen», verteidigte ich mich.

«Sie waren in den Kartons, die du nach deinem Einzug zum Müll gestellt hast.»

«In den Kartons? Das habe ich übersehen. Wir hatten so viel aus- und umzupacken. Das war keine Absicht. Es tut mir Leid.»

Sie saß am Tisch, schaute mich prüfend an. Ihre hellbraunen Augen und ihre helle Haut ließen darauf schließen, dass sie als junge Frau blond gewesen war. Sie beschloss, das Thema auf sich beruhen zu lassen, und erhob sich. Rasch kontrollierte sie noch die dampfenden Kochtöpfe.

«Komm, ich zeige dir, was du hier im Haus tun musst.» Ich muss wohl deprimiert gewirkt haben, denn sie fragte fast sanft: «Na, was ist denn los?» Ich presste meine Lippen zusammen. Ahnend, was mich bedrückte, zupfte sie an ihren weiten Pluderhosen herum. «Hanife, Frauen müssen ihre Männer respektieren.»

«Aber wer respektiert uns?», brach es aus mir heraus. Ich würgte an meinen Tränen.

Sie legte ihre Hand vorsichtig auf meine Schulter: «Du bist jetzt eine Frau. Und eine Frau muss ihrem Mann gehorchen.» Dann gab sie sich einen Ruck. «Komm jetzt.»

Ich stolperte hinter ihr her. Sie schien die grausame Realität durchaus zu sehen, war aber entschlossen, die alte Sitte durchzusetzen. Stumm und entmutigt folgte ich ihr durch das Gebäude, in dem sich die Küche befand. Es wurde nur zum Kochen und Essen genutzt und war ihr Reich. Hier war sie ganz Chefin. «Tagsüber», hörte ich sie sagen, «wirst du mit den Männern auf dem Feld sein. Ich bleibe zu Hause, backe, koche und versorge meinen Mann. Du weißt, er ist blind. Wenn ihr nach Hause kommt, steht das Essen schon fertig auf dem Tisch. Dann könnt ihr euch erst mal stärken. Anschließend musst du mir helfen. Du teilst dir diese Arbeit mit den drei Frauen meiner Söhne. Ihr seid immer nacheinander an der Reihe. Eine spült, eine hilft mir im Stall, eine im Haushalt. Alle drei Tage wechselt ihr euch ab. Ach ja, und einmal in der Woche waschen wir Wäsche. Und ihr müsst meinem Mann helfen. Du weißt ja, dass er auch schon über siebzig ist.»

Ich hatte verstanden. Tagsüber Feldarbeit, abends Schichtdienst bei der Schwiegermutter. So würde mein Leben jetzt aussehen. «Jetzt setz dich erst mal hin», sagte sie. Das Essen war fertig. Zwei

Söhne und drei Schwiegertöchter kamen vom Feld, die Kinder wuselten herum, Adem und sein Bruder kamen von der Arbeit in Gjakova. Alle, auch mein Schwiegervater, saßen um den Tisch. Die Schwiegermutter verteilte die besten Stücke Fleisch an ihren Mann und die Söhne. Wir Frauen bekamen die weniger schönen Stücke. So war es immer.

Am Samstag wusch ich zum ersten Mal Wäsche. Ich sammelte Hemden, Hosen, Handtücher in den Zimmern und Häusern der Großfamilie ein. Das füllt ja einen ganzen Traktor-Anhänger!, dachte ich. Wie soll ich das bloß schaffen? An diesem Tag stapelte sich auf dem Haufen Kleidung auch noch das Bettzeug der Gäste, die Tischdecken und Geschirrtücher von der Hochzeitsfeier. Meine Schwester Ruka lachte. «So ging es mir damals auch.» Na, sie hatte vielleicht Humor. Im Vorhof machten wir ein Feuer und kochten in einem riesigen Waschzuber Wasser. Bald schwamm die Wäsche in der dampfenden Lauge. Mit einem langen Holzlöffel bewegten wir die Tischtücher, Bettlaken und Kissenbezüge im Wasser. Ab und zu kontrollierte ich, ob sie auch weiß wurden. Abends war es endlich so weit: Die Wäsche von sechzehn Erwachsenen und Kindern hing auf der Leine, ich sank erschöpft ins Bett. Die erste Woche war vorbei.

Adem arbeitete unter der Woche in Gjakova, einer Stadt, die üblicherweise mit dem serbischen Namen Djakovica im Atlas steht. In dem 15 Kilometer vom Dorf entfernten Ort fuhr er in einer Fabrik im Schichtdienst Kran. Nebenher studierte der Mann, der mich verdroschen hatte, an der dortigen Pädagogischen Hochschule. Er wollte Grundschullehrer werden. In Gjakova hatte er eine eigene Wohnung, weil er wegen der Nachtschichten nicht pendeln wollte. Manchmal nahm er sich frei oder schob Überstunden, um die Schule besuchen zu können. Die Studienunterlagen bekam er im Unterricht, zu Hause musste er sie durcharbeiten.

Adem ging in dieselbe Fabrik wie sein älterer Bruder. Zwei Brüder waren Gastarbeiter in Deutschland. Zwei weitere Brüder arbeiteten auf dem Hof, wo auch noch eine jüngere, unverheiratete

Schwester lebte. Die Familie bewohnte in Radoste ein Gehöft mit vier Wohnhäusern. Neben dem Haus zum Essen und Kochen gab es ein Haus nur für Gäste. In den zwei übrigen Gebäuden hatte jeder der vier Söhne mit seiner Familie ein Zimmer mit Bad.

Meine Schwiegereltern waren Bauern. Sie hatten Kühe und ein Pferd, Hühner und Enten, und auf ihren großen Feldern wuchsen Paprika, Mais und Weizen. Die Arbeit auf dem Feld machten üblicherweise die Männer. In erster Linie kümmerten sich die Frauen im Kosovo um die Kinder. Nur wenn ihnen noch Zeit blieb, halfen sie auf dem Acker. Bei den Behlulis dagegen musste ich um vier Uhr morgens aufstehen. Wenn ich verschlief, kam einer rein wie ein Aufseher und kommandierte: «Aufstehen!» Dann ging es ab zum Traktor, und wir fuhren los.

Ich war die schwere Arbeit nicht gewohnt, denn meine Eltern hatten keine Landwirtschaft. Die Sommersonne brannte auf mich nieder, der Rücken schmerzte, und meine Hände hatten bald tiefe Risse und Schrunden. Von der Sonne und vom Wind war meine Haut völlig ausgetrocknet.

Am späten Nachmittag kamen wir nach Hause. Damit niemand mit schmutzigen Füßen das Haus betrat, mussten wir Schwiegertöchter den Männern die Füße waschen. Die Brüder saßen bei der Tränke am Hocker, ihre Füße waren staubig oder erdverschmiert durch das Wässern der Felder. «Kannst du mir die Füße nicht richtig waschen?», beschwerte sich einer. Ich wurde rot. Vielleicht war ich ungeschickt gewesen. Ich hatte die Füße der Männer weder zu fest drücken noch streicheln wollen. Adem fuhr seinen Bruder an: «Das ist das letzte Mal, dass dir meine Frau die Füße gewaschen hat.» Tatsächlich musste ich ihm nie wieder die Füße waschen. Hier muss ich gerechterweise auch sagen: Adem hat sich von niemandem die Füße waschen lassen. Das sei doch eklig, sagte er. Er wusch sie sich selbst.

Der Schwiegervater konnte nicht mehr aufs Feld. Er war blind und ging wegen eines verkrümmten Fußes am Stock. Er war schlank, und wenn er ausging, trug er ein Sakko und einen Plis auf seinen kurzen, grauen Haaren. Gerne lachte und spielte er mit den Kindern.

Der alte Mann war immer ein fleißiger und ordentlicher Bauer gewesen. Das erwartete er nun auch von seinen Kindern. Wenn wir also um circa drei Uhr nachmittags nach Hause kamen, löcherte der Schwiegervater uns mit seinen Fragen. Habt ihr alles ordentlich gemacht? Stehen die Paprikapflanzen auch gerade in einer Reihe? Oder habt ihr die Pflanzfurchen im Frühjahr doch krumm gezogen? Wir verdrehten die Augen. Aber er konnte nicht anders. Er fürchtete, wenn seine Söhne mit ihren Frauen aufs Feld gingen, würden sie viel schwatzen und wenig arbeiten. Wir waren immer fix und fertig, wenn wir nach Hause kamen. Aber er glaubte uns nicht und schimpfte. Adem sagte einmal: «Schweig endlich, du Blinder.» Der Vater suchte eine Tasse, um sie nach seinem Sohn zu werfen. Aber er fand keine. Ich saß betreten dabei.

Nach zehn Tagen durfte ich endlich meine Mutter besuchen. Adem wartete bereits, er wollte mich fahren. Ich kam aus meinem Zimmer, ging nach unten und verabschiedete mich.

«Ja, wo ist denn dein Kopftuch?», fragte die Schwiegermutter.

Ich versuchte, die Frage zu ignorieren.

Sie blieb hartnäckig: «Willst du etwa so aus dem Haus?»

«Ich habe dieses Thema bereits mit deinem Sohn besprochen. Du kannst ihn fragen. Aber jetzt muss ich wirklich gehen.»

Dann brach ein Streit los. Alle haben gestritten. Alle.

«Sie braucht gar nicht mehr zurückzukommen!», tönte es mir entgegen. «Aishe ist nie ohne Kopftuch aus dem Haus.» Meine älteste Schwägerin und ihr Mann waren schon wieder nach Deutschland abgereist. Bevor sie vor über zehn Jahren ihrem Mann nach Deutschland gefolgt war, hatte Aishe sechs Jahre allein in meiner Schwiegerfamilie gelebt. In der weiblichen Rangordnung kam sie gleich nach der Hausfrau und genoss entsprechendes Ansehen.

«Damals waren ganz andere Zeiten», sagte ich. «Und heute lebt sie mit ihrem Mann schon lange in Deutschland.» Die Schwiegermutter baute ihre ganze 1,60 Meter Körpergröße vor mir auf und stemmte die Fäuste in ihre Hüften. «Sie hat mir geholfen, meine jüngeren Söhne großzuziehen. Willst du etwa ihre Autorität infrage stellen?»

Nein, das wollte ich nicht. Ich versuchte ihr klarzumachen, dass wir aneinander vorbei redeten: «In alten Zeiten verschleierten die Frauen dieser Gegend sogar ihr Gesicht. Sollen wir das heute auch machen? Das macht ihr älteren Frauen doch auch nicht.» Mir fiel meine Mutter ein, die als junge Frau ihre Haare kurz und lockig trug. Das war damals ziemlich mutig gewesen, und alle hatten geguckt. Ich legte nach: «Die Schwägerin hat womöglich in Deutschland kurze Hosen an. Nur wenn sie heimkommt, trägt sie lange Röcke und Kopftuch.» Wir alle wussten, dass sie in Deutschland moderner lebte.

«Das interessiert uns nicht», schrie die Schwiegermutter. «Aber wenn es so wäre, würden wir uns für sie schämen.»

Mein Schwiegervater mischte sich ein: «Schluss jetzt. Lasst Hanife in Ruhe. Sie ist kein Typ für ein Kopftuch. Soll sie doch Jeans anziehen, das steht ihr. Ich bin jetzt zwar blind, aber ich weiß noch aus der Zeit, als sie jung war, wie sie aussieht.» Seine Frau protestierte: «Aber das geht doch nicht!»

«Halt den Mund!»

Die Schwiegermutter schwieg bestürzt. Adem zog mich mit einem schrägen Blick auf seine Mutter fort: «Mein ältester Bruder hält auch nichts von dem Stück Stoff, genau wie ich.»

Der Mann, der mich verdroschen hatte, hielt also Wort. Ich musste kein Kopftuch tragen. Immerhin. Schweigend fuhren wir die Landstraße hinunter.

Als wir zu Hause ankamen, lief uns meine Mutter schon entgegen. Glücklich bat sie uns ins Haus und stellte Tee und Gebäck vor uns hin. Mein Vater war bei der Arbeit, und bald verabschiedete sich auch Adem.

«Hier, iss und trink. Du bist ja ganz dünn. Jetzt sag, wie geht es dir?»

«Mir geht es gut.»

«Wie gefällt es dir in deiner neuen Familie?»

«Wir haben eine schöne Wohnung. Das Bad ist neu gekachelt, die Möbel sind auch neu.»

«Sind sie nett zu dir?»

«Ja, ich habe sehr nette, fröhliche Schwägerinnen. Sie lachen gerne.»

«Und wie ist die Schwiegermutter?»

«Sie ist sehr fleißig und hat mir erklärt, was ich alles im Haus tun soll. Sie ist die Chefin im Haus, kocht und backt für sechzehn Leute und kümmert sich auch noch um die Ställe. Sie führt ein strenges Regiment. Sie schließt sogar den Kühlraum des Hauses ab, wo sie Käse, Joghurt oder Wurst aufbewahrt. Den Schlüssel trägt sie immer bei sich. Ohne ihre Erlaubnis darf niemand hinein.»

«Na, so was. Aber sie muss ja für einen viel größeren Haushalt planen als ich. Da kann natürlich nicht jeder kommen und sich selbst bedienen.»

«Ich soll auch für Adem kein Essen machen.»

«So?»

«Mir ist es recht. Dann muss ich mich wenigstens darum nicht kümmern.»

Ich berichtete ihr über meinen Tagesablauf, über das Waschen oder wie wir Schwägerinnen uns um den Schwiegervater kümmerten, wenn wir vom Feld kamen oder wenn wir nicht auf den Äckern arbeiten konnten, weil es regnete.

«Der Schwiegervater scheint mich zu mögen. Er ruft immer laut nach mir: ‹Niiif, Niiif. Bist du da?› Er kann ja nicht sehen, wo ich bin. Diesen Kosenamen hat er mir gegeben. Dann mache ich ihm Kaffee, begleite ihn zur Toilette, gebe ihm seine Augentropfen oder bringe ihm ein Glas Wasser. Er braucht ja alle fünf Minuten etwas.»

«Ja wird dir das auch nicht alles zu viel? Du siehst blass aus.»

«Ich helfe ihm gern.»

«Das ist ja schön. Dann lebst du dich also ein.» Sie freute sich über die Neuigkeiten und war erleichtert, dass offenbar alles glatt lief.

«Der Schwiegervater kann sogar noch ein bisschen Farben

erkennen. Wenn ich zum Beispiel eine rote Bluse trage, sieht er das.»

«Ach, der arme Mann. Gut, dass er an euch eine so große Hilfe hat.»

Sie goss mir von dem Tee nach. «Und wie verstehst du dich mit deinem Mann?»

Obwohl ich diese Frage erwartet hatte, erschrak ich. «Äh, gut. Sehr gut. Wir lieben uns.»

«Na, siehst du!» Meine Mutter war offenbar gern bereit, mir zu glauben. «Hab ich es dir nicht immer gesagt? Es war die richtige Entscheidung. Jetzt kannst du verstehen, dass wir es gut mit dir gemeint haben.»

Ich besuchte meine Eltern öfter, Adem begleitete mich. Die anderen weigerten sich, mich zu fahren, weil ich kein Kopftuch tragen wollte. Ab und zu holte mich mein Bruder ab. Das hatten mir meine Schwiegereltern und mein Mann erlaubt, die ich vorher gefragt hatte. Das gebot der Respekt. Meist blieb ich zwischen einer Woche und zehn Tagen bei meinen Eltern. Länger durfte ich nicht. Dort schlief ich mich wieder einmal richtig aus. Es war wunderbar, lange im Bett bleiben zu können. Ich war so müde von der schweren Arbeit.

Mit meiner Schwiegermutter sprach ich mich nach dem Kopftuch-Streit aus. Es hatte mir keine Ruhe gelassen, dass sie mich für respektlos halten könnte. Ich war bereit, meine Schwiegermutter, die die Kinder geboren hatte, zu respektieren; oder die Schwägerin, die sie unterstützt hatte; oder meinen Mann, den ich geheiratet hatte. Aber mir lag daran, dass sie auch mich verstand.

«Sieh», sagte ich, «in meiner Familie tragen wir kein Kopftuch.»

«Aber du lebst jetzt bei uns. Und wenn eine Schwiegertochter ohne Kopfbedeckung aus dem Haus geht, dann wollen es alle tun.»

Immerhin sei Adem damit einverstanden, dass ich keines trug, wandte ich ein.

«Du merkst ja, was passiert. Es gibt wegen dir Streit in der Familie.»

«Das wollte ich nie.»

«Ich weiß. Aber du musst mich auch verstehen. Wenn einer eine Extrawurst bekommt, dann will bald jeder seinen Kopf durchsetzen. Und ich will keine Unordnung in der Familie. Und was sollen bloß die Nachbarn denken. Sie werden sich bald das Maul zerreißen, wir ließen unsere Schwiegertöchter unordentlich herumlaufen.»

«Aber es ist doch gar nicht unordentlich. Ich kenne sehr viele verheiratete Frauen, die kein Kopftuch tragen. Und es sieht viel schöner aus.»

Und das gab sie tatsächlich zu. «Wenn es nach mir ginge, würde ich auch ohne Kopftuch gehen. Aber es geht nicht nach mir. Wir müssen uns anpassen an den Brauch. Und weil du jetzt bei uns lebst, solltest du dich an unsere Sitten anpassen. Aber gut, wenn Adem es dir erlaubt hat ... Ich jedenfalls kann das nicht gutheißen.»

Ich schaute zu Boden.

«Ich will dir doch nichts Böses. Es würde mir wehtun, wenn dich die Nachbarn nicht akzeptieren oder gar verachten.»

Ach, warum kam sie nur immer mit den Nachbarn und der Ordnung. Sie war eine Frau mit zwei Gesichtern. Das eine zeigte sie der Öffentlichkeit, das andere, wahre, hielt sie ängstlich versteckt.

Die Wochen vergingen, von der Feldarbeit war ich braun gebrannt wie eine Urlauberin. Im Oktober ernteten wir den Mais, langsam wurde es kälter. Als die Felder abgeerntet waren, hatte die Familie mehr Muße. Sie saß abends oft zusammen im Wohnzimmer. Es war mehr Zeit als im Sommer, wo jeder früh ins Bett ging, weil er morgens um vier wieder aufstehen musste. Sie tranken Mokka und schauten fern, nebenher wurde über den Tag geredet. Die Frauen strickten, und eine von uns jüngeren Schwiegertöchtern bediente. Falls ich mal nicht kam, wurde nach mir gesucht. Man musste da sein. Ich mochte Handarbeiten nicht und las ein Buch. Sie belächelten mich abfällig. So sah keine gute Hausfrau aus. Denn eine gute Hausfrau ruht auch in ihrer Freizeit nicht. Wir durften nicht ins Bett gehen, bevor der Schwiegervater die Erlaubnis erteilte. Das war meist um zehn Uhr.

Politische Diskussionen gab es nie. Ich habe mich wie meine Eltern stets für Politik interessiert und Zeitungen gelesen. Schon damals war die Lage für die Albaner im Kosovo nicht einfach, und ich wollte wissen, was aus dem Kosovo werden würde. Weil ich alleine nicht aus dem Haus durfte, brachte Adem mir die Blätter aus der Stadt mit. Niemand fragte, was wir da lasen. Es waren eben Zeitungen, und daran hatten sie kein Interesse. Einmal im Monat brachte mir meine Mutter aus der Stadt eine Fachzeitschrift für Gesundheit und Medizin. Dieses Heft las ich schon, seit ich fünfzehn war, und ich wollte auf dem Laufenden bleiben. Wie beneidete ich jetzt meine Mutter. Sie war schon immer alleine einkaufen gegangen. Nie hatte mein Vater verlangt, dass sie nur in Begleitung aus dem Haus ging. Grundsätzlich kann man sagen, dass Frauen aus den Dörfern eher in Begleitung aus dem Haus gehen, Frauen aus der Stadt wie meine Schwester Mehrem aus Prizren auf Selbständigkeit Wert legen. Doch auch hier ist die Regel nicht ohne Ausnahme: Es gibt Dorfbewohnerinnen, die alleine einkaufen, und Städterinnen, die nie einen Schritt ohne Ehemann oder älteren Sohn aus dem Haus tun.

Es war seltsam. Nun lebte ich schon über ein halbes Jahr in Radoste, in dieser streng geregelten Welt der Traditionen. Nur 13 Kilometer weiter lag Krusha Madhe, wo meine Familie lebte und wo es viel mehr Freiheiten für Frauen gab. Lag es nun an den Behlulis, dass die Zeit auf ihrem Hof stehen geblieben schien mit ihrer Kleiderordnung und Familienhierarchie? Lag es am Dorf Radoste, das stärker als Krusha Madhe bäuerlich geprägt war? Ich wusste es nicht. Tradition in Radoste bedeutete: Mein Mann ist der Herr, und ich bin die Frau, die in sein Haus gekommen ist, Kinder gebiert und nicht viel zu sagen hat. Ganz oben in der Hierarchie standen Schwiegervater und Schwiegermutter, dann kam der älteste Sohn, dann die anderen Brüder: Ich war die Letzte, ich hatte nicht viel zu sagen.

Die Sitten bei der Familie Behluli erschienen auch den jungen Schwägerinnen bisweilen skurril. Eine von ihnen war sechs Monate jünger als ich, eine ein paar Jahre älter. Wir lachten oft miteinander, und immer einmal wieder machten wir uns über die Behlulis und über unsere Männer lustig. Großen Respekt hatten wir vor denen, die in die weite Welt gegangen waren. Denn sie versorgten die Familie in Radoste, die von der Landwirtschaft trotz all der Arbeit nicht leben konnte. Beide in Deutschland als Gastarbeiter schuftenden Behluli-Söhne schickten Geld in das Kosovo und bauten Häuser für ihre dort gebliebenen Brüder. Durch das in Deutschland verdiente Geld waren die Behlulis zu ihren vier Häusern gekommen. Am Ende würde das Familienvermögen gerecht geteilt werden.

Das größte Ansehen genoss der älteste Sohn der Familie. Nach albanischer Tradition bestimmte er anstelle des Vaters über die Familie. Der Vater war alt und blind geworden, nun wurde Adems rund fünfzehn Jahre älterer Bruder der Chef. Er plante, wo Häuser gebaut oder renoviert wurden. Er beschloss, ob in den Hof investiert wurde, etwa durch den Kauf einer Dreschmaschine. Auch wenn größere Einkäufe notwendig wurden, zum Beispiel, weil die Kinder und Frauen Kleidung brauchten, wartete die Familie, bis er kam. Er war es auch, der bei meiner Hochzeit die Rolle des Brautvaters übernommen hatte.

Zweimal im Jahr, im Sommer und im Winter, besuchte Adems ältester Bruder seine alte Heimat. «Der ‹König aus Deutschland› ist gekommen, und die Schwiegermutter wird wieder die ganze Nacht wach bleiben, bis er ihr sämtliche Neuigkeiten erzählt hat», frotzelte eine Schwägerin. Wenngleich wir ihn achteten, konnten wir nicht umhin, uns über den Kult um seine Person zu mokieren. Denn er wurde von vorn bis hinten hofiert. So auch in diesem Winter. Die Schwiegermutter kochte für ihn, und weil er ohne seine Frau gekommen war, wuschen wir ihm die Wäsche und machten ihm morgens den Kaffee. Hinterher haben wir gelacht. Wenn ihm die Schwiegermutter erzählte, wie fleißig und «brav» wir arbeiteten, haben wir uns oft nur angeschaut. Denn wir waren nicht immer «brav». In diesem Winter hatten wir zum Beispiel etwas Kaffee gestohlen, den der «König aus Deutschland» mitgebracht hatte. Die Schwiegermutter hatte das Pulver in ihren Privaträumen weggeschlossen, wir bekamen nichts. Eines Tages stand das Zimmer offen, drinnen döste der Schwiegervater. Eine von uns schlich hinein und schüttete etwas von dem wohlduftenden Pulver in eine kleine Dose. Auf einem unserer Zimmer erhitzten wir das Getränk auf einem winzigen Plastikkaffeekocher. Dann schlürften wir heimlich Kaffee. Ab und zu spähten wir über den Balkon, ob jemand kam. O Gott, wie gut hat dieser Kaffee geschmeckt!

Weg, nur weg!

Es waren kleine Lichtblicke. Mit meiner Ehe stand es nicht zum Besten. Mein Mann arbeitete viel und übernachtete oft wegen des Spätdienstes und der Schule in Gjakova. Wenn er doch einmal nachts mit dem Bus von der Spätschicht nach Hause kam, war er müde. Grußlos ging er schlafen. Nach dem Aufstehen brachte er auch kein «Guten Morgen» heraus, schaute nur böse, und immer wieder schlug er mich. Ich hatte das deutliche Gefühl, dass er mich nicht liebte. Hatte er eine andere? Es ging das Gerücht, er habe eine Freundin in Gjakova. Aber ich wischte das Gerede beiseite. Dennoch fühlte ich mich wie gelähmt. Was hatte er? Was machte ich falsch? Warum redete er nicht mit mir? Warum stritten wir nur? Warum nannte er mich «Hexe»?

Vielleicht hätten gemeinsame Unternehmungen eine andere Stimmung in unsere Beziehung bringen können. Aber daran war nicht zu denken. Früher war ich mit meinen Eltern oft in Folklore-Konzerte gegangen. In Radoste gab es weder Kino, Café noch Konzerte. Und meine Schwiegereltern und meine Schwager wollten nicht, dass ich mit meinem Mann ausging. Als Ehefrau musste ich zu Hause bleiben. Dabei hätte Adem selbst nichts dagegen gehabt. Wollte ich also einmal ins Konzert, musste ich mit meiner Mutter und meinen Geschwistern gehen. In unserem Dorf gab es ein Gemeindehaus, ein Kino und Läden. Meiner Schwiegermutter passte es gar nicht, dass Adem und ich im Herbst einmal zusammen in Krusha Madhe im Konzert waren. «Du bist kein Mädchen mehr, sondern eine Frau», schimpfte sie. Ich war enttäuscht und sauer, denn bei uns im Dorf gab es diese Sitte nicht. Im Gegenteil. Die Omas boten sogar an, auf die Kinder aufzupassen, damit sich die Eltern mal einen entspannten Abend gönnen konnten. Ich dagegen musste immer daheim hocken und arbeiten. Einmal in drei Monaten durfte ich meine Mutter besuchen. Weil Adem mit mir nicht ausgehen durfte, ging er mit seinen Freunden und Freundinnen aus der Schule in Gjakova ins Konzert oder Kino.

Aber vermutlich hätten Konzertbesuche und Treffen mit Studienkollegen unsere Ehe auch nicht besser gemacht. War ich im Haus bei der Arbeit, gesellte er sich nicht zu mir, sondern verschwand auf sein Zimmer und wollte mich nicht sehen. Mal zog er gleich los aufs Feld, mal reparierte er den Traktor. Er ging mir aus dem Weg. Vielleicht hatten ihn die Leute kritisiert, weil ich kein Kopftuch trug. Vielleicht wurde ihm alles zu viel. Vielleicht nagte der Gedanke an ihm, ich sei keine Jungfrau gewesen. Oder war er unglücklich, weil er eine geliebte Frau nicht hatte heiraten dürfen?

Meinen Eltern habe ich nichts von meinen Eheproblemen erzählt. Ich spielte ihnen das junge Glück vor. Sie sollten sich keine Sorgen machen. Und ich wollte nicht, dass es bekannt wird. Vielleicht hätte meine Mutter eine Freundin oder Nachbarin ins Vertrauen gezogen. Dann wäre die Geschichte im ganzen Dorf herumgegangen. Womöglich hätten sich unsere Familien treffen müssen, um über die Schwierigkeiten zu reden und die Dinge ins Reine zu bringen. Ich hätte mich in Grund und Boden geschämt. Nein, niemand sollte mitbekommen, dass es schlecht lief. Ich dachte, ich werde so oder so nicht mehr glücklich. Dann musste es auch keiner wissen. Für meine Schwiegereltern war unser ständiger Ehestreit kein besonderes Problem. Nach ihrer Meinung musste der Mann bestimmen, und die Frau durfte mit Prügeln zur Räson gebracht werden.

Meine Schwiegermutter hatte auch Angst vor ihren Söhnen. Denn auch sie wurde von ihnen geschlagen. So etwas sah ich zum ersten Mal. Adem zum Beispiel war ein nervöser Charakter, regte sich schnell auf. Dann passierte es. Einmal hatte die Familie einen neuen Traktor gekauft. Adem wollte ihn allein fahren und verbot seinen Brüdern, die Maschine anzurühren. Ein Bruder hielt sich nicht daran, und als er damit unterwegs war, ging ein Kabinenfenster kaputt. Er bestellte schnell ein neues. Eines Tages fiel es Adem auf. «Hanife!», schrie er, «kommt sofort her! Wer hat das kaputtgemacht?» – «Hab ich dich geheiratet, um zu spionieren?», antwortete ich. Er schrie nach seiner Mutter: «Komm sofort her!» Sie kam, verriet ihm aber auch nicht, wer es gewesen war. Da ohrfeigte er sie und bedrohte sie mit einem Messer. Danach schüttelte er mich und warf mich zu Boden. Ich schwieg. Sein Bruder kam dazu und sagte: «Ich war's. Na und?» Ein anderes Mal schlug Adem seine Mutter, weil sie seiner Meinung nach nicht gut gekocht hatte. Und einmal, sie war im Stall und melkte die Kühe, warf er ihr vor, sie habe vergessen, ihm ein Joghurt zur Seite zu stellen. Nun hätte es ihm jemand weggegessen. Er nahm ihren Eimer und goss ihr die Milch über den Kopf.

Adem respektierte seine Mutter nicht, wie es sich gehörte. Für mich war so etwas unvorstellbar. Ich wollte zwar meine Freiheit haben, Bücher lesen und ins Konzert gehen, aber den Respekt, den Kinder ihren Eltern zollen müssen, den erwies ich meinem Vater und meiner Mutter. Man soll die Alten ehren. Meine Geschwister und ich hatten zu Hause nie Schläge bekommen. Nie. Und wir respektieren unsere Eltern.

In solchen Verhältnissen lebte ich nun. Und immer fragte Adem, ob es etwas Neues zu berichten gäbe. Er meinte damit, ob ich endlich schwanger sei. Er war fünfundzwanzig und wollte Vater werden. Ihm war egal, dass ich erst siebzehn war. Als ich nach fünf Monaten immer noch kein Baby erwartete, fürchtete er, ich könne keine Kinder bekommen. Er wurde noch missgelaunter als sonst.

Im Januar wurde ich dann schwanger. Am liebsten wäre ich gestorben. Wahrscheinlich war ich einfach noch nicht reif genug, um Mutter zu werden. Ich fühlte mich doch noch als Kind, als Mädchen. Ich konnte mir einfach nicht vorstellen, dass ich ein Kind zur Welt bringen und aufziehen sollte. Adem behandelte mich auch während der Schwangerschaft schlecht. Wenn er sich über seine Mutter aufregte, schlug er mich. Wenn er sich über seinen Bruder aufregte, schlug er mich. Wenn er mit seinem Studium Probleme hatte, schlug er mich. Immer ließ er seine Wut an mir aus. Nie sagte er ein gutes Wort. Manchmal konnte ich nicht einmal mehr weinen und starrte nur noch vor mich hin. Ich dachte darüber nach, wie ich sterben wollte. Obwohl die Sonne jeden Tag auch für mich schien, war es für mich überall dunkel. Wie sollte ich hier weiterleben? Als ich im dritten Monat war, ging ich nachts in den Stall. Ich nahm ein Seil, drehte einen Eimer um und stieg darauf. Ich warf das Seil über den dunklen Holzbalken. Plötzlich hörte ich von draußen die Schritte meiner Schwiegermutter. Die Tür ging auf. Ich erschrak und stieg schnell vom Eimer herunter. Sie war gekommen, um nach der trächtigen Kuh zu sehen. Mit der Taschenlampe leuchtete sie mir ins Gesicht.

«Ich wollte nur ... ich bin hier, weil ich nach der Kuh sehen wollte.»

«O Hanife, wie schön, dass du dich so fleißig um alles kümmerst.»

«Äh, ja», brachte ich mühsam heraus und beugte mich schnell über das Tier.

Ein Mädchen, das alle glücklich macht. Das hatte ich immer sein wollen. Ich konnte mir nie vorstellen, eines Tages mein Lächeln zu verlieren. Dass ich so werde. Eine Frau, die ihr Lächeln verloren hat.

Im Frühjahr fuhren wir wieder mit dem Traktor aufs Feld. Holpernd ging es über die schlechten Straßen, der Fahrer gab Gas wie ein Irrer. Durch die Erschütterungen bekam ich starke Bauchschmerzen und verlor fast mein Kind. Inzwischen war es Mai, und ich war im vierten Monat. Wie die anderen pflanzte ich auf den riesigen Feldern Setzlinge. Es herrschte manchmal schon große Hitze, und eines Tages wurde mir übel. Schon seit längerer Zeit hatte ich mich immer einmal übergeben müssen. Ich fiel in Ohnmacht und lag im Matsch.

Jetzt musste ich nicht mehr pflanzen. Sie gaben mir eine leichtere Arbeit, ich goss von nun an die Setzlinge. Ab dem siebten Monat durfte ich zu Hause bleiben. Vielleicht haben sie sich vor den anderen geschämt. Und so ging ich von Juli an mit meinem dicken

Bauch der Schwiegermutter zur Hand. Sie kochte, und mein erster Job war, Brot im Holzofen zu backen. Das Brot musste jeden Morgen frisch auf dem Tisch sein. Wenn ich um acht Uhr das Brot nicht fertig hatte, dann war das das Schlimmste. Deshalb stand ich um sechs Uhr auf.

Wie bisher verrichtete ich mit den drei Schwiegertöchtern den Schichtdienst im Haus. Drei Tage backen, drei Tage Betten machen, putzen, kehren, staubsaugen, drei Tage der Schwiegermutter beim Füttern der Kühe und im Stall helfen. Dann hatte ich drei Tage frei und konnte unsere Räume aufräumen oder einfach für mich sein. Die ganze Zeit über kümmerte ich mich um den blinden Schwiegervater. All die Anstrengungen zehrten mich auf. Ich wog gerade mal 52 Kilo.

Am 18. August 1986, ein Jahr nach der Dorfhochzeit, gingen wir zum Standesamt. Zwei Monate später, am 18. Oktober, wurde Ulerika geboren. Die Entbindung fand im Krankenhaus von Gjakova statt. Adem hatte mich mit der Schwiegermutter hingefahren und in seiner Wohnung übernachtet. Als Mann durfte er nicht auf die Entbindungsstation. Telefonisch wurde ihm die Geburt seiner Tochter mitgeteilt.

Am Morgen kam er. «Wir haben ein Mädchen», rief ich vom Balkon des vierten Stockes auf die Straße, weil sie ihn als Mann nicht auf die Entbindungsstation ließen. Mein ganzer Körper schmerzte von den Anstrengungen der Geburt, und ich war noch recht wacklig auf den Beinen.

«Ich habe es schon mitgekriegt», rief er zurück. «Heute Nacht um zwei Uhr habe ich angerufen, da haben sie es mir gesagt.» Er zog an seiner Zigarette. Passanten lachten ihm zu, er schien sich zu freuen. Mitgebracht hatte er nichts. Zwar war es in meiner Heimat früher nicht üblich, im Krankenhaus Blumen zu schenken, aber bei den anderen Frauen stapelten sich Pralinen, Orangen und Bananen auf den Nachttischen. Ich war ein wenig enttäuscht. Zwei Tage später würde ihm seine Mutter selbst gebackene Pfannkuchen mitgeben.

«Es ist also ein Mädchen», hörte ich von unten seine Stimme.

«Ja.»

«Na gut. Du wirst ja bald das nächste Kind bekommen.»

Wie konnte er nur so roh sein? Ich war so enttäuscht über seine Rücksichtslosigkeit, mir war zum Heulen.

«Ich muss mich jetzt wieder hinlegen», verabschiedete ich mich.

Ich riss mich zusammen. Die anderen Frauen in meinem Zimmer sollten nichts mitbekommen. Ich legte mich wieder ins Bett und dachte: Was ist er nur für ein Mann? Er plant schon, mich erneut zu schwängern, und ich werde wieder gebären. Ich war schockiert und fühlte mich innerlich kalt und leer.

Meiner Mutter wollte ich nichts davon erzählen. Warum auch? Ich glaubte nicht, dass es geholfen hätte. Deshalb sollte niemand diese Dinge erfahren. Und meine Schwester Ruka war wieder in Deutschland.

Ich wurde frühzeitig entlassen, meine Mutter hatte das nicht gewusst. Sie kam am letzten Tag meines Krankenhausaufenthaltes, gleichsam in letzter Minute. Mit warmem Lächeln nahm sie mich fest in ihre Arme: «Wie geht es dir, meine Tochter? Geht es dir gut?» Kaum hatten wir ein paar Worte gewechselt, kaum hatte sie Gelegenheit gehabt, ihre Enkelin zu bestaunen, kam auch schon die Schwiegermutter, um mich abzuholen. Stolz nahm Adems Mutter das Kind auf den Arm und trug es herum. Meine Mutter wollte es auch einmal halten, doch die Schwiegermutter gab ihr das Kind nicht. «Komm doch, wir verpassen den Bus», drängte sie; sie wollte schnell nach Hause. Meine Mutter streichelte Ulerikas Gesicht und strich ihr die feinen blonden Löckchen aus der Stirn. «Sie sieht aus wie Adem», fand sie. Die Schwiegermutter platzte fast vor Stolz. Dann zog sie mich weg. Ich konnte gerade noch «Tschüss» sagen und das Obst, das meine Mutter gebracht hatte, einer anderen jungen Mutter im Zimmer schenken; für eine Unterhaltung ließ sie uns keine Zeit. Meine Mutter ging allein davon. Ich sah, dass sie den Tränen nahe war.

Zu Hause wurde Ulerika gleich zum Mittelpunkt der Familie. Sie war das jüngste Kind, und alle liebten und herzten sie. Auch mein Mann freute sich über sein erstes Kind, wenn er auch lieber einen Sohn gehabt hätte. In meinem Leben änderte sich durch meine erste Tochter einiges. Ich lernte, ein Baby zu stillen, wickelte sie, spielte mit ihr. Im Winter zog ich sie so dick an, dass sie schwitzte. Ich hatte immer das Gefühl, sie friert. Ulerika schlief ruhig und viel, und immer schaute ich nach, ob sie noch atmet. Der Winter ging, der Frühling brach an. Nun erwartete man von mir, dass ich funktionierte wie früher. Die Schwierigkeiten waren vorprogrammiert, und sie kamen.

Ich badete Ulerika. Die Schwiegermutter steckte den Kopf durch die Tür. «Hanife, komm schnell raus, sie sind gleich da!» Ich verstand, die Männer kamen mit dem Traktor von den Feldern. Nun musste ich eigentlich alles sofort liegen lassen und mit den anderen die Heimkehrenden in Empfang nehmen, um zum Beispiel beim Abladen zu helfen. Es war aber ein denkbar ungünstiger Augenblick: «Du siehst doch, das geht jetzt nicht! Soll ich Ulerika ins Wasser schmeißen?»

«Auf, komm!»

«Dann musst du sie baden. Wenn du nicht da bist, werden sie nicht schimpfen.»

Sie erschrak. «Nein, ich muss auch gehen.» Schnell verschwand sie in Richtung Treppe. Ich wusch das Kind notdürftig fertig und wickelte es in ein Badetuch. Dann stand schon Adem vor mir. Er schlug zu. Er packte mich, zerrte mich hinter sich her durchs Haus. Ich wehrte mich, stürzte, er schleifte mich weiter quer über die Veranda, entlang an den Blumenkästen aus gemauerten Ziegelsteinen. Mein Kleid zerriss, ein heißer Schmerz durchfuhr mich, ich schrie auf. Er zerrte mich die Verandatreppe hinunter zum Traktor. «Du sollst auf den Hof kommen und hier auf uns warten. Hast du verstanden??» Blut lief an mir herab, ich hatte mir die ganze rechte Seite an den scharfkantigen Steinen aufgeschürft. Die Schwager standen da und schauten zu. Ich rappelte mich hoch und versuchte, mein auseinander klaffendes Kleid zusammenzuhalten. Er kam auf mich zu. «Fass mich nicht an!», schrie ich und spuckte ihm mitten ins Gesicht. Er holte aus und schlug mich noch einmal, Blut lief aus meiner Nase. Wie versteinert ging ich zurück ins Haus. Ich wollte sterben. Ich nahm Ulerika aus ihrem Tuch und zog sie an. Draußen, von der Veranda, hörte ich Adems Nichte, die zu Besuch war, schreien: «Was macht ihr mit euren Frauen? Ihr spinnt! Ihr Idioten!» Ich ging hinaus, um sie da wegzuholen. «Komm. Beruhige dich.» In ihrer Panik ließ sie sich nicht bremsen. «Ich bin nur wegen der Oma gekommen», weinte sie laut. «Nur ihretwegen. Euch Onkel will ich nicht mehr sehen!» Ich weinte auch, vor Schmerz und Scham.

Das ist also die Tradition im Kosovo, denken jetzt womöglich viele meiner deutschen Leserinnen und Leser. Aber das wäre nicht ganz richtig. Auch wenn nach der Tradition in Radoste mein Mann der Herr war und ich die Frau, die in sein Haus kam, Kinder gebar und nicht viel zu sagen hatte – niemand hatte das Recht, mich zu schlagen. Adems ältester Bruder schlug seine Frau Aische nicht, auch meine Schwester Ruka wurde nicht geschlagen. Es lag am Charakter jedes einzelnen der fünf Behluli-Brüder. Ruka hatte auch nicht aufs Feld gehen müssen wie ich, weil ihr Mann diese Ausnahme durchgesetzt hatte. Sie ging freiwillig zum Pflanzen und Ernten, als sie noch im Kosovo lebte. Wie Tradition gelebt wird, kommt ganz auf die Einzelnen an. Und auf die soziale Umgebung.

Es gibt traditionell lebende Familienoberhäupter, die ihre Stellung als Herr der Familie genießen; sie dulden keine Widerworte und nehmen sich das Recht, Frauen zu schlagen. Es gibt patriarchalische Väter, die sich die Meinung von Frau und Kindern anhören und keineswegs schlagen. Dann wieder gibt es Männer, die überhaupt nicht befehlen wollen, weil sie eben nicht der Typ dafür sind. Das heißt nicht, dass sie keinen Respekt genießen. Es wäre also ein Vorurteil, wenn Menschen aus westlich geprägten Ländern denken, Albaner und Kosovaren würden ihre Frauen schlagen, weil es ihnen die Tradition oder die Religion erlaube. Es ist in Albanien und in meiner Heimat wie überall auf der Welt: Männer schlagen ihre Frauen, weil sie gewalttätig sind.

An einem eisigen Wintertag kam Adem von der Arbeit und brachte Besuch mit. Sie gingen ins Gästehaus, und mein Mann stellte fest, dass die Teegläser nicht gespült waren. Er suchte mich und fand mich im Zimmer der Schwiegermutter. «Du Schwein», brüllte er und schlug mir ins Gesicht. «Du hast die Teegläser nicht gespült.» Blut lief mir aus der Nase. «Ich war nicht an der Reihe», sagte ich leise. Eine meiner Schwägerinnen hatte vergessen, die Gläser zu reinigen. Sofort tat es ihm Leid. Aber für mich hatte die Misshandlung das Fass zum Überlaufen gebracht. In den Räumen meiner Schwester zog ich Pullis und einen dicken Mantel aus Deutschland an. Um meinen Kopf schlang ich ein wollenes Tuch. Für Ruka versteckte ich im Schrank einen Zettel: «Ich wollte dir keine Schwierigkeiten machen. Aber ich kann nicht mehr.» Ich wickelte Ulerika, küsste sie zärtlich und schaukelte sie sanft in ihrer Wiege. «Ich verspreche dir – ich werde dich holen kommen. Auch wenn ich Jahre um dich kämpfen muss.» Der Schmerz um sie brannte in meinem Herzen, als ich aus dem Haus schlich und die Tür leise hinter mir zuzog. Aber ich konnte nicht mehr. Ich musste hier weg. Ich wollte zu meiner Tante in einem zweieinhalb Kilometer entfernten Dorf. Dort war auch eine Polizeistation.

Niemand bemerkte mein Weggehen. Kein Mensch war zu sehen. Alle hatten sich vor der Kälte an den warmen Ofen geflüchtet. Rauch stieg aus den Kaminen, es war ein trüber Nachmittag. Manchmal reichte der Schnee bis zu meinen Hüften, ich kämpfte mich voran. «Ich werde dich holen», redete ich mir zu. Ich wusste, sie würden mir meine Tochter nie freiwillig überlassen.

Es war ganz still. Leise knirschte es unter meinen Schritten, Schnee pappte an Rock und Mantel. Am grauen Himmel schrien schwarze Vögel. Ich lief und lief. Der Weg führte an den Feldern der Behlulis vorbei. Die Kälte brannte in meinem Gesicht, meine Nase lief. Ich bemerkte, dass es Blut war. Rote Tropfen fielen in den weißen Schnee. In den Manteltaschen fand ich ein Taschentuch.

Neben dem Feldweg lag ein flacher Brunnen. Er war zugeschneit und wie der Weg und das Feld nicht genau zu erkennen. Ich stapfte voran und hoffte, nicht in das Loch zu fallen. Wildhunde zerrissen ein totes Schaf. Als ich in ihre Nähe kam, knurrten sie. Mit gespannten Gliedern fixierten sie mich und zogen die Lefzen hoch, sodass ich ihre Reißzähne erkennen konnte. Schnell ging ich weiter. Ich richtete meinen Blick geradeaus und meinte fast, ihren heißen Atem hinter mir zu spüren. Doch sie kamen nicht. Ich erreichte den Bahndamm mit den Gleisen. Ihnen musste ich folgen. Gleich würde ich beim Tunnel am Hügel sein. Dort wollte ich hindurch, auf der anderen Seite lag die rettende Zuflucht.

«Hanife!»

Ich zuckte zusammen.

«Hanife! Bleib stehen!»

Ich rannte los. Der lange, schwere Mantel schlang sich um meine Knie. Ich stürzte im tiefen Schnee, raffte mich hoch, rannte, das wollene Tuch rutschte mir vom Kopf, und dann spürte ich Adems Faust im Nacken. Er packte mich, drehte mich um, schlug mir ans Kinn.

«Du willst also weg von mir?» Er grinste. «Das geht aber nicht, denn ich habe dich gekauft.»

Ich starrte tränenlos ins Weiß der Felder. Dann sah ich ihn an: «Warum bringst du mich nicht um? Bring mich doch um. Mach schon. Jetzt.» Er stieß mich in den Schnee. Kein Mensch war weit und breit. Dann schaute er mich lange an und zog mich hoch: «Komm nach Hause. Ulerika weint.»

Ulerika! Meine Tochter. Was sollte ich nur machen? Mein Kind konnte doch nicht allein in dieser Familie aufwachsen. Ich ging mit ihm zurück. Es war ganz still, nur die schwarzen Vögel schrien. Niemand hatte etwas bemerkt.

Ins Haus zurückgekehrt, gab ich Ulerika die Brust. Meine Haut und Glieder waren eiskalt, ich spürte die Wärme meiner Tochter. Sie war sehr hungrig.

«Willst du einen Tee?», fragte Adem kurz darauf. Lachend spielte er im Wohnzimmer mit Ulerika. Ich konnte nicht hineingehen. Abends um neun Uhr fragte er mich: «Machst du mein Wasser warm? Ich will duschen.» Er erwartete also, dass ich ihm anschließend wie immer den Rücken schrubbte und die Haare schamponierte. Ich schaute ihn nur an.

Er versuchte Druck zu machen: «Wenn ich meine Mutter fragen muss, wird jeder wissen, was ich für eine Frau habe.» Ich sagte nichts und setzte mich mit meinen Büchern aufs Sofa. Ulerika spielte auf dem Boden mit Plastikkühen aus Deutschland. Immer wieder fielen die Spielzeugtiere um. Ich kniete mich zu ihr auf die Decke und stellte sie wieder auf.

«Oh, unsere Klügste legt ihre Bücher beiseite», spottete er.

Ich stand auf und spuckte ihn an. Wie von Sinnen packte ich ihn und zerkratzte seinen Hals. Er schrie auf, fasste mich an den Handgelenken und drückte mich aufs Sofa. «Beruhige dich. Sonst hört uns noch jemand.»

Komisch, wenn man mich schreien hörte, war es ihm egal. Es war ihm egal, wenn er mich vor allen Verwandten erniedrigte. Vor allen hatte er mich geschlagen, meinen Stolz verletzt. Dabei hatte ich wenigstens nach außen das Bild einer guten Ehe aufrechterhalten wollen. Mir blieb nur, sein Badewasser zu ignorieren und in dieser Nacht auf dem Boden zu schlafen.

Am nächsten Morgen sah die Familie meine dick geschwollene Wange. Adem trug einen Rollkragenpulli. Mein Unterkiefer schmerzte, und ich konnte nicht beißen. Dem Gesichtsausdruck meiner Schwiegermutter nach zu urteilen, schien sie zu denken: Ah, mein Sohn ist also konsequent. Er hat es ihr richtig gezeigt; Frauen sollen sich nicht auflehnen.

Ja, Frauen sollten dulden. Lehnten sie sich auf, schlug man sie oder nahm ihnen die Kinder weg. Ich hörte von einer Bekannten meiner Familie, die mit ihren drei Kindern ihren Mann verlassen hatte. Nach einem Monat entführte der Vater das Mädchen, ein halbes Jahr später beide Jungs. Noch heute leben die Kinder beim Vater. Und jeder nannte die Frau eine Hure. Verzweiflung überkam mich.

Ich stieg mit zwei Stricknadeln auf den Tisch in meinem Zimmer. Oben baumelte die Lampe. Ich drehte die Glühbirne heraus. Ich nahm in jede Hand eine Stricknadel. Ich führte die Stricknadeln in Richtung Fassung. Ich hörte Adem an der Tür. Ich zuckte zurück. Ich stieg vom Tisch, bevor er mich sehen konnte. Ich tat, als sei nichts gewesen.

Meine Tochter wuchs langsam heran. Um alles festzuhalten, hatte ich ein Heft gekauft, eine Rose und einen Bären darauf gemalt und in großen Druckbuchstaben darüber geschrieben: «Ulerikas Babybuch». So etwas hatte es wohl in Radoste bis dahin nicht gegeben. Auf die erste Seite klebte ich ein Foto meiner Tochter. Ich schnitt eine ihrer blonden Locken ab und klebte sie ein, notierte den Tag, als sie mit fünf Monaten ihren ersten Zahn bekam. Immer wieder umkreiste ich ihre kleinen Hände mit einem Stift. Jedes Mal waren die Konturen ein bisschen größer. Die Zeichnungen von ihren Füßen nach dieser Technik gerieten krumm und schief. Ulerika mochte diese Art von Kunst nicht und zappelte stets. Ich hielt auch das erste Wort fest, das sie sprach: «da-da.» Die Behlulis fanden das alles seltsam. Statt für das Kind zu stricken, malte ich Bildchen.

Auch Adem mochte seine Tochter. Heimlich brachte er ihr immer Süßigkeiten. Heimlich, weil es im Haus gerecht zugehen sollte. Entweder bekamen alle etwas oder niemand. Aber der Großvater kannte seine Pappenheimer. «Na, was hat dir der Papa denn mitgebracht?» Er kitzelte und neckte die Kleine. Ulerika lachte und reckte mit ihren kleinen Händen ein Tellerchen hoch. «Kau-guumi», präsentierte sie ihre Schätze, stolz auf das neue Wort, das sie gelernt hatte. Alle lachten.

Ulerika spielte für ihr Leben gern im Matsch und mit Sand. Am allerliebsten aber warf sie ihre Sandalen in den Hofbrunnen. Immer wieder musste Adems Schwester die eiserne Leiter hinabsteigen und die Schuhe herausholen. Wir deckten den zwei Meter tiefen Brunnen mit einer Stahlplatte ab. Nur noch ein kleines Loch für die elektrische Pumpe war vorhanden, damit wir weiterhin Wasser zum Gießen hatten. Aber Ulerika war ein hartnäckiges Kind und schaffte es trotzdem, die Schuhe durch das kleine Loch in den Brunnen zu stopfen.

Alle liebten Ulerika, das jüngste Kind. Man sah es «Lika» nach, dass sie mit dem Babykätzchen über den Hof tobte und die Hühner herumjagte. Geduldig erklärte man ihr, warum sie das nicht tun sollte. Einmal ging sie sogar in den Verschlag und zerdepperte alle Eier. Das hat ihr die Oma natürlich fortan streng verboten. Vor Kühen hatte unsere Kleine Angst, die ließ sie in Ruhe. Aber es gab ja noch viel zu entdecken. Über und über beschmierte sie sich mit Hühnermist, einmal aß sie gar davon. Ich war außer mir. Das ist doch giftig, schimpfte ich. Abends war Ulerika immer ganz schmutzig. Die Kleidchen, das Gesicht, die Hände – alles war in Matsch und Sand grau und braun. Manchmal badete sie auch in der Kuhtränke, mit Kleidern und Hosen. Ich aber wollte eine propere Tochter haben, mit gewaschenen Händen und schönen Kleidern. Sie sollte besser und schöner aussehen als alle anderen Kinder. Außerdem grauste es mir jedes Mal, die Stapel verschmutzter Hosen, Jacken und Röcke von Hand zu waschen. Eine Waschmaschine gab es nicht. «Wir leben hier auf dem Land», mahnte meine Schwiegermutter eines Tages. «Du darfst nicht immer mit dem Mädchen schimpfen.» Ich musste zugeben, sie hatte wohl Recht, und ich versuchte, mich weniger über Ulerikas Schmutzbäder zu ärgern.

Eines Tages bekam Ulerika Fieber. Ich wollte zum Arzt, doch die Schwiegermutter ließ mich nicht aus dem Haus. «Nicht ohne Kopftuch!» Ich starrte sie an und bat sie, eine Ausnahme zu machen. Sie blieb hart. Habe ich es getan, um meinen Kopf durchzusetzen, oder habe ich es getan, um Ulerika für später den Weg zu ebnen? Ich weiß es nicht. Es war für mich einfach nicht akzeptabel, als Frau jetzt doch noch diesen veralteten Vorschriften zu folgen. Ich musste mich wehren. Wenn ich klein beigab, wie konnte ich dann Ulerika vor diesen Regeln, vor dieser Mädchenerziehung, schützen? Mir war sehr wichtig, dass Ulerika modern aufwuchs, auch wenn ich noch nicht genau wusste, wie ich das hinbekommen sollte. Jedenfalls zog ich kein Kopftuch über und konnte also mit meiner Tochter auch nicht zum Arzt. Die Machtprobe lief. Erst als Adem nach Hause kam, fuhren wir mit Ulerika zum Doktor.

Im Winter 1988 war Ulerika zwei Jahre alt. Sie ahnte nicht, was sich in ihrem Land politisch zusammenbraute. Immer öfter lasen Adem und ich in den Zeitungen von Demonstrationen. Die Regierung von Serbien hatte im Sommer die Verfassung geändert und die Autonomie der serbischen Provinz Kosovo eingeschränkt. Dasselbe geschah mit der Provinz Vojvodina. Hunderttausende gingen auf die Straße, auch Adem. Ich konnte mich nicht an den Protesten beteiligen, weil ich nicht aus dem Haus durfte. Und ich war im dritten Monat schwanger.

Adem vertrat wie viele die Meinung, das Kosovo müsse mit den anderen jugoslawischen Teilrepubliken gleichgestellt werden. Das bedeutete den Austritt des Kosovo aus der jugoslawischen Teilrepublik Serbien. In diesem Punkt hatten wir keinen Streit. Meine ferne Hoffnung war allerdings, das Kosovo würde eines Tages wieder zu Albanien gehören. Waren nicht ohnehin vier von fünf der Kosovanerinnen und Kosovaren albanischer Herkunft? Wenn mich jemand fragte, woher ich stammte, sagte ich: «Aus Albanien.» Ich sagte nicht: «Aus dem Kosovo.» Das mag ein wenig nach Nationalismus klingen, aber so war es nicht gemeint. Für mich war mein Land Albanien. Dass das Kosovo nach dem Ersten Weltkrieg dem Königreich der Serben, Kroaten und Slowenen zugeschlagen worden war, war nicht richtig gewesen. Ich hatte viel über die Geschichte Albaniens gelesen. Das Kosovo hatte eine andere Kultur als die jugoslawischen Länder, und das Albanische ist auch keine slawische Sprache wie etwa das Serbische. Vor der Eroberung durch die Türken waren Albaner und Serben zudem auch religiös voneinander geschieden gewesen; die Albaner waren römisch-katholisch, die Serben orthodoxen Glaubens. Adem dagegen fand, dass wir auch nicht zu Albanien passen. Albanien wurde damals von dem kommunistischen Diktator Enver Hoxha regiert, vielen galt das Land als letzte Bastion des Stalinismus.

Auch ich fand das Regime in Albanien bis dahin wesentlich brutaler als in Jugoslawien. Aber vielleicht konnte sich das ja eines fernen Tages einmal ändern.

Anfang 1989 wollten wir als Gastarbeiter in den Libanon. Mein Mann wollte als Bauarbeiter anheuern, ich hoffte, als Pflegerin arbeiten zu können. Obwohl Adem bereits 18 von 20 Prüfungen bestanden hatte, war er bereit, sein Studium abzubrechen. Die Proteste und Unruhen in unserer Heimat nahmen täglich zu, niemand dachte mehr ans Studieren. Die Hoffnung auf eine friedliche Lösung der Konflikte war dahin, jetzt ging es ums Überleben. Wir beschafften alle Papiere, bald kam die positive Antwort. Die Impfungen hatten wir bereits hinter uns, und ich richtete die Pässe, als ein Schreiben mit den Vertragsbedingungen kam. Wir sollten uns auf fünf Jahre verpflichten. Und im Kleingedruckten stand: Wir durften keine Kinder mitbringen. Erst wenn wir den Arbeitsvertrag um weitere fünf Jahre verlängerten, könnten wir Ulerika nachholen. Schweren Herzens fragte ich meine Mutter, ob sie meine Tochter so lange zu sich nehmen könnte. Dort würde sie in guten Händen sein und nach den Vorstellungen unserer Familie erzogen. Gleichzeitig hoffte ich auf einen Neuanfang in unserer Ehe: Wenn wir von Adems Familie weg waren, wenn wir allein lebten und wenn mein Mann die Welt sah, vielleicht änderte er sich dann.

Als der nächste Brief kam, machte ich fast einen Luftsprung. Wir könnten, stand darin, doch ein Kind mitbringen. Erleichtert und glücklich unterschrieben wir. Währenddessen erreichten die Demonstrationen im Kosovo ihren Höhepunkt. Sie fanden vor allem in den größeren Städten statt: in Gjakova, in Prizren, in Priština. Im Februar kam es zum Generalstreik gegen die von Slobodan Milošević eingesetzte Parteiführung im Kosovo; der Ausnahmezustand wurde über unsere Provinz verhängt. Man konnte wegen der Straßenschlachten mit Miliz, Militär und Polizei nicht in die Städte gehen. Der nächste Brief, den der Postbote brachte, machte unseren Plänen ein Ende. Die serbischen Behörden verboten uns die Ausreise, denn wir waren Albaner.

Ende März 1989 beschloss das serbische Parlament eine Verfassungsänderung, mit der die Autonomie der Provinz Kosovo endgültig beseitigt würde. Wir hörten täglich die Nachrichten. Die Änderung war selbst verfassungswidrig, denn das Parlament des Kosovo war nicht beteiligt worden. Das geschah erst nachträglich. Unter dem Eindruck der Panzer, die das Parlament umlagerten, und den Drohungen, die unsere Volksvertreter von serbischer Seite erhalten hatten, stimmten unsere Parlamentarier zu. Nur wenige Mutige lehnten sich auf. Wir wussten: Nun unterstand unsere Provinz in allen Belangen direkt der Regierung in Belgrad.

Adem nahm im März mit Studierenden an einem 80-Kilometer-Protestmarsch von Gjakova nach Priština teil. Sie wollten sich das Vorgehen von Belgrad nicht bieten lassen. Gleichzeitig wollten sie die Minenarbeiter von Trepca unterstützen. Seit dem 20. Februar waren dort 1300 Bergleute im Hungerstreik, weil Azem Vllasis, der Vorsitzende des Bundes der Kommunisten, im Kosovo abberufen und durch einen Günstling des serbischen Parteichefs Slobodan Milošević ersetzt worden war. Als Student war es für Adem Ehrensache, sich an den Protesten zu beteiligen. Wir Menschen im Kosovo waren alarmiert, aufgewühlt und konnten unter keinen Umständen stillhalten. Sonst, so waren wir überzeugt, würden uns die Serben womöglich in unseren eigenen Häusern töten. Auch ich war der Meinung, man müsse sich wehren.

An diesem Märzmorgen hatte ich allerdings keine Ahnung, was Adem machte. Es war sieben Uhr, und ich frühstückte mit den Schwiegereltern in der Küche. Wir wollten noch ein wenig sitzen bleiben, bis Adem von der Nachtschicht kommen würde. Als es bald acht Uhr war, fragte mein Schwiegervater: «Nif, kommt Adem heute nicht nach Hause?»

«Doch, er wollte kommen.»

«Ja, hat er denn noch Termine?»

«Nein, ich wüsste nicht.»

«Ich hab ein komisches Gefühl. Da ist etwas passiert.»

«Mach dir keine Sorgen. Er hat bestimmt nur den Bus verpasst.» Ich schaltete das Radio an, die Nachrichten kamen. «Heute», berichtete der Sprecher, «sind Tausende Studenten zur Provinzhauptstadt Priština gezogen. Zahlreiche Polizei- und Militärkräfte sind im Einsatz.»

Plötzlich wurde mir klar: «Er ist dabei.»

Mein Schwiegervater war entsetzt. «Ich habe ihm hundertmal gesagt, dass er sich da raushalten soll. Mit Feuer, Wasser und mit Gesetzen soll man nicht spielen.»

«Jetzt reg dich nicht auf.»

«Aber was mache ich, wenn die Polizei hier auftaucht und ihn suchen kommt? O Gott!»

Wir warteten. Um drei Uhr am Nachmittag war er immer noch nicht da.

Wir hörten im Fernsehen und im Radio die Nachrichten über die demonstrierenden Studenten. Der Schwiegervater war sehr aufgeregt. Es klingelte.

«Bestimmt die Polizei», erschrak er.

«Lass mich die Tür öffnen», bat ich, obwohl es nicht üblich war, dass eine Frau die Tür öffnete.

«Ja, ja», sagte er ängstlich.

«Wenn es die Polizei ist, werde ich mit ihnen sprechen.»

Ich machte mich auf das Schlimmste gefasst. Als ich die Tür öffnete, stand nur ein Nachbar draußen.

Ich ging zurück ins Wohnzimmer. «Reg dich doch nicht so auf. Auch ich habe als Fünfzehnjährige schon demonstriert. Man muss sich doch engagieren. Wenn wir uns nicht gegen ein ungerechtes Regime wehren, dann wird alles immer nur noch schlimmer werden. Das ist wie auf deinem Bauernhof. Wenn wir nicht die Felder bestellen, haben wir nichts zu essen.»

«Aber bei den Unruhen wird geschossen!»

«Dann wird er eben sterben. Wie die anderen.»

Die Mutter schrie auf, rannte auf den Balkon und weinte laut.

«Mein Gott», sagte ich, «jetzt seid doch nicht so schwache Menschen. Sie wollen unsere Schulen schließen, albanische Ärzte sollen nicht mehr arbeiten dürfen. Wollt ihr das? Noch kann Adem in unserer Sprache studieren. Auch das soll geändert werden. Dann wird an den Hochschulen nur noch serbisch gesprochen.» Um die Sache in ruhigere Bahnen zu lenken, sagte ich: «Lasst uns abwarten.»

Um sechs Uhr abends war er noch nicht da. Im Fernsehen wurde gezeigt, wie die Polizei versuchte, die Demonstranten mit Wasserwerfern und Tränengas auseinander zu treiben. Die Bilder machten uns alle verrückt. Wir schalteten den Fernseher ab und hörten nur noch Radio.

Um zehn Uhr abends kam Adem. Erschöpft und schmutzig stand er vor der Tür, seine Augen waren ganz rot. Weinend schloss ihn seine Mutter in die Arme und wollte ihn gar nicht mehr loslassen. Auch wenn ich vorher starke Sprüche geklopft hatte, merkte ich: Ich hatte die ganz Zeit erwartet, dass er gesund nach Hause kommen würde. Das war vermutlich naiv.

Adem ließ sich auf einen Stuhl fallen. «Ich bin mit den Studenten aus Gjakova auf dem Protestmarsch gewesen. Gleich heute Morgen nach der Nachtschicht sind wir losmarschiert. Natürlich haben wir es zu Fuß nicht bis in die Hauptstadt geschafft. Die Polizei kam. Ich hab auch Tränengas abbekommen. Viele Studenten mussten mit dem Krankenwagen weggebracht werden. Die haben auf uns eingeprügelt.»

«Sieh mal», sagte die Schwiegermutter, «du musst dich jetzt hinlegen. Hanife hat schon Zwiebeln und Kartoffeln geschnitten.»

Ich beugte mich zu ihm hinab. «Diese Scheiben lege ich dir jetzt auf die Augen. Das wird brennen, aber es zieht das Gift raus. So haben sie jedenfalls im Radio gesagt.»

Er ließ es geschehen und stöhnte leise.

Sein Vater schimpfte und polterte im Hintergrund. Adem sagte: «Ja. Es tut mir Leid, dass du dir Sorgen machen musstest. Und ich wollte ja früher kommen. Aber ich konnte nicht. Was hätten denn die anderen von mir gedacht. Womöglich hätten sie mich noch für einen serbischen Spion gehalten.»

«Und es war doch für eine gute Sache», ergänzte ich. «Ihr wisst doch, die Serben wollen die Albaner aus allen Ämtern verdrängen, sie wollen unsere Zeitungen kassieren und uns von allen einflussreichen Positionen verdrängen. Dagegen müssen wir kämpfen.»

Proteste und Straßenschlachten, Verhaftungen und Gefängnisstrafen – die Unruhen im Kosovo wurden von Tag zu Tag heftiger. Vielleicht würden die Paramilitärs bald vor unserer Tür stehen. Denn Adem war auch schon mit Arbeitskollegen zur Polizeistation gezogen, um Polizeiautos umzukippen und anzuzünden. Aber die Polizei war zu gut bewaffnet gewesen, sie mussten umkehren. Es hätte Tote geben können.

Adem traf eine Entscheidung: «Wir müssen fliehen. Nach Deutschland, in die Schweiz, egal, wohin. Ich habe Informationen, dass hier im Kosovo bald alles noch schlimmer wird. Auch ein Bekannter von mir will Asyl im Ausland beantragen.»

Exil! Obwohl ich darauf vorbereitet gewesen war, in den Libanon zu gehen, ergriff mich plötzlich Furcht. Exil, das hieß, alles, was ich liebte, zurückzulassen. Vielleicht würde ich nie mehr mein Dorf oder meine Mutter sehen. Ich würde als Fremde leben, ein anonymer Mensch in einer fremden Kultur, in einer fremden Sprache. Wie hatte ich früher Verwandte in Deutschland bedauert. Nein, ich wollte mich nicht wie eine Fremde fühlen. Nicht wie eine Ausländerin. Aber ich wusste: Ich muss weg. Ich muss jetzt weg, weil kein Frieden in unserem Land herrscht. Und ich versuchte, mich an das zu erinnern, was ich noch vor kurzem vom Libanon erhofft hatte: Wenn ich mit Adem alleine lebe, wenn er mich besser kennen lernt, wenn niemand aus der Familie mehr Einfluss auf ihn nimmt, dann ändert er sich bestimmt. Wir würden mehr Zeit haben füreinander. Hier, in Radoste, arbeiteten wir beide von morgens bis abends. Wir könnten ganz neu anfangen, zusammen etwas aufbauen. In Deutschland müsste ich nicht für eine ganze Großfamilie da sein, ich könnte meinen eigenen Haushalt führen und uns ein nettes, modernes Heim einrichten. Auch wenn ich nicht vergessen konnte, was er mir angetan hatte: Ich fand, wir mussten es noch einmal zusammen versuchen. Ohne die Familie, wo es so oft Streit gab um Dinge wie Kleidung und Kopftuch. Mein Mann würde in einer Umgebung leben, wo Frauen nicht geschlagen wurden und wo sie nicht von morgens bis abends zu Hause sitzen mussten. Wir könnten alle gemeinsam etwas unternehmen, schöne Dinge erleben und uns besser kennen lernen. Keine Nachbarn und keine Verwandten würden sich einmischen. Ich könnte vielleicht arbeiten gehen oder einen Beruf erlernen. Ich könnte mein Mädchen zu einer selbstbewussten jungen Frau erziehen. Und das zweite Kind, das ich erwartete, könnte in einem freien Land zur Welt kommen. Ich war im siebten Monat schwanger.

Ende Mai 1989, Slobodan Milošević hatte sich gerade zum Präsidenten von Serbien machen lassen, fuhren wir los. Wir hatten uns für Deutschland entschieden, denn mein Mann hatte das Land schon kennen gelernt, als er seinen Bruder besucht hatte. Er hoffte, wie dieser dort bald Geld verdienen zu können. Wie, das wusste er noch nicht. Denn Adem musste sein Studium kurz vor dem Diplom abbrechen.

Der Abschiedsschmerz war heftig. Aber ich habe ihn beim letzten Besuch bei meinen Eltern für mich behalten. Ich brachte es nicht fertig, ihnen zu sagen, dass wir am nächsten Morgen abreisen würden. An diesem Maiabend ging ich noch einmal auf die Felder. Der warme Wind streichelte sanft meine Haut. Langsam versank die Abendsonne am Horizont. Es war so schwer, alles zu verlassen. Diesen Acker, wie hatte ich ihn gehasst. Er hatte meine Seele, meinen Körper, meine Hände geschunden. Doch nun kniete ich mich nieder und nahm die Erde in meine Hände. Langsam ließ ich die Erde durch meine Finger rieseln: Wie sehr würde ich sie vermissen. Ja, ich will weg, ich muss weg! Aber jetzt, in diesem Moment, zerriss ein Nein mein Herz. Der Rock, der sich über meinem Bauch wölbte, war staubig, als ich mich erhob. In meinem Gesicht mischten sich Tränen und Staub.

Am nächsten Morgen standen Ulerika, Adem und ich mit ein paar Koffern am Bahnhof. Als der Zug einfuhr, nahm ich meine Tochter fester an die Hand. Sie lächelte, und ich versuchte, ihr Lächeln zu erwidern. Dann dachte ich an unseren Prinzen, der auch seine Heimat verlassen musste. Unser Prinz, das ist Gjergj Kastrioti. Er hat von 1405 bis 1468 gelebt und wird in Albanien als Nationalheld verehrt. Er sollte uns auf unserer Flucht ins Exil begleiten, denn ich hatte die kleine Büste, die wir von ihm besaßen, eingepackt. Gjergj Kastrioti war Albaner und wurde als Kind von den Türken entführt. Sie erzogen ihn und gaben ihm den türkischen Namen Skenderbeg. Wir nennen ihn Skendr Beo. Nach vierzig Jahren sammelte er Verbündete um sich und kehrte nach Albanien zurück, um das albanische Volk von der türkischen Besetzung zu befreien. Wäre er nicht zurückgekommen, wären wir heute noch Türken. Dann hätten wir unsere Sprache verloren, unsere Kultur. Für Gjergj Kastrioti war Albanien immer sein Mutterland geblieben. Deswegen ist er unser Prinz. Ich nahm unseren Prinzen mit nach Deutschland.

Der Zug fuhr los. Die ganze Zeit schaute ich aus dem Fenster. Die Bäume, die Wege, der See, wo ich als Kind badete – alles war für mich voller Erinnerungen. Ulerika plapperte munter mit den Fahrgästen, sie konnte bereits sprechen. Es waren 600 Kilometer bis Belgrad. Wir hatten ihr erzählt, wir gingen die Tante in Deutschland besuchen. Als wir in Belgrad in den Bus umstiegen, wurde sie müde, und bald war sie eingeschlafen.

Am 31. Mai 1989 kamen wir nach zwei Tagen Fahrt in Karlsruhe an. Das Asylbewerberheim war ein graues, mehrstöckiges Gebäude mit vielen Menschen. Ich sah Wäsche auf den Leinen flattern und dachte: «O Gott, Mutter. Ich werde jetzt hier leben und dich fünf, acht oder zehn Jahre nicht sehen.» Ein Zaun lief rund um das Gelände. Bei uns nannte man so etwas «Lager». Ein schlimmes Wort. Ich umklammerte unseren Prinzen und nahm meine kleine Tochter an die Hand.

Neuanfang in Tübingen

Sie gaben uns ein Zimmer, und wir brachten unsere Habseligkeiten hinauf. Ulerika war müde und schlief auf dem Hochbett sofort ein. Erschöpft setzte ich mich an den kleinen Tisch mit den drei Holzstühlen und trank den letzten Schluck Wasser aus der Plastikflasche. Um mich herum standen Tüten und Taschen, ein Metallschrank würde bald unsere wenigen Besitztümer aufnehmen.

Adem wollte in die Stadt gehen. «Bleib du erst mal hier», sagte er. «Ich erkunde solange, wo wir hier Lebensmittel und Getränke einkaufen können.»

Ich wollte sowieso allein sein. Kaum war er weg, warf ich mich auf das Bett und begann heftig zu schluchzen. Ich war zwischen zwei Gefühlen hin- und hergerissen – ich will dieses Leben, ich will es nicht. Was sollte ich nur tun?

Plötzlich stand Adem im Zimmer. Er hatte etwas vergessen.

Als er mich sah, wurde er böse. «Was ist los?», herrschte er mich an. «Ich habe gewusst, dass du wieder nur Schwierigkeiten machen wirst.» Er wühlte in den Reisetaschen und warf mir meine Papiere aufs Kissen. «Hier ist dein Pass, du kannst verschwinden. Ich bleibe hier.»

Wütend sprang ich auf. Gar nichts hatte er begriffen. Gar nichts. «Auch ich will hier neu anfangen.»

Ulerika wurde wach. Rasch streichelte ich ihre verstrubbelten Haare. «Schlaf, mein Schatz. Es ist alles in Ordnung.»

Mit gedämpfter Stimme sprach ich weiter: «Ich wünsche mir

ein neues Leben, damit du mich besser kennen lernst. Vielleicht schlägst du mich dann nie wieder. Aber du sollst wissen, in meinem Herzen wäre ich am liebsten in meiner Heimat geblieben. Nichts wünsche ich mir mehr, als dort zufrieden und glücklich zu leben, wo ich meine Sprache spreche und wo ich ganz anders fühle.» Ich sah ihn an. «Nein, ich will nicht zurück. Aber ich muss weinen. Vielleicht noch öfter.»

In seinen Augenwinkeln zuckte es nervös, und er sah schnell zu Boden. Mit hängenden Armen stand er neben unseren Koffern. Scheu suchte er meinen Blick, traute sich nicht, meine Hand zu ergreifen. «Wir stehen hier noch ganz am Anfang», sagte er mit leiser Stimme. «Für uns beide ist es schlimm. Aber wir werden uns daran gewöhnen. Wenn wir erst eine Wohnung und eine Arbeit haben, dann werden wir ein normales Leben führen können.» Ich trocknete mir mit einem Taschentuch die Augen. Er sah mich an. «Mach dir keine Sorgen. Ich werde alles tun, damit du, Ulerika und unser Baby glücklich werden.» Es war ein Versprechen, und noch heute zerreißt es mir die Seele, wenn ich daran denke.

Am nächsten Morgen, es war der 1. Juni 1989, stellten wir den Antrag auf Asyl. Dolmetscher halfen uns. Die deutsche Sprache klang merkwürdig und seltsam, nach vielen «f's». Ich werde das nie lernen, dachte ich. Aber die Deutschen schienen mir tolerant, und die Sachbearbeiter im Asylbewerberheim waren freundlich.

Ulerika war von ihrem neuen Zuhause begeistert. Sie hatte einen Spielplatz entdeckt, was sie aus dem Kosovo nicht kannte. Sie bekam Spielzeug vom Roten Kreuz, und es gab viele Kinder zum Spielen. Die Buben und Mädchen sprachen verschiedene Sprachen und verständigten sich mit Händen und Füßen. Die Büste von Skendr Beo stellte ich auf die Fensterbank.

Wenn ich abends aus dem Fenster sah, konnte ich den Wächter am Tor sehen, der die Ausweise der heimkehrenden Asylbewerber kontrollierte. Ich war in einem fremden Land, in einer fremden Sprache angelangt. Wie wir konnten die wenigsten Bewohnerinnen und Bewohner im Asylheim Deutsch. Wir konnten uns wegen der

Sprachprobleme nicht unterhalten, aber ich merkte, dass viele unglücklich oder gar depressiv waren.

Dann entdeckte ich die Supermärkte in Deutschland. Es war wie im Paradies. Zwar konnten wir uns kaum etwas kaufen, aber es war eine Augenweide. Alles, alles gab es hier. Das hatte ich noch nie gesehen. Auch die Gegend gefiel mir auf den ersten Blick. Die Landschaft war sanft und hügelig, das Gras war satt und grün. Das war ganz anders als bei uns zu Hause, wo die Sonne schon früh im Jahr den Boden versengte. Das Wetter in Deutschland fand ich geradezu phantastisch. Zu dieser Jahreszeit war es im Kosovo sehr heiß. Doch hier war die Frühsommersonne angenehm warm, und kühle Luft umwehte mich. Zu Hause war ich oft müde und abgespannt gewesen. Wegen meines niedrigen Blutdruckes hatte mir die Hitze heftig zugesetzt. Hier dagegen konnten wir bei schlechtem Wetter sogar die Winterkleidung aus dem Kosovo tragen. Auch mein Mann war beeindruckt von der schönen Landschaft und den reich bestückten Läden. Und er sah, dass es hier gutes Geld zu verdienen gab.

Die Geschäfte, das Wetter, die Gegend, alles war wie im Paradies. Bis auf die Termine. Die stressten mich. Ich lernte: Wer beim Arzt oder bei einem Amt einen Termin hat, der muss kommen. Pünktlich. Und so hatte ich – inzwischen hochschwanger – immer einen Termin im Kopf. Bei uns zu Hause war das anders gewesen. Hatte ich keine Lust, um zehn Uhr zum Arzt zu gehen, ging ich eben um drei. Wenn ich kam, dann war ich da. Niemand störte es, alle machten es so.

Einen Monat nachdem wir in Karlsruhe angekommen waren, kam Raimonda zur Welt. Jetzt lebten wir zu viert in dem kleinen Zimmer. Um der Enge zu entkommen, setzten wir uns in den Zug und fuhren zu unseren Verwandten.

Doch die ersten Besuche verliefen nicht glücklich. An einem Sonntag fuhren wir zum «König aus Deutschland». Er besaß ein Haus in einer kleinen Stadt im Schwarzwald. Adems ältester Bruder und unsere Schwägerin Aishe empfingen uns herzlich und freuten sich, die kleine Raimonda kennen zu lernen. Es war ein schöner Tag gewesen. Beim Abschied sagte ich: «Ich freue mich sehr, wenn ihr uns besuchen kommt.» Die Antwort kam zögernd und verletzend: «Ach, lieber nicht. Wir wollen nicht ins ‹Lager› gehen. Ihr wisst schon, all die Asylanten, die Atmosphäre …» Adem wurde bleich.

Wir waren wie vor den Kopf gestoßen. Auf der Heimfahrt starrte ich aus dem Zugfenster. Für sie waren wir also nur Asylanten – Menschen, die keine richtige Wohnung und kein Geld hatten und Secondhand-Kleidung tragen mussten. Vielleicht hielten sie uns auch für Feiglinge. Wir waren unter den Ersten, die aus dem Kosovo geflohen waren. Nach Ansicht mancher Landsleute hatten wir unsere Heimat im Stich gelassen. Ich nahm Raimonda in den Arm, denn sie hatte zu weinen begonnen. «Wir lassen uns nicht unterkriegen», flüsterte ich ihr ins Ohr. «Dein Onkel will uns doch nur klein halten. Wenn du mich fragst, fürchtet der ‹König von Deutschland› um seinen Status.» Ich lächelte bitter. Wer wusste schon, ob wir nicht bald auch so wohlhabend und angesehen sein würden wie er. Es wäre ihm wohl am liebsten gewesen, wenn wir gleich wieder in den Kosovo zurückgegangen wären. Ich küsste mein Baby. Warum ärgerte ich mich über ihn? Ich hatte gesunde Kinder und würde ein neues Leben beginnen.

Wir besuchten auch meine Schwester Ruka. Sie lebte mit ihrer Familie in einer Mietwohnung im Schwarzwald. Auch für ihren Mann waren wir nur «Asylanten». Auch er wollte uns nicht besuchen. Nun war es Zeit, meine Meinung zu sagen: «Warum schaut ihr auf uns Asylbewerber herab? Die Menschen, die mit uns im Wohnheim leben, haben furchtbare Dinge erlebt, und wir sehen, wie sie leiden. Viele, die aus ihrer Heimat fliehen mussten, sind Intellektuelle. Ob nun in Deutschland oder in anderen Teilen der Welt. Wir dürfen nicht arbeiten und haben deshalb wenig Geld. Ihr solltet uns nicht verachten. Warum seid ihr nicht vielmehr stolz, dass ihr euch von eurer Hände Arbeit schöne Dinge kaufen konntet?» Ruka versuchte mich zu bremsen. Ich redete immer weiter. «Wir könnten auch auf euch herabsehen. Schließlich seid ihr schon mehr als zehn Jahre hier und sprecht immer noch kein Deutsch. Das ist doch auch kein Leben, oder? Aber wir schauen nicht auf euch herunter.»

Mein Schwager schnappte nach Luft, Ruka sah betreten auf den Boden. Dann gab ein Wort das andere. Erst beim Abendessen wurde die Stimmung wieder besser. Mit gemischten Gefühlen fuhren wir nach Karlsruhe zurück.

Rukas Familie kam uns dann doch besuchen. Allerdings waren wir da inzwischen umgezogen. Uns war eine Wohnung in Wankheim bei Tübingen zugewiesen worden.

Ende Juli bezogen wir eine möblierte Dreizimmerwohnung. Das Haus war schon älter, für die kalte Jahreszeit gab es Ölöfen. Im Wohnzimmer stand ein Sofa mit Tisch, die Küche war mit einem Herd, einer Spüle und Küchenschränken eingerichtet. Im Schlafzimmer fanden wir sogar Bettwäsche vor. Es war schön, so schön. Für das Baby bekamen wir Strampelhöschen, Lätzchen und Hemdchen geschenkt. Das freute mich sehr. Ich machte mich daran, meinen Haushalt mit gespendeten Töpfen, Handtüchern und Tellern einzurichten. Skendr Beo stellte ich ins Wohnzimmerregal. Adem war tagsüber meist unterwegs, denn er fühlte sich zur Untätigkeit verdammt und litt unter dem Arbeitsverbot für Asylbewerber. Wohin ihn seine Rastlosigkeit trieb, wusste ich nicht. Er hatte wohl Landsleute kennen gelernt und trank mit ihnen Kaffee oder erkundete die Gegend.

Die deutschen Nachbarn suchten schnell Kontakt zu uns, aber ich konnte nicht mit ihnen sprechen. Wie sollte ich nur ausdrücken, wie ich fühlte? Immer wieder kam eine ältere Frau vorbei und fragte, ob ich Hilfe brauchte. Sie steckte Ulerika eine Mark zu, damit sie sich Süßigkeiten kaufen konnte. Ich konnte mich nicht verständigen, ihr nicht danken und ihr nicht zeigen, wie sehr ich sie mochte. Mir blieb nur zu lächeln.

Mit knapp drei Jahren kam Ulerika in den Kindergarten. Am ersten Tag weinte sie schrecklich und klammerte sich verzweifelt an mich: «Lass mich nicht alleine hier!», flehte sie auf Albanisch. Die Erzieherin versuchte sie zu trösten. «Halt die Klappe!», schrie Ulerika. Glücklicherweise konnte die Kindergärtnerin nichts verstehen. Ich streichelte und liebkoste meine Tochter und zeigte ihr die bunten Bauklötzchen und Spielsachen. Es gelang uns, sie zu beruhigen.

Nach und nach gewöhnte sie sich ein. Die anderen Kinder bemutterten sie, bezogen sie in ihre Spiele ein und redeten mit ihr, damit sie schnell Deutsch lernte. Und es klappte. Anders als am Anfang war Ulerika jetzt nicht mehr schüchtern und still. Einmal bastelte meine Tochter eine Maus. Noch war ihr das deutsche Wort dafür unbekannt. Und weil «Maus» auf Albanisch «Mini» heißt, sagte sie halb albanisch, halb deutsch: «Das ist meine Mini.» Mein Mann und ich mussten laut lachen. Ganz gerührt war ich, als sie ihren ersten deutschen Satz sagte: «Ich will zu meiner MA-MA!»

«Mama» – das war ein ganz besonderes Wort. Denn bisher nannte mich Ulerika «Abi». Das bedeutet im Albanischen ungefähr «liebe Tante». So nannten mich auch die Kinder meines Bruders. Als wir im Haus meiner Eltern in Krusha Madhe lebten, hatte ich sie mit erzogen. Noch als Ulerika auf die Welt kam, konnte ich mir nicht vorstellen, eine Mama zu sein. Wahrscheinlich sagte ich deshalb oft: «Komm zu Abi.» Noch heute nennen mich meine Töchter Abi, wenn wir albanisch sprechen. Tante als Bezeichnung der Verwandtschaft heißt übrigens «teze».

Ich war jetzt einundzwanzig Jahre alt, eine junge Mutter, und mein Alltag in Deutschland begann sich einzuspielen. Wir hofften, dass wir bald Bescheid über unseren Asylantrag bekommen würden. Ab und zu gingen wir spazieren, um die Gegend um Wankheim zu erkunden. Das Dorf liegt zwischen der Industriestadt Reutlingen und der Universitätsstadt Tübingen. Wir ließen unseren Blick über die Hochebene schweifen und zeigten Ulerika den bewaldeten Vulkankegel namens Achalm, der bei Reutlingen liegt. Auf der anderen Seite der Stadt erstreckten sich Obstwiesen und das Reutlinger Gewerbegebiet mit den Fabriken der Firma Bosch, mit Möbelhäusern und Betrieben. In der Ferne sahen wir die blassblaue Silhouette der Schwäbischen Alb.

An einem Tag Ende August beschlossen wir, hinab nach Tübingen zu gehen. Spazierwege führen durch Laubwälder zur Universitätsstadt, wo einst Hegel und Hölderlin studierten. Es war ein sonniger Spätsommertag. Wir packten Ulerika und Raimonda in ihre Kinderwagen und liefen los. Um Geld zu sparen, wollte Adem die sechs Kilometer nach Tübingen nicht mit dem Bus fahren. Den Berg hinunter durch den schattigen Wald spazierten wir los, liefen durch die idyllischen Altstadtgassen von Tübingen. Kein Lüftchen regte sich, es war schwül. Wir gingen Eis essen. Gegen 16 Uhr brachen wir zum Rückweg auf. Am Ortsende von Tübingen steuerte ich die Bus-Haltestelle nach Wankheim an. Der Asphalt glühte in der heißen, flirrenden Luft. Ich war müde und kaputt. «Lass uns fahren», sagte ich. «Wir müssen sonst sechs Kilometer mit den Kindern den Berg hinaufgehen.»

«Wir haben kein Geld.»

«Du hast doch schon das Fahrgeld für den Hinweg gespart. Eine Strecke werden wir uns doch leisten können. Außerdem bin ich völlig am Ende.»

«Du willst immer nur Luxus!»

«Das ist doch kein Luxus. Ich schaffe es nicht mehr bis Wankheim. Meine Füße schmerzen.»

«Du glaubst wohl, du kannst hier in Deutschland machen, was du willst. Da hast du dich verrechnet.»

Ich war sauer, nahm den Kinderwagen und beschleunigte meine Schritte.

«Bleib stehen.»

Ich ging schneller.

Als ich den Waldrand erreicht hatte, packte er mich. Er schlug mich ins Gesicht. Ich stolperte auf dem Kiesweg und fiel mit dem Gesicht gegen einen großen Stein, der an der Wegböschung lag. Ulerika schrie. Verzweifelt stellte sie sich vor mich und schmiss mit den Kieselsteinchen nach Adem. «Lass meine Mama in Ruhe! Lass sie!» Dann hängte sie sich ans Bein des Vaters und versuchte ihn festzuhalten. Adem machte ihre Hände los und schaute sie eindringlich an. «Du kennst deine Mutter nicht. Sie hat es verdient.» Ulerika weinte. Er schaute sich um, ob jemand die Szene beobachtet hatte. Doch niemand war in der Nähe. Er ließ Ulerika los.

Meine rechte Wange wurde dick, auf der linken prangten alle fünf Finger von meinem Mann. Ich zog mich an einem Baum hoch und lief blicklos vorwärts, bis nach Hause. Meine Nachbarin, eine Roma-Frau aus Mazedonien, starrte mich erschrocken und besorgt an. Schnell schloss ich die Haustür. Als ich meine Mädchen aus dem Kinderwagen hob, musste ich laut weinen. Die beiden waren ganz still.

Ich schämte mich bis auf die Knochen. Es war wieder passiert. Und die Nachbarin hatte es mitbekommen. Dabei hatte ich geschworen, mich sollte niemand mehr sehen, wenn er mich schlägt. Ich hatte ein friedliches Zuhause haben wollen. Nun hatte er es wieder getan. Enttäuschung fraß sich in meine Hoffnungen. War unsere Ehe überhaupt zu retten? Mein Mann war wieder wie früher. Ich dachte: Ich muss ihn verlassen. Ulerika streichelte mir die Hand, ich nahm sie auf meinen Schoß.

Aber ich saß in der Falle. In meine Heimat konnte ich wegen der brisanten Lage nicht zurück. Zudem wusste ich nicht, wohin ich mich vor meinem Mann in Sicherheit bringen konnte. Und was würde passieren, wenn wir abgeschoben würden? Wir müssten beide zurück ins Kosovo. Nie würde er mich in Ruhe lassen. Er würde mir die Kinder wegnehmen, da war ich sicher. Womöglich würde er mich umbringen. Mir wurde klar: Verlassen konnte ich Adem erst, wenn mein Asylantrag durch war.

Unser Asylantrag wurde abgelehnt. Wir hätten keine politische Verfolgung belegen können. Viele politisch engagierte und verfolgte Menschen konnten das nicht, weil es ihnen an Beweisen fehlte. Auch mein Mann war nicht Initiator von Aktionen gewesen, sondern hatte sich mit Tausenden anderen in die Demonstrationen und Prosteste eingereiht.

Der Bescheid, datiert vom 12. Januar 1990, lag vor mir auf dem Tisch, und meine Gedanken drehten sich im Kreis. Ich würde weiter bei dem gewalttätigen Mann ausharren müssen. Er schaute gerade Nachrichten. Die Fernsehbilder flimmerten an mir vorbei, ich hatte Angst. Wie von ferne hörte ich ihn sprechen. «Wir können nach Kanada gehen.» Ich versuchte mich zu sammeln.

«Nein, das kann ich mir gar nicht vorstellen. Dann müssen wir nochmal ganz von vorn anfangen, in einer fremden Kultur, in einer fremden Sprache. Wir müssen auch an unsere Töchter denken. Wir können mit den Mädchen doch nicht auf der ganzen Welt herumreisen, ohne ein richtiges Dach über dem Kopf. Dann lieber nach Albanien.»

«Um Gottes willen, dort ist es ja schlimmer als im Kosovo», sagte Adem.

«Na ja, sie haben schon ein strenges, kommunistisches Regime unter Enver Hoxha. Aber wir würden dort nicht ethnisch verfolgt werden.» Im Stillen dachte ich, dass Frauen und Männer dort gleiche Rechte hatten.

«Albanien. Nein, dort zu leben, das kann ich mir nicht vorstellen.»

Wir wussten nicht, was tun. Unsere Angst, ins Flugzeug gesetzt und nach Serbien zurückgeschickt zu werden, war groß. Vor einem halben Jahr hatten über eine Million Serben im Kosovo den 600. Jahrestag der Schlacht auf dem Amselfeld begangen, wo die Serben im Jahr 1389 von den Osmanen besiegt worden waren. Die Nationalisten unter Milošević sahen ihre Stunde gekommen, Selbstbewusstsein zu demonstrieren. Was würde passieren, wenn uns die deutschen Behörden in die serbische Provinz Kosovo abschoben? Auch wenn es die Deutschen nicht glauben wollten, Rückkehrer wie wir wurden von Milošević Helfern geschlagen und ins Gefängnis geworfen. Auf Anraten von Freunden konsultierten wir einen Anwalt und legten Widerspruch gegen den Bescheid ein. Ein zehn Jahre langes Verfahren begann.

Im Winter 1990 wurde im Gebäude des Wankheimer Rathauses eine Wohnung mit drei Zimmern frei. Das Sozialamt ermutigte uns umzuziehen. Wir seien doch eine so gute Familie. Niemand wusste, dass er mich wieder regelmäßig schlug. Wir nahmen das Angebot an und siedelten in das neue, größere Quartier über, das eine Zentralheizung hatte. Fortan war der Kindergarten in Sichtweite, ich konnte Ulerika jeden Tag vom Fenster aus spielen und lachen sehen.

Ich war entschlossen, es meinen Töchtern so schön wie möglich zu machen. Doch das Leben von der Sozialhilfe war hart. Geld bekamen wir nur für das Allernötigste. Ob es reichte oder nicht. Kleider gab es nur zweimal im Jahr auf Gutschein. Fand ich in einem Geschäft zum Beispiel eine Hose oder einen Pulli, die 20 Mark billiger waren, als auf dem Gutschein stand, dann konnte ich vom Rest keine Socken oder Strumpfhosen kaufen. Das Verkaufspersonal durfte andere Waren nicht verbuchen. Ich erinnere mich bitter an einen Tag, als ich mit Ulerika im Kaufhaus war. Sie hüpfte neben mir her und war wie alle Kinder fasziniert von der Spielwarenabteilung. Dann sah sie diese Puppe und zog sie mit ihren kleinen Händen aus dem Regal. «O Mama, ich will.»

«Ulerika, wir können uns keine Puppe leisten. Leg sie wieder zurück.»

«Oh, die ist so schön. Ich will diese Puppe. Bitte, bitte.»

Ich begann zu rechnen. Der Kleidergutschein war 10 Mark mehr wert als die T-Shirts und Hemden. Die kleine Puppe kostete 7,50 Mark. Ulerika presste die Puppe fest an sich. Ich stotterte ein bisschen, als ich die Verkäuferin auf unser Problem ansprach. Doch sie blieb streng: «Auf diesem Gutschein steht Kleidung. Ich kann Ihnen dafür nichts anderes geben.»

«Können Sie denn nicht mal eine Ausnahme machen?»

«So Leid mir das tut, es geht leider nicht.»

«Meine Tochter würde sich die Puppe sehr wünschen.»

«Wirklich, es geht nicht.»

Also nahm ich Ulerika die Puppe weg. Sie versuchte, die kleine Puppe festzuhalten: «Nein! Mama!» Ich wand ihr das Spielzeug aus den Händen. Ulerikas Augen füllten sich mit Tränen. Mir zerriss es fast das Herz. Ich legte die Puppe auf die Theke, und meine Tochter begann laut zu weinen. Ich zog sie fort. Die Verkäuferin sah betreten zu Boden. Meine Kleine schrie und schrie, helle Tränen rannen ihre Wangen hinunter. Nun begann auch noch Raimonda zu weinen. Die Leute schauten hinter uns her, und wir mussten schnell das Kaufhaus verlassen. Den ganzen Weg nach Hause konnte ich Ulerika nicht beruhigen. Sie war noch zu klein, um zu verstehen, dass ihre Eltern einfach arm waren. Ich schwor: Von dem Tag an, an dem wir unser eigenes Geld verdienten, sollten meine Töchter nie mehr Mangel leiden müssen.

Fast ein Jahr lebten wir auf diese Weise. Dann gab es eine Gesetzesänderung. Wochenlang hatten wir vor dem Fernseher gesessen und die Debatten verfolgt, auch wenn wir nur wenig verstanden. Jetzt war die Regelung durch: Asylbewerber durften arbeiten, solange es keinen deutschen Bewerber um den Arbeitsplatz gab. Im Januar 1991 bekam Adem seine Arbeitspapiere. Ein glücklicher Tag für uns.

Von diesem Wintermorgen an fuhr Adem täglich mit dem Fahrrad über die Dörfer und suchte Arbeit, eingewickelt in Schal und dicke Handschuhe. Er sprach Bekannte, Dorfbewohner oder Firmen an. Rund einen Monat später begegnete er in Jettenburg einer alten Frau, die in ihrem Garten Holz hackte. Er trat an den Bretterzaun und fragte: «Brauchen Sie Hilfe? Ich suche Arbeit. Ich bin Asylant. Ich kann helfen.» Sie verneinte, war aber wohl beeindruckt von dem hilfsbereiten Arbeitssuchenden. «Ich habe Bekannte in Wannweil. Hier, ich gebe Ihnen eine Telefonnummer. Da können Sie mal anrufen.» Mein Mann schaute, wie er mir berichtete, ein bisschen hilflos drein. «Ich kann nicht telefonieren. Mein Deutsch ist schlecht.» – «Oh, ach so», sagte die Frau. «Du wiederkommen.»

Einen Tag später hatte sie gute Nachrichten. «Du gehen zu Firma Hofer in Wannweil. Der Chef hat vielleicht Arbeit.»

Mein Mann ging zum Vorstellungsgespräch und kam strahlend zurück. Der Seniorchef hatte ihm einen Job gegeben.

Ab da ging Adem frühmorgens aus dem Haus, um im Heizungsbau zu arbeiten. In den ersten Wochen wurde er in die Tätigkeit eingewiesen. Er musste Heizungsrohre streichen und beim Tragen der Teile helfen. Nach und nach lernte er, wie er beim Einbau von Heizungen und Verlegen der Rohre seinen Kollegen zur Hand gehen konnte. Auch wenn es mit dem Sprechen haperte, der Seniorchef war zufrieden mit seinem neuen Hilfsarbeiter und konnte ihn bald für die mühsamsten Arbeiten einsetzen.

Der erste Lohn, den Adem in Deutschland verdiente, lag um die 2300 bis 2500 Mark netto.

Endlich hatten wir eigenes Geld. Auch wenn es kein Reichtum war und für eine vierköpfige Familie gerade so reichte, waren wir glücklich. Endlich waren wir weg von der Sozialhilfe! Jetzt würde Ulerika nicht mehr wegen einer Puppe für 7 Mark weinen müssen, jetzt würde ich meinen Mädchen hübsche Kleidchen kaufen können. Sie mussten ja nicht teuer sein. Am besten, es war billig, aber dafür bekamen sie alle zwei Jahre etwas Neues. Jetzt konnte auch ich mir eine neue Hose leisten. Ich brauchte dringend wieder eine: Es war Anfang Februar, und ich war im fünften Monat schwanger. Im Juni kam meine dritte Tochter Vjosa zur Welt.

In diesem Jahr beantragte auch mein ältester Bruder Asyl in Deutschland. Die Lage im Kosovo hatte sich noch verschlechtert. Vor knapp einem Jahr waren Parlament und Regierung der Provinz durch die Belgrader Regierung aufgelöst worden. Nachdem die Serben eine neue Verfassung erlassen und damit unsere seit 1974 bestehende überwiegende Selbstverwaltung aufgehoben hatten, schickten sie ihre Ärzte an unsere Krankenhäuser, ihre Lehrer an kosovarische Schulen, ihre Beamten in unsere Behörden und ihre Leute auf kosovarische Polizeiposten. Serbisch wurde Amtssprache, und das Hochschulstudium in Albanisch war nicht mehr möglich. Die serbische Minderheit verbreitete mit Militär, Miliz und Polizei unter den Leuten Angst und Schrecken. Die Serben hatten ihrer Meinung nach die Einheit Serbiens wiederhergestellt. Der Kosovo war unter fremder Kontrolle. Ein Land mit zwei Gesellschaften entstand. Die Oberschicht bildeten die Serben. Die Gegengesellschaft bildeten wir: Wir – die Republik Kosovo – hatten uns im September 1990 eine Verfassung gegeben. Unser Schatten-Präsident wurde der Schriftsteller Ibrahim Rugova.

Wankheim war klein, nur alle zwei Stunden fuhr ein Bus nach Tübingen oder Reutlingen. Es war sehr mühsam, mit meinen drei quirligen Kleinkindern rechtzeitig fertig zu werden und den Bus zu erwischen, wenn ich zum Arzt oder zu Behörden ging. Und jede Mutter weiß, wie sehr man auf Hilfe angewiesen ist, wenn ein Kinderwagen in den Bus gehievt werden muss. 1992, die Arbeitserlaubnis meines Mannes war für ein Jahr verlängert worden, begann ich, den Führerschein zu machen. Ich brauchte dringend ein Auto.

Mein Mann meldete mich zu den Fahrstunden an. Aber er wollte mich im Blick haben und wissen, wo ich war. Nach einigem Suchen wählte er eine Fahrschule aus, die gegenüber seiner Firma in Wannweil lag. Adem war misstrauisch und eifersüchtig. Er fürchtete, ich könnte anderen Männern schöne Augen machen. Im Kosovo war ich seit meiner Ehe nie unbegleitet aus dem Haus gegangen. Die neuen Freiheiten in Deutschland waren ihm hoch suspekt. Weil es sinnlos war, mit ihm dieses Thema zu diskutieren, schluckte ich die Kröte und begann mit den Fahrstunden.

Ich stürzte mich mit Feuereifer in den Unterricht. Die Theorie erwies sich als furchtbar schwer. Aber der Fahrlehrer war freundlich und hat mich nach Kräften unterstützt. Mit Hilfe eines Dolmetschers schaffte ich dann später die theoretische Prüfung auf Anhieb. Zum ersten Mal bestieg ich ein Auto auf der Fahrerseite. Wir fuhren los, und bald rief der Fahrlehrer: «Kupplung!» Ich kapierte nicht gleich. Wir hielten an, und er versuchte es mit Gesten. Er rührte zwischen den Vordersitzen in einer imaginären Schüssel, und ich begriff: ah, schalten! Dann kam der Zuruf «Gas!». Das verstand ich sofort. Ich peste die Straßen hinunter und hörte ihn «Bremsen!» rufen. Beschwörend senkte er die Hände.

Und so fuhr ich durch die Reutlinger Straßen, seine Hände fuchtelten und rührten. Mal saß er auf dem Beifahrersitz mit einem eifrig bewegten «Luft-Lenkrad», mal klopfte er gegen die rechte Tür, was «rechts blinken» bedeutete, mal gegen das Armaturenbrett: «links blinken». Immer wieder rief er: «Rakete!» Dann wusste ich, dass ich Vorfahrt hatte.

In der ersten praktischen Prüfung scheiterte ich am Rückwärts-Einparken. Und ich vergaß am Zebrastreifen, Fußgänger passieren zu lassen. Beim zweiten Mal – alles war gut gewesen – verriss ich beim Einbiegen auf das Gelände der Fahrschule das Steuer. Den Prüfer drückte es in die Sitze. Ich sei wohl noch nicht so sicher, meinte er diplomatisch, als er aus dem Fahrzeug ausstieg.

Inzwischen war es Hochsommer 1993, und ich war sehr niedergeschlagen. Doch aufgeben kam nicht infrage. Auch wenn Adem mir keinen Mut machte. Er war vielmehr besorgt um die Kosten – und eifersüchtig. «Wann macht meine Frau Prüfung?», fragte er den Fahrlehrer am Telefon.

«Bald», antwortete der. «Aber an Kreuzungen klappt es noch nicht so recht. Das sollten wir noch ein-, zweimal üben.»

«Was machen Sie eigentlich mit meiner Frau? Warum kann sie das noch nicht? Gehen Sie mit ihr spazieren?»

Es war mir so peinlich, als mir der Fahrlehrer von diesem Gespräch berichtete. Adem dagegen sagte nur: «Wenn du es wieder nicht schaffst, zahle ich nicht mehr.»

«Ich verdiene inzwischen auch Geld, vergiss das nicht», erwiderte ich.

Ja, ich hatte inzwischen eine Nebentätigkeit angenommen. Weil ich nicht jobbte, hatte er mir vorgehalten, ich wäre faul. Oft hatten wir uns deshalb gestritten. Ich hatte seine Vorwürfe nicht mehr hören können und eingewilligt, trotz der drei kleinen Kinder arbeiten zu gehen. Vielleicht würde das auch unsere ewigen Spannungen lösen. Obwohl wir ja nicht mehr von Sozialhilfe lebten, gab mir mein Mann nur zwei Mark Haushaltsgeld am Tag. Ein Laib Brot kostete schon 1,70 Mark. Ich würde ihn nicht mehr fragen müssen, wenn ich einkaufen ging, ein Kleid brauchte oder ein Geschenk für eine Familienfeier. Und wir würden bald mehr Geld brauchen, denn ich war schwanger mit meinem vierten Kind.

Adem war richtig glücklich über meinen Entschluss. Er war sogar stolz auf mich. Wie Adem mir eine Fahrschule ausgewählt hatte, so suchte er mir nun eine Stelle. Fündig wurde er in einer Bäckerei, 200 Meter von unserer Wohnung entfernt. Der Bäckermeister war verheiratet, seine Frau half den ganzen Tag im Laden. Er war zufrieden, keine Gefahr durch andere Männer. Ich arbeitete von da an jeden Abend zwei Stunden. Zuerst spülte ich, dann drehte ich

Brezeln und half in der Konditorei beim Kuchenbacken. Die Arbeit machte mir Spaß. Die Bäckerleute waren nett und hätten mich sogar im Laden verkaufen lassen. Doch das traute ich mich wegen meiner dünnen Sprachkenntnisse noch nicht. Adem war glücklich, wenn ich am Monatsende mein Geld bekam. Oft holte er es persönlich ab, nachdem er meinen Stundenzettel überprüft hatte.

Im Oktober 1993 brachte ich meine vierte Tochter Blerina zur Welt. Bald darauf ging ich wieder in die Bäckerei. Doch Adem konnte es nicht lassen, mich zu provozieren. Er prahlte: «Was du verdienst, bekomme ich allein für meine Überstunden.» Das ließ ich nicht auf mir sitzen: «Also ich finde, als Mutter von vier Kindern verdiene ich nebenher nicht schlecht. Und ich gehe mit Tränen hin und komme mit Tränen zurück. Weil ich Blerina nicht sehen kann.» Noch stillte ich meine jüngste Tochter. Mein Busen war prall, und mit einer Pumpe musste ich die Milch absaugen und in ein Fläschchen füllen. Meine siebenjährige Ulerika machte das Fläschchen warm und gab es Blerina.

Vier Wochen nach der Geburt machte ich den dritten Anlauf zum Führerschein. Ich hatte noch ein paar Übungsstunden genommen, mein Fahrlehrer klopfte mir zuversichtlich auf die Schultern. «Nur Mut, das klappt schon.»

Derselbe Prüfer wie beim zweiten Mal! Ich bewältigte das Parken, den Zebrastreifen, das Abbiegen. Schließlich dirigierte er mich auf den Hof der Fahrschule. Ich stellte den Motor ab.

«Frau Behluli, wissen Sie, ob Sie es heute geschafft haben?»

«Ich glaube schon.»

«Warum haben Sie Angst? Ich bin doch kein Geist.»

Jetzt musste ich lachen.

«Sagen Sie», fuhr er fort, «wissen Sie, ob Sie einen Fehler gemacht haben?»

«Hmm, ja, ich weiß nicht, ob ich vorher beim Abbiegen lange genug geblinkt habe.»

«In der Tat. Das haben Sie nicht. Aber ich bin sicher, dass Sie diesen Fehler in Zukunft nicht mehr machen werden. Ich gratuliere Ihnen, Sie haben bestanden.»

Ich war so glücklich! Unter allen Albanerinnen, die ich kannte, war ich die erste, die einen Führerschein hatte.

Inzwischen lebte auch mein jüngster Bruder in Deutschland. Mein Lieblingsbruder war mit seinen vierundzwanzig Jahren und seinen langen, lockigen Haaren ein schöner Mann geworden. Wie freute es mich, dass er nun ein weiteres Mitglied meiner Familie in Deutschland war. Für mich war es ein Stück Heimat. Er hatte mir hautnah berichtet, wie er im Mai 1992 unser Parlament im Kosovo gewählt hatte und wie glücklich die Stimmung gewesen war, als die Demokraten unter Rugova gewonnen hatten. Die Bevölkerung setzte auf gewaltlosen Widerstand. Albanische Lehrer unterrichteten in albanischen Privatschulen. Vielleicht, mutmaßten wir, duldeten die Serben solche Wahlen und Schattenparlamente, weil sie ohnehin an den Schalthebeln der Macht saßen.

Meine beiden Brüder kamen immer einmal wieder zum Essen vorbei: Adem war darüber wenig erfreut. Er war kein geselliger Mensch und mochte keinen Besuch. Außerdem fand er ihre Lebensart modern; und er wollte nicht, dass sich unsere Kinder daran ein Beispiel nahmen.

Mein Mann entwickelte sich zum Eigenbrötler. Er war ohnehin wortkarg und kontaktscheu gewesen, nun erfüllte es ihn mit wachsendem Misstrauen, wenn ich mit Leuten gut auskam. Je netter die Menschen waren, umso schroffer gebärdete er sich. Ich wusste, dass er mit Kollegen, egal, welcher Nationalität, immer wieder in Streit geriet. Ich sprach und diskutierte gerne mit Verwandten und Bekannten. Ihm war das nicht gegeben. Wenn ich dann auch noch etwas besser erklären konnte, etwa zur albanischen Geschichte, die wir in unserer Schule ausführlich behandelt hatten, dann ärgerte er sich. Vielleicht schämte er sich, vielleicht fühlte er sich zurückgesetzt, vielleicht wollte er als Mann gebildeter erscheinen als seine Frau. Aber wenn ich etwas zu sagen hatte, wollte ich mein Licht nicht unter den Scheffel stellen. Besonders grimmig schaute er, wenn ich mit Männern sprach.

Adem war zu dieser Zeit besonders schlecht gelaunt. Wieder

hatte ich keinen Jungen bekommen. Bei jeder Schwangerschaft hatte er sich einen Sohn gewünscht. Dieses Mal war die Enttäuschung am größten. Zuerst wollte er sich gar nicht mit Blerina beschäftigen. Aber dann gab er sich Mühe, seine jüngste Tochter die eigene Stimmung nicht spüren zu lassen. Auch gegenüber Kollegen und Bekannten ließ er sich nichts anmerken. Stattdessen betonte er, wie glücklich er sei. Doch in seinem Inneren sah es anders aus. Würde er den Namen Behluli nicht weitergeben können? Seine Mädchen würden eines Tages aus dem Haus gehen, heiraten und die Namen ihrer Männer annehmen. Dass Frauen in Deutschland ihren Mädchennamen als Ehenamen behalten können, stand für ihn nicht zur Debatte. Er wollte, dass seine vier Töchter Albaner heirateten, und die würden nie den Namen ihrer Ehefrau annehmen.

1993 war ein ereignisreiches Jahr gewesen. Blerinas Geburt, Führerschein, Job – und im September war Ulerika in die Schule gekommen. Abends nach der Arbeit saß ich oft erschöpft auf dem Sofa. Auch an diesem Dezemberabend versuchte ich mich ein bisschen zu entspannen und betrachtete die Fotos von Ulerikas Einschulung.

Ein Bild zeigt mein knapp siebenjähriges Mädchen mit ihrer Schultüte. Das rosarote Kleid bringt ihre blonden, nackenlangen und glatten Haare mit dem frechen Pony besonders gut zur Geltung. Ihre lachenden Augen, die Nase und der Mund waren klein – ja, meine Mutter hatte Recht behalten, sie kam nach ihrem Vater. Adem hatte die Schultüte besorgt, und wir hatten sie mit Spielzeug und Süßigkeiten gefüllt. Die fünfjährige Raimonda hatte geweint, weil sie auch so etwas haben wollte. Wir mussten die Schultüte bis zum nächsten Tag verstecken. Ulerika strahlt mir auf dem Bild entgegen, ihre dicken Backen sind vor Aufregung gerötet. Sie war sehr stolz und freute sich auf den neuen Lebensabschnitt.

Ich musste lächeln und betrachtete das nächste Bild. Es zeigt meine älteste Tochter mit ihren Freundinnen und Freunden. Sie war noch etwas kleiner als die Mädchen und Jungen, die sie aus dem Kindergarten kannte und die sich um sie drängten.

Ulerika war das einzige Mädchen, das einen Schulranzen für

Jungen hatte. Mein Mann und ich hatten wieder Streit gehabt. Ich hatte mich geweigert, in dieser Stimmung gemeinsam mit ihm aus dem Haus zu gehen, weil ich weiteren Zoff und die Blicke der Passanten fürchtete. Also war Adem mit unserer Tochter allein gegangen, um einen Schulranzen zu kaufen. Er war schlechter Laune und fand alle Schulranzen und -taschen zu teuer. Wahllos griff er ins Regal – und erwischte eine Tasche für Jungen.

Warum konnte es bei uns nicht friedlich zugehen? Unsere Kinder litten unter den ständigen Spannungen. Bedrückt betrachtete ich das nächste Foto, das mich mit meiner Erstklässlerin zeigt. Wie traurig sie gewesen war, als ich ihr sagen musste, dass ihr Papa nicht dabei sein würde. Er hatte sich von der Arbeit nicht freinehmen wollen.

Ich verscheuchte die trüben Gedanken, ich musste Ulerika für den nächsten Tag noch Kleidung herrichten. Täglich fuhr sie jetzt mit dem Schulbus ins Nachbardorf. Wenn sie nach Hause kam, zeigte sie mir jede Kleinigkeit, die sie gemacht hatte, zeichnete stolz Kreise und Linien, die später zu Buchstaben werden sollten. Schnell fand sie in der Schule Freundinnen aus den Nachbardörfern. Sie ging sie regelmäßig besuchen, manchmal kamen sie zu uns.

Ich sortierte die Fotos zurück in den Umschlag vom Fotolabor. Ulerika war ein fröhliches Kind. Sie liebte Popmusik. Trat im Fernseher ein Popstar auf, schlüpfte sie schnell in ihren Badeanzug, legte sich eines meiner großen Tücher über die Schultern und begann zu tanzen. Ich beobachtete sie gerne, ihre Bewegungen und ihr Rhythmusgefühl zeugten von Talent. Wenn Ulerika tanzte, ahmte Raimonda ihre große Schwester nach. Elegant streckten die beiden Arme und Beine in die Luft, wie kleine Ballerinen. Adem schaute böse. So sollten sich Mädchen nicht verhalten.

Ulerika war als Älteste die «Chefin» unter den Kindern, und ihre Geschwister nannten sie liebevoll Lika. Sie war sich ihrer Position bewusst. Ein bisschen war sie wie ihr Vater: Ich will das, und ich bekomme das. Gleichzeitig übernahm sie Verantwortung für ihre Schwestern. Wenn sie Schokolade bekam, schaute sie zuerst,

Ulerika wird eingeschult

ob Raimonda auch etwas bekommen hatte. Dann prüfte sie, ob ihre anderen Geschwister versorgt waren. Erst dann wickelte sie ihren Schokoriegel auf. Raimonda imponierte auch dieses Verhalten. Nie aß sie, ohne zu fragen: «Hat Lika auch?»

Meine vierjährige Raimonda war ein ruhiger Typ. Meist lächelte sie. Ihren Mittagsschlaf hielt sie am liebsten auf dem Boden oder unter dem Bett. Die beiden Schwestern waren dicke Freundinnen. Raimonda war mollig und mittelblond, sie malte gerne und schnitt mit Vorliebe Stoffe aus.

Die Zweitjüngste, Vjosa, war von klein an temperamentvoll. Als Krabbelkind vertilgte sie Blumen und Topfpflanzen wie ein Huhn. Meine Fingeraralie war kahl, so hoch Vjosas kleine Hände greifen konnten. Auch Blumenerde oder die Reste der Mahlzeiten im Backofen schmeckten ihr. Immer musste jemand ein Auge auf die Zweieinhalbjährige haben.

Blerina war unser einjähriges Baby. Als Nesthäkchen wurde sie von allen verwöhnt.

Ich holte für Ulerika eine helle Hose und ein grünes T-Shirt aus dem Schrank. Alles hätte so schön sein können. Doch in unserer Familie führten die andauernden unterschwelligen Spannungen schnell zum Streit, jeder Wochenend-Ausflug war ein Risiko. Oft habe ich meinen Ärger hinuntergeschluckt, wenn mir etwas nicht gefiel, um den Kindern den Sonntag nicht zu verderben. Trotzdem sind wir oft voller Vorfreude losgefahren und traurig zurückgekommen. Machten wir zum Beispiel einen Ausflug an einen See, schimpfte mein Mann spätestens, wenn die Mädchen Boot fahren oder ein Eis essen wollten. «Immer Geld ausgeben! Immer kaufen, kaufen. Muss das sein?» Ich diskutierte mit Adem, die Kinder bettelten so lange, bis sie ihr Erdbeereis hatten. Aber es schmeckte nicht mehr richtig, nach all der Streiterei.

Ich warf einen Blick ins Kinderzimmer, meine Mädchen schliefen. Gott sei Dank hatte ich damit begonnen, mich finanziell auf eigene Beine zu stellen. Ich musste und wollte mein eigenes Geld verdienen. Adem rückte ja kaum Haushaltsgeld heraus. Natürlich hatten wir nicht so viel Geld und konnten unseren Kindern nicht jeden Wunsch erfüllen. Aber Adem empfand sogar das Einkaufen von Grundnahrungsmitteln im Supermarkt als großen Luxus. Zum Beispiel wollte er, dass ich das Brot nicht im Laden kaufe, sondern selber backe. Ulerika sollte sich davon ein Pausenbrot mit Schafskäse mitnehmen. Wo sollte ich wohl die Zeit hernehmen? Außerdem wollte Ulerika kein Pausenbrot. Sie schämte sich vor den anderen Kindern, die alle Brezeln oder Weckle mit Salami kauften. Also habe ich ihr von meinem eigenen Geld ein paar Münzen für das Vesper gegeben. Adem beschwerte sich, ich solle die Kinder nicht so verwöhnen. «Ich hatte früher kein Vesper», sagte er.

«Ich auch nicht. Aber diese Zeiten sind mit den heutigen nicht vergleichbar.»

Eigentlich hatten wir genug zum Leben, denn unsere Wohnung war billig. Aber Adem war geizig und sparte viel. Er hatte einen Plan: Sobald sein Asylgesuch bewilligt war, wollte er ein Haus kaufen. Das war sein großer Traum. Dann könnte er den Leuten endlich zeigen: Schaut her, ich bin ein fleißiger und erfolgreicher Mann. Und er wollte seinem ältesten Bruder, dem «König von Deutschland», beweisen, dass er etwas leisten konnte. Dass mein Schwager ihn als «Asylant» verachtet hatte, hatte Adem nicht vergessen.

Ich putzte mir die Zähne und ging zu Bett. Adem schlief bereits. Mir missfiel die Idee, ein Haus zu kaufen, ich hatte kein gutes Gefühl dabei. Wie damals, als ich heiraten musste, überfielen mich dunkle Ahnungen. Was würde passieren, wenn wir noch weniger Geld zum Leben hatten? Unser Asyl war nicht bewilligt, und wir würden weiterhin mit sechs Personen in einer Dreizimmerwohnung leben. Noch lange konnte ich nicht schlafen.

Ulerika war schon in der dritten Klasse, als sich ihre Sprachprobleme deutlich bemerkbar machten. Meine inzwischen Neunjährige brauchte Hilfe. In Mathematik konnten wir helfen, in Deutsch nicht. Ich schlug vor, sie zum Nachhilfeunterricht zu schicken.

«Da muss man ja in Deutschland schon wieder Geld hinlegen», antwortete mir Adem. «Nein. Das machen wir nicht. Sie muss das alleine lernen. Wir haben es ja auch ohne Nachhilfe geschafft.»

«Wir konnten auch in unserer Muttersprache lernen.»

«Ulerika spricht doch mehr deutsch als albanisch. Nein. Nachhilfe kommt nicht infrage.»

Ich konnte nichts machen. Ulerika versuchte sich zu helfen, indem sie öfter zu ihren deutschen Schulfreundinnen ging, um dort Hausaufgaben zu machen. Um fünf Uhr musste sie wieder daheim sein. Mädchen, sagte ihr Vater, sollten nicht so lange aus dem Haus gehen.

Raimonda war währenddessen in die erste Klasse gekommen. Sie hatte keine Probleme. Vielleicht weil sie in Deutschland geboren war. Ulerika war bei unserer Einwanderung fast drei gewesen und hatte albanisch gesprochen. Sie wurde ins kalte Wasser geworfen und musste eine Sprache lernen, die ihre Eltern nicht kannten. Auch jetzt sprachen wir zu Hause meist albanisch. Um genau zu sein: Ich sprach hochalbanisch und Adem altalbanisch. Weil ich die meiste Zeit mit den Kindern verbrachte, sprachen die Mädchen wie ich. Auch das war ein Punkt, der meinem Mann missfiel.

Raimonda und Vjosa waren von klein auf mit mir in Wankheim in die Kindergruppe gegangen. Dort wurde deutsch gesprochen. Solche Lernhilfen haben Ulerika gefehlt. Auch wenn ich mehr oder weniger sprachlos unter den deutschen Müttern und Kindern saß, Raimonda und Vjosa hat die Gruppe viel geholfen. Meine dritte Tochter hatte mich als Zweijährige bei der Kinderärztin überrascht, die einen Hör- und Sehtest durchführen wollte. Ich sagte der Ärztin, die Kleine könne noch nicht genug deutsch sprechen, um die Farben richtig zu benennen. Die Ärztin wollte es trotzdem versuchen. Und meine Zweijährige konnte es! «Gün! Pau! Ssschwars! Weiß!»

Als Blerina drei war, suchte ich für sie eine Tagesbetreuung und weitete meinen Nebenjob aus. Ich arbeitete nun von morgens neun bis mittags zwölf Uhr in der Bäckerei. Abends ging ich noch zwei Stunden hin. Manchmal, wenn Adem nicht gerade einen Zweitjob hatte, passte er auf die Kinder auf. Meistens aber kümmerte sich meine neunjährige Ulerika um ihre Geschwister. Bald half ich auch vier Stunden am Samstag beim Kuchenbacken. Ich merkte: Wenn ich Geld verdiente, liebte mich mein Mann.

Vier Kinder erziehen, der Haushalt, die Bäckerei – ich war von morgens bis abends auf Trab. Neuerdings begleitete ich Ulerika und Raimonda auch noch jeden Morgen um sieben Uhr zu Fuß in die Schule. Mit Blerina im Kinderwagen liefen wir 1,5 Kilometer ins Nachbardorf. Adem waren die Busfahrkarten für zwei schulpflichtige Töchter zu teuer geworden. Vjosa hatte ich schon vorher in den Kindergarten gebracht. Mittags holte ich meine Kinder wieder ab. Oft fiel ich abends wie ein Stein ins Bett und kam morgens kaum auf die Beine. Meine Arbeitgeber waren zwar sehr nett, aber eigentlich hatte ich immer einen medizinischen oder pflegerischen Beruf lernen wollen. Wenn ich schon arbeiten musste, warum nicht als Altenpflegerin? Ich wusste, es wurde händeringend Personal gesucht, und mir machte es Freude, alte Menschen zu betreuen. Das hatte ich schon im Kosovo gemerkt, als ich den Schwiegervater pflegte. Ich wäre auch in eine Fabrik gegangen. Für Adem kamen weder das eine noch das andere infrage. In der Altenhilfe würde ich Männern begegnen, in der Fabrik ebenso.

Mein Mann verweigerte mir die Chance auf eine Vollzeitstelle oder eine Ausbildung, weil es mich seiner Meinung nach zu weit aus dem häuslichen Umfeld entfernte und damit gegen die Tradition war. Ich aber dachte, was Adem Tradition nannte, war in Wirklichkeit sein ganz persönliches Problem: Eifersucht. Eine Frau soll ihre Talente nutzen. So kenne ich die Tradition im Kosovo. Es liegt an den Menschen, wie sie die Tradition auffassen. Es gibt in meiner Heimat Männer, die lehnen jede Berufstätigkeit ihrer Frau ab. Für andere, etwa einen Arzt, der eine Ärztin heiratet, ist es selbstverständlich, wenn seine Frau weiter berufstätig ist.

Bei uns blieb alles wie gehabt. Ich schmiss den Haushalt, versorgte Mann und Kinder und arbeitete als Aushilfe. Die Kinder verlangten mir viel Zeit ab, auch, weil sie immer wieder Reibereien mit ihrem Vater hatten. Vjosa zum Beispiel besaß eine Puppe mit dunkelbraunen Haaren und dunklem Teint: Sie hieß Simba und sah ihr ähnlich. Simba musste überall dabei sein. Als die Puppe ein Auge verlor, war Vjosa zutiefst unglücklich. Sie überlegte hin und her, wie sie Simba heilen könnte. Schließlich fand sie heraus, dass es Puppenkliniken gab. Aber ihr Papa wollte kein Geld dafür ausgeben. Vjosa sah ihren Vater eher kritisch. Wo sich ihre Schwestern fürchteten, wenn er schimpfte, zog sie oft verächtlich die Augenbrauen hoch.

Adem hatte wenig Zeit, mit seinen Töchtern zu spielen. Er arbeitete, es war wie eine Sucht. Auf seine Art liebte er seine Kinder wohl. Aber zu ihrer Erziehung trug er wenig bei, obwohl ich seine Hilfe gut hätte gebrauchen können. Andererseits: Angesichts seiner sehr traditionellen Einstellung war es mir nur recht, wenn er sich so wenig wie möglich in die Erziehung einmischte. Ich ergriff ich die Chance, meine Töchter zu freien und selbstbewussten Frauen zu erziehen. Sie sollten ein normales Leben führen können, ein besseres als ich, die ich wegen jeder Kleinigkeit meinen Mann fragen musste. Ich fand nichts dabei, wenn Ulerika mit neun Sängerin werden wollte oder Raimonda mit sieben Schauspielerin. Adem dagegen verursachten solche Wünsche Magengrimmen. Argwöhnisch beobachtete er, ob sich seine Töchter in die falsche Richtung entwickelten. Er hatte wenig Sinn für die Träume von Kindern. Am besten, sie befassten sich schon jetzt mit dem Gedanken, eine Ausbildung zu machen, gutes Geld zu verdienen und zum Familieneinkommen beizutragen, bis sie heirateten. So war es im Kosovo Sitte.

Die Kinder hatten oft Angst vor ihrem Vater, denn er war streng. Waren sie laut oder hatten sie ihr Zimmer nicht ordentlich aufgeräumt oder hatte Ulerika eine Drei in einer Klassenarbeit, dann schimpfte er. Der Vater wollte Einsen sehen, schon mit einer Zwei war er nicht zufrieden. Eine Drei wollte er erst gar nicht präsentiert bekommen. Ulerika hatte am meisten zu leiden, denn sie war für ihren Vater «die Schlechte». Vor allem sie wurde von ihm unter Druck gesetzt. «Ich töte dich, wenn du sitzen bleibst», sagte er zu ihr, als ihre Noten einmal miserabel waren.

Sie kam weinend zu mir. «Ich gehe weg von zu Hause.»

«Aber Lika, das hat er doch nicht so gemeint.»

Sie schluchzte. «Was soll ich nur machen? Ich gehe in die Kirche und bete.»

«Ja, mach das. Gott wird dich hören.» Ulerika ging wie ihre Schwestern in den evangelischen Religionsunterricht. Ich nahm sie in die Arme. «Jetzt mach dir keine Sorgen mehr. Alles wird gut.»

Wie sehr hätte es Ulerika geholfen, wenn mein Mann mit ihr mal Hausaufgaben gemacht hätte. Wie sehr wünschte sie sich, ihr Vater würde sie einmal loben. Für eine Drei, die doch immerhin ein Fortschritt gewesen war, für ihre Erfolge im Sport, in Musik oder in Handarbeit. Er aber sagte: «Das sind doch nur Nebenfächer. Wichtig sind Deutsch und Mathematik!» Es war schwer zu ertragen.

Mit meinem bisschen Deutsch, das ich aus der Fahrschule, von Nachbarn und aus der Bäckerei kannte, kam ich bei Ulerikas Schularbeiten nicht weiter. Bei den Elternabenden traute ich mich nicht, vor den anderen Müttern und Vätern zu sprechen. Wenn ich Fragen hatte, wartete ich immer, bis alle gegangen waren. Erst dann wagte ich es, die Lehrerin in meinem gebrochenen Deutsch anzusprechen. Adem ging selten zu den Elternabenden, meist war ich alleine dort. Die anderen Eltern versuchten, mich in ihre Runde einzubeziehen. Sie mochten uns. Ich war durch mein entgegenkommendes Lächeln und mein Interesse für die schulische Entwicklung meiner Tochter aufgefallen, Adem galt als fleißig und grüßte stets. Immer wieder sprachen mich Mütter an, damit ich mich nicht so verloren fühlte. Mein Wunsch, die deutsche Sprache richtig zu lernen, wurde dringender.

Ja, alle waren nett zu uns, aber niemand wusste, wie es bei uns zu Hause aussah. Wir hielten es geheim. Dabei war ich verzweifelt. Ständig gab es Streit wegen Geld. Er schlug mich, ließ mich nach seiner Pfeife tanzen und drangsalierte Ulerika. Ich glaubte längst nicht mehr daran, dass wir es zusammen schaffen konnten. Irgendwie, dachte ich, muss ich ihn verlassen. Irgendwann. Doch noch immer war unser Asylgesuch nicht genehmigt.

Das war unser gemeinsames, großes Ziel: die Anerkennung unseres Asyls; mein Mann, weil er sich den Traum vom eigenen Heim erfüllen wollte, ich, weil ich mit meinen Mädchen endlich frei sein wollte.

Die Reise nach Prizren

Im Herbst 1995 erkrankte mein jüngster Bruder an einer lebensgefährlichen, schweren Anämie und kam ins Hospital. Ich fürchtete, er könnte sterben. Ruka und ich wollten ihm Knochenmark spenden und hatten mit der Klinik einen Termin ausgemacht, um das Notwendige in die Wege zu leiten. Adem verbot es mir.

«Adem, ich bitte dich. Du würdest doch auch deinem Bruder Knochenmark spenden, wenn es ihm schlecht ginge.»

«Nein, würde ich nicht.»

Ich war fassungslos. Das sagte er doch bestimmt nur aus Trotz. Ich versuchte es weiter: «Ich muss aber. Verstehst du, was ‹muss› ist? Er ist mein Bruder. Wenn er stirbt, dann sterbe ich auch.»

«Blödsinn. ‹Muss› heißt, du musst gesund bleiben. Ich will noch ein Kind. Einen Sohn.»

Wie konnte er nur so egoistisch sein. Ich war außer mir. «Ich schwöre dir, du wirst von mir keine Kinder mehr bekommen.» Adem schlug mich mitten ins Gesicht, schleppte mich hinter sich her und schloss mich im oberen Zimmer ein.

«Mach auf!», schrie ich. «Wenn du nicht aufmachst, springe ich aus dem Fenster.»

Ich rüttelte mit aller Kraft an der Klinke, in der Wohnung schrien die Kinder. Mit Fäusten trommelte ich gegen die Tür: «Ich muss in die Klinik! Mach auf!» Meine Stimme überschlug sich fast. «Mach auf! Ruka wartet ...»

Er öffnete, und ich rannte blindlings an ihm vorbei. Ich hetzte zu Ruka, wir rasten mit dem Auto ins Krankenhaus, und mit

Verspätung konnten die Tests gemacht werden. Ruka erzählte ich alles. Als klar war, dass wir beide als Spenderin infrage kamen, bot sie an, zuerst zu spenden: «Ich habe bereits Kinder.» Trotzdem war mir bang. Meine Spenderinnenwerte waren besser als die meiner Schwester. Was, wenn es mit Rukas Knochenmark nicht gut ging? Was, wenn mein Lieblingsbruder starb?

Zwei Tage später ging ich ins Landratsamt, um mir Ausreisepapiere zu besorgen. Keine von uns Schwestern hatte am Ende Knochenmark spenden müssen, denn bei meinem Bruder hatte ein neues Medikament angeschlagen, er war auf dem Weg der Besserung. Aber ich wollte mit diesem Mann nicht länger leben, ich wollte nur weg von ihm. Doch als ich vor dem Eingang stand, überkamen mich Zweifel. Was war mit einer überstürzten Flucht gewonnen? Er würde mich verfolgen, mir meine Kinder wegnehmen und mich womöglich töten. Nein, es brachte nichts. Ich musste bleiben. Langsam kehrte ich zurück nach Hause.

Was sollte ich nur tun? Vielleicht half es, wenn ich endlich richtig deutsch lernte. Dann konnte ich mich vielleicht jemandem anvertrauen. Mit jemandem sprechen. Allein wusste ich nicht mehr weiter. Wenn er mich geschlagen hatte, ging ich in den Keller und weinte zwischen den Regalen. Da hörte mich keiner.

Zurück in der Wohnung, bemühte ich mich, dass die Kinder nichts mitbekamen. Ich machte das Essen, spülte, wusch die Wäsche, kümmerte mich um meine Töchter und erzählte ihnen abends Gute-Nacht-Geschichten aus dem Kosovo.

Aber mit meinen Gedanken war ich oft woanders. Depressionen und Selbstmordgedanken quälten mich, mein Selbstbewusstsein war dahin. Ich hasste mich. Immer, wenn ich von meinen alten Schulkameradinnen und ihren glücklichen Familien hörte, fragte ich mich, warum es mir so ergehen musste. Warum hing mein Schicksal von diesem Mann ab?

Ulerika fragte mich manchmal, ob ich Bauchschmerzen hätte. «Ja», sagte ich dann. «Ja, ich habe Bauchschmerzen.» Dann legte mir meine Neunjährige die Hand auf die Stirn. «Hast du Fieber?» Ich versuchte zu lächeln. Sie hat in dieser Zeit oft gedacht, ich wäre krank. So schleppten wir uns tagaus, tagein, Monat für Monat weiter. Alle Vierteljahr musste unsere Duldung verlängert werden.

«Mama, was sind Asylanten?» Ulerika stand in der Küche und schaute mich neugierig an.

Ich erschrak. Die Verhältnisse im Kosovo, der Schmerz der Flucht, die Verachtung durch andere fielen mir ein. Schon früher hatten die Mädchen wissen wollen, warum wir nie ins Kosovo reisten und warum sie ihre Großeltern noch nie gesehen hatten.

«Das erkläre ich dir, wenn du ein bisschen größer bist», sagte ich ausweichend.

Ihre Schwestern stürmten in die Küche. «Ja, aber was sind denn Asylanten?», beharrte Ulerika. «Warum sind wir in Deutschland? Ich bin doch im Kosovo geboren.» Die Mädchen schauten mich neugierig an. Ich stand auf, holte Gläser und goss ihnen Saft ein: «Schau, in unserem Land war damals eine schlechte Situation. Deshalb sind wir hergekommen.» Sie tranken.

«Sind wir hergekommen wie die Onkel, zum Arbeiten?»

Ich bejahte zögernd, und meine Töchter gaben sich damit zufrieden. Sie gingen wieder spielen. Ich blieb sitzen und fragte mich, wo Ulerika dieses Wort herhatte. War sie in der Schule angesprochen worden? War sie durch eines unserer traditionellen Lieder darauf gekommen? Eines davon handelt von Auswanderern, der «gute, starke Mann» wird darin gefragt, warum er sein Land verlasse. Sinngemäß legt das Lied nahe, in der Heimat zu bleiben. Dort sei der Mensch wie ein schwerer Stein, der Spuren hinterlasse und die Landschaft präge. Wegbewegt in die Fremde aber, berühre er nur die Oberfläche. Jedes Mal, wenn ich diese Verse hörte, musste ich gegen Tränen kämpfen. Vielleicht hatte Ulerika das Wort auch beim Auftritt eines Komödianten gehört, der auf Einladung des albanischen Vereins mit einer Musikgruppe in Reutlingen gastiert hatte. Er hatte uns Asylbewerber mit bissigem Spott bedacht. Ich war aufgestanden. Warum er unsere Gefühle verletze, hatte ich ihn gefragt. Adem hatte versucht, mich zurückzuhalten, aber ich hatte weitergesprochen: «Wir leben zwar hier, aber wir sind mit unserem Herzen dort. Und ohne uns könnten die Menschen im Kosovo nicht leben, denn jede Familie schickt Geld in die Heimat. Sie kommen hierher, um ein Konzert zu geben. Auch Sie verdienen mit uns Ihr Geld. Wie können Sie als Künstler so reden?»

Ja, wir waren Asylanten. Aber wir waren es nicht aus Spaß.

Mit knapp elf Jahren kam Ulerika in die Hauptschule. Ihre Noten waren so lala gewesen, und wir entschieden, dass dort am besten für ihre Zukunft gesorgt wäre. Meine Tochter fand schnell Anschluss. Drei Mädchen kannte sie aus der Grundschule, andere lernte sie bald kennen. Auch die Jungen haben Ulerika gemocht, wenngleich auf jene Weise, die in einem solchen Alter, kurz vor der Pubertät, üblich ist: Die Jugendlichen maßen mit spielerischen Ringkämpfen ihre Kräfte. Ulerika hat gern mit den Jungs «gebubelt». Sie war ein kräftiges Mädchen und konnte sich wehren.

Adem meckerte vor allem an ihren Freundinnen herum. Dass sie sich mit Jungen balgte, hatte er noch nicht mitbekommen. Er verbot seiner Tochter den Umgang mit ihrer besten Freundin Lena, die sie schon seit ihrer Grundschulzeit kannte. Die beiden waren zusammen Schlittschuh gelaufen, hatten gemeinsam Hausaufgaben gemacht oder waren in der Stadt bummeln gegangen. Manchmal hatte Ulerika bei Lena übernachtet. Zusammen mit mehreren Jungs waren die beiden auf die Dachterrasse eines Kaufhauses gestiegen, deren Betreten streng verboten war. Die Jugendlichen hatten gelacht, den Passanten zugewinkt und waren von der Polizei heruntergeholt worden. Für meinen Mann war klar: Ein Mädchen mit rosaroten Haaren übte einen schlechten Einfluss auf seine Tochter aus.

Ulerika tat die Trennung von der Freundin sehr weh, aber sie hielt sich an das Verbot des Vaters. Sie wollte sich bessern und sein Vertrauen zurückgewinnen. Doch bald hatte mein Mann auch an ihrer kurdischen Freundin Leyla etwas auszusetzen. Die ältere Leyla war verliebt, und als es ihre Eltern herausbekamen, prügelten sie ihre Tochter so oft, bis schließlich das Jugendamt eingriff. Das Mädchen wurde aus ihrer Familie herausgenommen, und Ulerika war einige der wenigen, die wussten, in welcher Stadt und in welcher Pflegefamilie sie von da an lebte. Immer wieder hat Ulerika heimlich mit ihr telefoniert. Für meinen Mann war das Mädchen eine Hure.

Trotz der zunehmenden Entfremdung zwischen Vater und Tochter versuchte Ulerika, ihr Leben zu meistern. Mit Erfolg: Ulerika war so kontaktfreudig und beliebt, dass sie ein Jahr später – in der sechsten Klasse – zur Schulsprecherin gewählt wurde. Und sie war musikalisch: Seit vier Jahren lernte sie Violine. Nun, als Zwölfjährige, hatte sie in der Schule ihren ersten Auftritt. Sie spielte die Titelmelodie aus dem Film «Titanic». Obwohl ihre Finger vor dem Auftritt wie Espenlaub zitterten, war sie wunderbar. Außer mir und ihren Geschwistern war auch Ruka mit ihren Kindern gekommen. Adem war zu Hause geblieben, weil wir uns zuvor über die neue, enge Hüfthose gestritten hatten, die ich Ulerika zu diesem Anlass gekauft hatte. Adem selbst hatte vor vier Jahren das Instrument und den Unterricht bezahlt, zwei Jahre darauf die Zahlungen dann allerdings eingestellt. Sie solle lernen, nicht spielen. Von da an bezahlte ich die Stunden. Und die Investition in ihr musikalisches Talent hatte sich gelohnt. Sie hatte auch schon ein Lied für ihre Oma im Kosovo geschrieben und für eine Schul-Weihnachtsfeier eine Choreographie ausgearbeitet. Unter Ulerikas Leitung hatten die Kinder mit Nikolausmützen zu Popmusik getanzt.

Nachdem der Applaus verklungen war, kam Ulerika zu uns. Obwohl es für sie ein schöner Tag war, schien sie etwas abwesend. Immer wieder schaute sie zum Eingang der Aula. Doch ihr Vater kam nicht. Sie war traurig, aber sie wollte es nicht zeigen. Als wir fünf uns mit dem Auto auf den Heimweg machten, sagte sie: «Es ist schon komisch. Jeder denkt, wir seien so glücklich. Wir haben ein Haus, Vater ist fleißig, ich bekomme sogar Geigenstunden. Doch niemand weiß, wie es bei uns aussieht. Ich kann einfach niemandem die Wahrheit erzählen.» Schweigend fuhren wir nach Hause.

Bereits Monate vor Ulerikas Schulauftritt war im Juli 1998 in meiner Heimat der Krieg ausgebrochen. Die Menschen in Deutschland nannten es einen «Konflikt». Die jugoslawische Armee und die serbische Polizei marschierten im Kosovo ein, nachdem die UÇK bereits beachtliche Teile des Landes kontrollierte. Zahllose Dörfer wurden zerstört, und rund 300000 meiner Landsleute flohen oder wurden vertrieben. Obwohl für uns der Krieg begonnen hatte, wurden noch viele Asylbewerber ins Flugzeug gesetzt und abgeschoben. Im Kosovo angekommen, wurden unsere Landsleute geschlagen oder in ihren Häusern überfallen. Ich hatte große Angst, gerade zu diesem Zeitpunkt abgeschoben zu werden. Wir hatten doch Kinder! Ich war durchaus bereit, in meine Heimat zurückzukehren, notfalls zu darben und im Zelt zu wohnen. Aber: Es musste Frieden sein, damit wir ohne Todesangst leben konnten. Mit dem albanischen Verein, in dem wir seit einem Jahr Mitglied waren und der hin und wieder zu Vorträgen und Veranstaltungen einlud, sammelten wir Kleidung und Babysachen für einen Hilfstransport.

Im Oktober zog der serbische Präsident Milošević seine Soldaten zurück, internationale Beobachter wurden geschickt. Doch schon im Dezember brach der Krieg erneut aus. Die Verhandlungen in Rambouillet bei Paris endeten im Februar 1999 ohne Lösung. Auf der Folgekonferenz im März wurde beschlossen, das Kosovo solle als serbische Teilrepublik wieder autonom sein, die UÇK ihre Waffen abgeben und die Nato Truppen stationieren. Die Serben verweigerten ihre Zustimmung. Ab dem 24. März 1999 flog die Nato Luftangriffe. Wieder begann eine Massenflucht, Menschen wurden von serbischen Sicherheitskräften und Paramilitärs aus den Wohnungen getrieben, Häuser wurden geplündert und zerstört. Adem saß mit finsterem Blick vor dem Fernseher. Wir verfolgten die Ereignisse mit Sorge.

Ein Tag im März: Ich schaue die Nachrichten auf «n-tv». Plötzlich sehe ich meinen Vater im Fernsehen. Ich starre wie elektrisiert auf den Bildschirm. In eine Jacke gehüllt, sitzt er auf einem Traktor, blass und übernächtigt. Meine Mutter spricht ein paar Sätze in die Kamera. Sie ist eine starke Frau, redet ruhig und gefasst: «Es gab Tote. Wir haben Schlimmes erlebt. Aber zum Glück sind wir jetzt in

Albanien.» Meine Eltern, erfahre ich aus dem Fernseher, sind den ganzen Weg aus dem Kosovo in das Nachbarland mit dem Traktor gefahren. Hinter der albanischen Grenze finden sie in den Zeltlagern einer Hilfsorganisation Zuflucht. «Wir müssen hin», stammelte ich. «Wir müssen sie suchen.» Ich weiß, wir können nicht. Denn wir sind Asylanten und dürfen ohne Erlaubnis nicht einmal den Kreis verlassen, in dem wir wohnen. Telefonieren ist völlig utopisch. Die Leitungen sind tot oder überlastet. Wir geht es ihnen? Ich sitze hier in Wankheim in einer neuen Vierzimmerwohnung auf dem Sofa. Und kann gar nichts für sie tun.

In Deutschland war es Frühling geworden, und im Dorf blühten die Maiblumen. Hier war von Krieg nichts zu spüren. Warme Luft wehte durch die Vorgärten, die Bäume würden bald wieder in vollem Grün stehen. Das Telefon klingelte, und als ich abnahm, war unser Anwalt in der Leitung. Mir wurde flau im Magen. Alle Widersprüche waren bisher abgewiesen worden. Er arbeitete an unserer letzten Chance, die Abschiebung noch aufzuhalten.

«Ich habe gute Nachrichten», hörte ich ihn sagen.

Meine Stimme zitterte: «Was ist es denn?»

«Sie sind anerkannt.»

Ich konnte es nicht glauben.

«Ja, Frau Behluli, es ist wahr. Ihr Asyl wurde gewährt.»

«Aber unser Asylverfahren wird doch schon zehn Jahre von Behörden und Gerichten bearbeitet. Seit zehn Jahren müssen wir unsere Duldung alle drei Monate erneuern lassen. Sie meinen, das hat nun alles ein Ende?» Ich hatte Angst, das aufsteigende Glücksgefühl zuzulassen.

«Ja, Frau Behluli, ich freue mich sehr für Sie.»

«Aber ... das ist ja ganz unglaublich.» Ich musste mich setzen. «Oh, das ist so schön ...» Vor Aufregung stieß ich einen Stapel gebügelte Wäsche vom Tisch.

«Ich werde Ihnen einen Brief schicken, in dem ich mit einem Textmarker alle Passagen gelb markiert habe, die für Sie wichtig sind. Der Staat anerkennt jetzt, dass die politische Lage im Kosovo prekär ist. Sie sind anerkannt, es kann Ihnen nichts mehr passieren.»

Fast wie aus der Ferne hörte ich ihn noch erklären, dass der Asylstatus nach Paragraph 51 wieder enden konnte, wir aber unsere unbefristete Aufenthaltsberechtigung nicht verlieren würden.

Ich war frei! Ich war in Sicherheit. Ich konnte in andere Länder reisen. Ich musste nicht mehr auf Abruf leben. Seit Jahren hatten wir gepackte Koffer mit dem Allernötigsten in unserer Wohnung liegen, um vorbereitet zu sein, falls uns die Polizei nachts aus dem Bett geholt und abgeschoben hätte. Mit dieser Angst war es nun vorbei. Wir würden ruhig schlafen können. Wir waren sicher. Mein Blick fiel auf die Geschirrtücher und Blusen am Boden. Entschlossen hob ich sie auf. Ab jetzt würde sich auch die Wäsche aus den Koffern in unserem Schrank stapeln.

Doch wie ging es meinem Eltern? Wie ging es unseren Familien? Der Gedanke, es könnte ihnen etwas passiert sein, war unerträglich. Wir mussten in unsere Heimat reisen! Seit Juni stand das Kosovo unter der Interims-Verwaltung der Vereinten Nationen und der Nato. Tausende Nato-Soldaten waren in dem Land stationiert. Mehr als eine Million Flüchtlinge hofften auf Ruhe und Frieden. Ungeduldig warteten wir auf den schriftlichen Anerkennungsbescheid.

Endlich, im August, lag das Schreiben im Briefkasten. Kurz darauf stopften wir Koffer, Taschen und Geschenke in unseren Kombi und machten uns auf den 2000 Kilometer langen Weg. Meine Eltern, hatte ich gehört, waren inzwischen aus dem albanischen Exil zurückgekehrt. Sie waren bei meiner Schwester Mehrem in Prizren untergekommen. Auch meine drei Jahre ältere Schwester war wie meine Eltern unter den ersten Flüchtlingen, die zurückgekehrt waren. Wie es ihnen nach all den Strapazen wohl ging? Ich stieg ins Auto und überließ mich meinen Gedanken. Mit einunddreißig Jahren sollte ich nun das Land wieder sehen, das ich als Zwanzigjährige verlassen hatte.

Wir fuhren über Italien, setzten mit der Fähre nach Albanien über, von dort ging es weiter ins Kosovo. Sie kontrollierten uns an der Grenze auf Waffen. Mit steifem Kreuz saß ich am Steuer. Strenge Grenzer schauten in unsere Pässe, dann winkten sie uns durch. Schnell weg hier, dachte ich und gab Gas. «Langsam fahren», schrie uns ein Militär hinterher.

Ein paar Kilometer hinter der Grenze sah ich gegen Mitternacht Prizren wieder. Die Stadt meiner glücklichen Kindheit. Ich war so aufgeregt, dass Adem das Steuer übernehmen musste. Am liebsten hätte ich die Erde und den Matsch geküsst.

In der Dunkelheit sahen wir viele zerstörte Häuser in den Gassen. Unser Kombi holperte über Schlaglöcher, struppige Hunde durchwühlten am Straßenrand abgestellte Mülltüten. Die Geschäfte hatten ihre Rollläden herabgelassen, alles wirkte verlassen. Ulerika und ihre Geschwister schliefen. Wir fragten eine Frau nach dem Bahnhof, sie sprach nur englisch. Vielleicht war sie eine Nato-Angehörige. Adem chauffierte das Auto durch die nächtliche Stadt. Es war ein ganz anderes Prizren. Auf den neuen Verkehrsschildern standen jetzt albanische Ortsnamen. Statt Djakovica las ich zum Beispiel Gjakova. Ich habe geweint vor Freude. So etwas wäre früher nicht möglich gewesen. An einer großen Kreuzung wies ein Schild den Weg nach Tirana, der Hauptstadt von Albanien. Auch das war neu. Die Grenze war früher geschlossen gewesen. Tränen liefen mir übers Gesicht. Ich verstand den Skendr Beo, wie er die Erde geküsst hatte, als er aus der Türkei in seine Heimat zurückkehrte.

Nach einer halben Stunde waren wir da. Wir hielten vor dem kleinen Haus von Mehrems Familie. Ich freute mich so auf unser Wiedersehen. Doch ich spürte, wir mir Angst die Kehle zuschnürte. Ich wusste nicht, ob meine jüngste Schwester noch lebte. Sie hatte im Krieg mit der UÇK gekämpft. Was würde ich von Mehrem zu hören bekommen? Wir klopften an die Tür. Nichts rührte sich. Wir klopften abermals. Jetzt waren von drinnen Schritte zu hören, im Flur ging Licht an. Mehrem öffnete die Tür.

«O mein Gott, Hanife», flüsterte sie. Mehr brachte sie nicht heraus.

Mir stiegen wieder die Tränen in die Augen, ich war so glücklich, und wir fielen uns in die Arme. «Mein Schwesterchen.» Sie weinte und lachte. «Und das sind deine Kinder? Ulerika, du bist ja ein großes Mädchen geworden! Und da sind ja auch Raimonda und Vjosa und die kleine Blerina …» Es war ein so glücklicher Moment, und dann redeten wir alle durcheinander.

Dann entdeckte ich meine Eltern. «O Gott. Hanife. Nach zehn Jahren darf ich dich wieder in den Armen halten», sagte meine Mutter mit tränenerstickter Stimme. Daneben stand mein Vater mit erstaunten Augen. Ich presste ihn an meine Brust. Sein Körper fühlte sich schmal und zerbrechlich an. Tiefe Furchen durchzogen sein blasses Gesicht, seine rechte Hand zitterte stark. Er hatte vor dem Krieg einen Schlaganfall erlitten. Noch immer konnte er kaum sprechen, doch aus den wenigen Worten, die er formte, merkte ich, dass er mich nicht erkannte. Ich heulte und musste mich abwenden. «Na, ihr kleinen Mäuschen», hörte ich ihn mit einem Lächeln in der Stimme sagen. Blerina und ihre Schwestern hatten seine Hand genommen und gedrückt. Ich heulte noch mehr.

Meine Mutter zog uns ins Haus. Ihre schwarzen Haare waren jetzt von grauen Strähnen durchzogen. «Jetzt kommt erst mal rein. Deine jüngste Schwester ist gerade nicht da, wir werden sie gleich morgen holen lassen.» Sie versteckte sich noch immer mit den UÇK-Leuten in den Pashtrik-Bergen. Mir fiel ein Stein vom Herzen, denn ich hätte mich nicht getraut, nach ihr zu fragen. Mehrem führte uns ins Haus: «Du musst entschuldigen, ich wusste nicht, wann ihr kommt.»

«Die Telefonleitungen waren tot oder besetzt», erklärte ich. «Wir kamen einfach nicht durch.» Es gab so viel zu erzählen.

«Hanife, habt ihr uns im Fernsehen gesehen?», fragte meine Mutter, als wir uns mit einem kleine Nachtmahl gestärkt hatten.

«Ja, natürlich», rief ich. «Wir waren total geschockt.»

«Ja, Kind, wir waren neun Tage Gefangene der Serben und wurden in einem Keller festgehalten.» Mir wurde ganz anders, Adem erbleichte.

«Vater war gut versorgt. Er hat sogar Infusionen bekommen. Aber da war die Angst, jede Minute, jede Stunde.»

«Wie ist das denn passiert?», fragte ich.

«Unser Haus in Krusha Madhe war verbrannt. Nur die Mauern standen noch. Dann holten uns die Serben ab. Die Dorfbewohner mussten sich auf dem Marktplatz aufstellen: Kinder und Frauen auf der einen Seite, dein Vater bei den Invaliden auf der anderen. Die Soldaten hielten ihre Gewehre im Anschlag und drohten, wer von einer Gruppe zur anderen wechsle, werde erschossen. Ich bin trotzdem hinübergelaufen. Hanife, ich konnte doch deinen Vater nicht alleine lassen! Wer hätte sich um ihn kümmern sollen? Einer zielte mit dem Gewehr auf mich. Doch ein anderer hielt seinen Arm fest. Der Soldat herrschte uns an: Wohin wollten Sie? Ich hab ihm versucht zu erklären, dass mein Mann krank ist. Sie kontrollierten meine Papiere, durchsuchten mich nach Waffen, ich hatte furchtbare Angst. Plötzlich Schüsse, wir liefen alle durcheinander. Die UÇK schoss von der einen Straßenseite, die Serben von der anderen. Von Militärs wurden wir in ein Haus gedrängt. Wir duckten uns in der Ecke eines Zimmers. Der Boden erzitterte unter den Detonationen, Staubwolken lösten sich aus Wänden und Decke und brachten uns zum Husten. Dann drang beißender Rauch in meine Nase. Es brannte. Wir mussten raus! Doch dein Vater konnte wegen des Schlaganfalls nicht gut laufen. Ich fand einen Metalleimer und einen großen Topf. Die stülpte ich uns über den Kopf. So bahnten wir uns den Weg nach draußen, über Schutt und das eingestürzte Treppenhaus. Dein Vater blieb unverletzt, aber ich zog mir am Bein schwere Brandwunden zu. Da, schau, ich habe immer noch Verbände», sagte sie. «Kugeln flogen über unsere Köpfe. Wir versteckten uns mit zwanzig anderen Leuten in einem Keller. Nach dem Gefecht waren wir dort Gefangene. Eines Tages kam ein guter Militär …»

«Wie meinst du das?»

«Nun, es schien ein Mann mit Mitgefühl zu sein. Er erklärte, sie würden uns bis zur Grenze nach Albanien bringen. ‹Denn›, fuhr er fort, ‹jetzt kommen die, die Menschen schlachten. Sie massakrieren die Leute.› Der Serbe hat geweint und gesagt, er müsse kämpfen. Er habe es nicht gewollt. So kamen wir nach Albanien. Und dann», lächelte sie, als sie unsere entsetzten Gesichter sah, «habt ihr uns im Fernsehen gesehen.»

Bis zum frühen Morgen saßen wir beisammen. Am nächsten Tag war ich wie gerädert. Das Haus in Krusha Madhe zerstört, die Eltern krank und verletzt, was musste meine Familie nur mitmachen? Wenigstens hatten sie überlebt. Müde stieg ich ins Auto. Wir machten uns auf den Weg zu Adems Eltern. Wir schauten aus dem Fenster. Meine Töchter waren darauf vorbereitet gewesen, dass sie Kriegszerstörungen sehen würden. Sie hatten mit uns in Deutschland die Berichte im Fernsehen verfolgt. Trotzdem wirkten sie bedrückt. Als wir zehn Minuten gefahren waren, gerieten wir auf der Straße nach «Malsija e vogel» – so hieß Radoste seit Kriegsende – in einen Stau. In der Ferne war Rauch zu sehen. Adem und ich stiegen aus. «Was ist passiert?», fragte er einen Mann.

«Zwei Minen sind hochgegangen. Die Straße muss erst frei gemacht werden.»

Mir wurde angst. Warum hatte ich nicht warten können? Warum hatte ich gleich nach dem Krieg hierher kommen müssen? Jetzt stand ich hier mit den Kindern, und um uns herum explodierten Bomben. Als wir wieder ins Auto stiegen, ließen wir Eltern uns nichts von unseren Gedanken anmerken. «Jemand verbrennt Kleider», sagte Adem.

Sie waren zufrieden mit der Antwort. Denn inzwischen war ihnen das Los der herumstreunenden Hunde und Katzen aufgefallen: «Oh, so viele», rief die achtjährige Vjosa. Unsere Jüngste sagte: «Guck, da, das rote Kätzchen. Das ist niedlich.» Sie war jetzt sechs. «Die haben ja gar nichts zu fressen», klagte Raimonda. «Sie müssen ihr Futter im Müll suchen.» Meine Töchter klebten an der Scheibe, am liebsten hätten sie alle Hunde und Katzen mit nach Deutschland genommen. Auch die Kühe, die auf den Wegen und den ausgetrockneten Feldern umherliefen, taten ihnen Leid. So etwas kannten sie nicht aus Deutschland. Die Straße wurde freigegeben. Wir fuhren weiter und kamen ohne Probleme bis Radoste.

Adem klingelte am großen Tor zum Bauernhof. Dann drückte er die Klinke. Wir sahen zwei Frauen, die im Garten Kräuter pflückten. «Hanife!» Es war meine gleichaltrige Schwägerin. Jetzt schaute auch die andere herüber. «Adem!» Dann fiel die Schwiegermutter in Ohnmacht.

Die Behlulis waren überglücklich, uns zu sehen. Der blinde Schwiegervater tastete mir über den Kopf und sagte lächelnd: «Du hast aber lange Haare.» Er hatte an diesem Mittag viel zu tasten, denn er wollte unsere drei in Deutschland geborenen Töchter kennen lernen. «Wer ist denn das?», neckte er unsere Zehnjährige und versuchte, sich mit seinen Händen ein Bild von Raimonda zu machen. Ulerika war noch ein bisschen scheu und kicherte. Er knuddelte sie. «Lika, meine Lika. Was bist du groß geworden. Weißt du noch, wie der Papa dir früher immer Süßigkeiten mitbrachte und du», er spitzte seine Lippen zu einem tiefen U, «‹Kau-guu-mi› gesagt hast?» – «Oje, habe ich so geredet?», lachte meine Große.

«Ihr könnt doch bestimmt alle unsere Sprache?», fragte der Schwiegervater. Meine Kinder kicherten und bissen sich auf die Lippen. «Ja, sie sprechen albanisch», erklärte ich. «Aber sie trauen sich noch nicht zu reden.» Ich lächelte und versuchte, die Erinnerungen an damals niederzukämpfen. Die Angst, die Erniedrigung, die Hoffnungslosigkeit. Jetzt, zehn Jahre später, wollte ich ihnen zeigen, dass diese Zeiten vorüber waren. Unwillkürlich zog ich meinen kurzen Rock glatt. Ja, ich trug jetzt moderne Röcke und abgeschnittene Jeans, und ich wollte sie auch in Radoste nicht ablegen. Sie sollten sehen, ich hatte überlebt. An den glücklichen Blicken meiner Schwiegermutter stellte ich fest: Ihnen war völlig egal, wie ich oder die Kinder gekleidet waren. Sie hatten uns zehn Jahre nicht gesehen. Wir waren da, alles andere war nicht wichtig.

Meine zwölfjährige Ulerika erinnerte sich an fast gar nichts. «Wo war unser Zimmer?», fragte sie.

Wir gingen über den Hof. Auch hier waren die Häuser von Serben schwer beschädigt worden. In der Wand des Gebäudes, in dem unsere Räume gewesen waren, hatten Granaten handgroße Löcher hinterlassen, in unserem alten Zimmer war die Decke herabgestürzt. Brandgeschwärzte, herabhängende Holzbalken ragten in den Raum, darüber konnten wir den blauen Himmel sehen. Niemand sprach ein Wort. Glasscherben knirschten unter unseren Schuhen. Die Behluli-Brüder hatten durch den Schutt einen Gang gebahnt, um die Zimmer wenigstens betreten zu können. Vjosa stolperte über einen dicken Steinbrocken auf dem Boden. Schwarzer Ruß bedeckte Mauerwerk und umgestürzte Möbel, unser Schrank war zertrümmert, die Fenster zerborsten. Ich entdeckte unsere Glasvitrine. Sie lag zerstört neben dem Fenster. Sengende Sommerhitze erschwerte das Atmen, der beißende Geruch von verbranntem Holz stach in meiner Nase.

«Das war also unser Zimmer?», fragte Ulerika und riss mich aus der Erstarrung. Sie stocherte mit einem dünnen Ast im Schutt. «Sind das meine Babysachen?»

«Ja, tatsächlich. Zeig mal.» An Ulerikas Ast baumelte ein blaues Babymützchen, das zur Hälfte verbrannt war. «Das hat dir deine Oma gekauft. Es ist blau, weil die Mutter deines Vaters dachte, du wirst ein Junge.» Ulerika suchte weiter und fand ein grünes Kleidchen. Der Stoff am Rücken war verbrannt. Auch Reste eines kleinen, weißen Strickpullis kamen zum Vorschein. Ulerika legte die Überreste sorgfältig zusammen, um sie mit nach Deutschland zu nehmen. Ich erinnerte mich an Ulerikas Babybuch. Es war in der Vitrine verwahrt gewesen. Sie war verbrannt.

Die Häuser waren zerstört und mit ihnen viele Erinnerungsstücke. Doch in meiner Seele lebten immer noch Bilder aus der Vergangenheit, die so klar waren, als seien sie gerade erst entstanden. Das Verbot, alleine aus dem Haus zu gehen, der erste Streit ums Kopftuch – ich hatte es nicht vergessen. Um etwas Abstand zu bekommen, beschloss ich ein paar Tage später, meine Mutter zu besuchen. Meine Mädchen warteten schon im Auto, und ich verabschiedete mich von Adem. Ich muss zugeben, ich hatte es sogar auf einen Streit angelegt. Sie sollten ruhig sehen, dass ich mir jetzt, als vierfache Mutter, mein Vorhaben nicht verbieten lassen wollte. Wie erstaunt war ich aber, als ich die Schwiegermutter auf dem Beifahrersitz vorfand. Sehr gerade und würdevoll saß sie da und wollte mit. Mir verschlug es die Sprache. Als ich mich gefasst hatte, sagte ich: «So kann ich dich aber nicht mitnehmen.»

«Wieso nicht?», fragte sie und kniff die Augen zusammen.

«Geh zurück ins Haus und hole deinen langen Mantel und dein Kopftuch.» So hatte sie zu mir geredet, als ich eine junge Frau war.

Die alte Frau wollte nicht: «Ich habe kein Kopftuch mehr. Es ist im Haus verbrannt.»

«Aha.» Ich glaubte ihr nicht. Sie hielt mich wohl für dumm. «Schwiegermutter, hast du je gedacht, dass Hanife nach zehn Jahren aus Deutschland kommt? Und sie fährt sogar Auto. Hast du dir das vorstellen können?»

«Hanife, jetzt lass das!», sagte die 80-jährige Frau und stampfte unwillig mit dem Fuß auf. Sie schaute mir gerade ins Gesicht und nahm meine Hand. «Du warst immer ein Engel. Deshalb hat dich Gott nach Deutschland gebracht. Du hast nicht hierher gehört.»

Plötzlich taten mir meine schnippischen Worte Leid. Ich drückte ihre Hände, die so viel gearbeitet hatten, und dachte daran, wie viel auch sie hatte erdulden müssen. Zärtlich sagte ich: «Komm, du musst dich anschnallen.»

«Weg! Ich will das nicht», grantelte sie missmutig. «Das macht hier keiner.» Die Mädchen und ich lachten, und ich legte ihr den Gurt dennoch um. Ich setzte meine Sonnenbrille auf und fuhr los. In Prizren kaufte ich für meine Mutter eine moderne Bluse, für die Schwiegermutter andere Kleidung – und ein neues Kopftuch. «Das brauche ich nicht. Seit dem Krieg tragen wir keine Kopftücher mehr. Sie sind verbrannt.»

«Ich habe mich nicht verändert», frotzelte ich. «Du sollst auch bleiben, wie du bist.»

Sie steckte das Kopftuch in ihre Tasche, und sagte entschlossen: «Im Auto sieht mich keiner.»

Hatte sich hier in der Provinz um Radoste etwa doch etwas verändert? Trug sie ihr Kopftuch nur noch, wenn es absolut nötig war? Es sah ganz so aus. Auch andere, vormals streng traditionell gekleidete Frauen hüllten sich seltener in das Stück Stoff. Nachdenklich fuhr ich weiter.

Was war geschehen? Ich, die widerspenstige Schwiegertochter, war zurückgekehrt und wurde bewundert. Beide Mütter klopften mir auf die Schulter, weil ich Auto fahren konnte. Auch mein Schwiegervater war beeindruckt von meinen Fahrkünsten. «Niif! Hast du auch deinen Führerschein dabei?», fragte er wirklich jedes Mal, wenn wir in die Stadt fuhren. «Hier gibt es überall Kontrollen.» Stolz zeigten die Schwiegereltern ihre Schwiegertochter aus Deutschland bei Verwandten und Bekannten herum. Meine vier Kinder wurden bestaunt, denen es im Übrigen auf dem Hof der Schwiegereltern gefiel. Sie lieben Tiere und mochten es, mit den Katzen zu spielen und die Pferde zu füttern.

Einmal fuhr ich alleine nach Krusha Mahde. Ich wollte meine Schulkameradinnen und Schulkameraden treffen. Da ich wegen der defekten Leitungen nicht telefonieren konnte, steuerte ich einfach auf mein altes Lieblingscafé zu. Ich parkte unseren Kombi am Straßenrand, als mir ein älterer Mann entgegenrief: «Na endlich. Wir warten schon so lang auf euch Franzosen. Wir brauchen endlich das Baumaterial.» Ich erkannte ihn sofort. Es war der Vater meines Schulkameraden Ali. «Äh, ich wollte eigentlich fragen, ob ich hier parken kann.»

Er stutzte. «Sie sind ja Albanerin.» Er rieb sich mit der Hand das Kinn.

«Ja. Bin ich. Ich bin Hanife.»

Zuerst schaute er überrascht, dann dämmerte es. «Das ist ja Wahnsinn. Die kleine Hanife!» Er umarmte mich und drückte mich fest an sich. Einmal, zweimal. «Ich habe gedacht, du seist eine Französin. Wir warten nämlich dringend auf Hilfslieferungen.»

«Damit kann ich leider nicht dienen», lachte ich. «Ich wollte nur mal wieder in mein kleines Café gehen. Es ist schon so lange her, seit ich zum letzten Mal dort war.»

Ich verabschiedete mich von ihm und betrat das Café. Früher hatte ich mich hier mit meinen Freundinnen verabredet. Wehmütig setzte ich mich an ein winziges Tischchen, meine Gedanken schweiften in die Vergangenheit. Ich bestellte einen Mokka.

«Hanife?» Ein Mann mit Bart, Bauch und fröhlichen Augen

stand neben mir. Mein Cousin Shpend. Ich erkannte den schlanken Jungen von damals erst auf den zweiten Blick. Da fiel mir schon meine Freundin um den Hals, die ihn begleitete. «Ach, ich freu mich ja so!», war alles, was ich zuerst herausbrachte. Wir lagen uns in den Armen, ich war glücklich, dass es ihnen gut ging.

«Du hast dich gar nicht verändert, Hanife», schwärmte meine Freundin.

«Na ja, ich bin halt älter geworden. O mein Gott, da ist ja auch Ali.»

Mein bester Kumpel von damals steuerte direkt auf mich zu. «Mein Vater hat mir gerade gesagt, du seiest hier. Da musste ich natürlich sofort nachschauen.» Er grinste breit.

«Mein Gott, wie lange ist das jetzt her, seit wir uns zuletzt gesehen haben? Zehn Jahre?»

«Vierzehn.»

«Das ist eine lange Zeit. Du bist so jung geblieben.»

«Na ja.» Ich freute mich über die Komplimente, denn von meinem Mann bekam ich keine zu hören. Dann erzählten sie mir, was sie durch den Krieg alles verloren hatten und wie es ihnen ergangen war. Es wurde ein langer Nachmittag, den wir in dem Café zubrachten. Als wir uns verabschiedeten, ließen sie mich nicht die Rechnung zahlen. «Du bist hier Gast», sagten sie energisch. Es blieb mir nichts anderes übrig, als mich von den Menschen, die durch den Krieg verarmt waren, einladen zu lassen. Ich beschloss, ihnen als Abschiedsgeschenk je 50 Mark zu geben – heimlich, damit mein Mann nichts merkte.

Auch Ulerika liebte es, nach Prizren zu gehen. Sie saß gerne in den Straßencafés, aus denen laute Musik drang. Jugendliche tanzten abends zu der Musik auf der Straße. Die Leute hatten kein Geld für Discos und Kinos. Wie Ulerika und der Sohn meiner Schwester Mehrem bummelten sie in der Stadt und tranken Mokka oder Saft in den Cafés. Überall war Musik zu hören, die albanische Fahne hing aus den Fenstern, es war eine schöne Atmosphäre, wenn auch wegen der vielen Zerstörungen von Trauer durchsetzt. Ich lief mit meinen Töchtern am Ufer der Bistrica entlang – ein Fluss, über den sich alte Steinbrücken spannen. Fünfmal am Tag rief der Muezzin, und Ulerika fand das alles sehr orientalisch. Wir kamen vorbei an der Mehmet-Pascha-Moschee aus dem 16. Jahrhundert, an katholischen Kirchen und türkischen Bädern. Ich erzählte meinen Töchtern, wie ich aufgewachsen war. Wir besuchten meine Lieblingseisdiele und das Kino, in das ich einst mit meinen Freundinnen gegangen war.

Auch nach Krusha Mahde fuhr ich mit ihnen. Dort zeigte ich ihnen den Dorfbrunnen, aus dem wir das Wasser geholt hatten. Er war ein Treffpunkt der Jugend gewesen. Ich erzählte ihnen, wie unsere Mütter geschimpft hatten, wenn wir zu spät nach Hause gekommen waren. Wir hatten immer eine Ausrede parat gehabt. Zum Beispiel erzählten wir Dorfmädchen, wir hätten zum Wasserholen lange Schlange stehen müssen. In Wirklichkeit hatten wir uns mit den Jungs unterhalten.

Drei Wochen waren wir im Kosovo. Es war so schön, meine Familie wieder zu sehen. Und doch: Schon nach zehn Tagen sehnte ich mich nach Deutschland zurück. Eigentlich hatte ich doch immer in meinem Land leben wollen. War ich etwa eine andere geworden? Offenbar.

Auch die Kinder wollten nach Hause. Sie vermissten ihre Zimmer. Als wir zurückkamen, fanden wir unsere Wohnung so weiß und schön. Und meine moderne Küche. Wie hatte ich sie vermisst. Wir waren zu Hause und konnten wieder in unseren Betten schlafen. Im Kosovo hatte es nur sehr dünne Schlafunterlagen gegeben. Ulerika hatte bemerkt, dass die Schwiegermutter Adem die dickste gegeben hatte. Ich meinte, das sei sicher Zufall gewesen. «Nein, nein», sagte meine Tochter. «Die Oma hat ausdrücklich gesagt, hier schläft Papa, da Mama, da ihr.»

Flucht und Rückkehr

In diesem Sommer des Jahres 1999 floh ich mit den Kindern zum ersten Mal vor Adem.

Es begann damit, dass mein jüngster Bruder, den mein Mann nicht ausstehen konnte, an einem Vormittag an unserer Tür klingelte. Ich war arbeiten, und Ulerika, die noch Sommerferien hatte, öffnete. Ulerika liebte ihren Onkel und freute sich riesig. Als ihr Vater zu Hause anrief, berichtete sie ihm von dem Überraschungsbesuch. Seine Reaktion war vernichtend. «Wenn er nicht weg ist, bis ich um fünf Uhr nach Hause komme, dann werde ich ihn selbst aus dem Haus werfen», schrie er durchs Telefon. Ulerika war geschockt und ratlos und beschloss, den Anruf zu ignorieren. Als ob es mein Mann geahnt hätte, rief er ein zweites Mal an. «Verschwinde», forderte er meinen Bruder diesmal persönlich auf.

«Komm doch, wenn du mich aus dem Haus meiner Schwester werfen willst», erwiderte mein Bruder. «Hast du denn alle Gebote der Gastfreundschaft vergessen?»

«Warte nur ab. Ich komme.» Meine Tochter wäre am liebsten im Erdboden versunken, als sie den Onkel sagen hörte: «Ich werde meine Schwester in Zukunft eben nur noch vor ihrer Haustür treffen, wenn du mich nicht in dein Haus lassen willst. Das kannst du mir wohl nicht verbieten.» Verstimmt legte er auf. Dann lächelte er meine Tochter an und sagte aufmunternd: «Kopf hoch. Jetzt lass uns erst mal was zu essen machen.» Sie kicherte verlegen, aber bald standen sie in der Küche und zauberten gemeinsam ein Mittagessen. Aber Ulerika kam nicht über den Anruf hinweg.

Um drei Uhr kam ich von der Bäckerei nach Hause. Ulerika hatte rote Augen.

«Habt ihr gegessen?»

«Ja, ja, alles in Ordnung», sagte mein Bruder.

«Was ist denn los? Stimmt was nicht?»

Ulerika drehte sich auf dem Absatz um und rannte in ihr Zimmer. Ich ging ihr nach und klopfte an die Tür. Als sie mich hereinließ, weinte sie. «Der Onkel will nicht, dass ich dir das erzähle.»

«Na, sag schon. Er wird nicht böse sein.»

«Ich kann nicht», flüsterte sie mit erstickter Stimme. «Der Papa ist so ein Idiot.» Und dann begann sie loszusprudeln: «Er will, dass der Onkel unser Haus verlässt. Dabei hat er ihm doch nie etwas getan.» Sie warf sich aufs Bett und schluchzte in ihr Kissen.

«Ich werde mit Papa sprechen.» Ich bat meinen Bruder zu bleiben. Er sah mich forschend an, dann nickte er.

Um fünf Uhr kam Adem. Rasch machte ich ihm das Abendessen. Als er sich das zweite Brot schmierte, schob ich ihm Schafskäse hin und fragte: «Adem, warum hasst du meinen liebsten Bruder?»

«Das ist doch nur ein Langhaariger. Das ist kein Umgang für meine Mädchen.» Ich schluckte.

«Und du? Wie siehst du aus, wenn du von der Baustelle kommst? Du wechselt ja nicht einmal die Kleidung.»

«Wir werden sehen, wie meine Kinder später sein werden.»

«Ja, wir werden sehen.»

«Ihr aus Krusha Mahde, ihr seid doch alle Huren und Rumtreiber», sagte er und stand auf. «So werden meine Kinder nicht werden. Das verspreche ich dir!» Offenbar spielte er darauf an, wie ich als Mädchen mit meinen Freundinnen ins Eiscafé oder ins Kino gegangen war. Ich räumte den Tisch ab, die Teller klirrten beim Stapeln lauter als sonst.

«Willst du sagen, dass auch unsere Töchter Huren sind? Auch sie gehen Eis essen oder ins Kino.» Am Spülbecken ließ ich Wasser über das Geschirr fließen, wütend warf ich die Essensreste in den Müll. «Du kannst die Mädchen gerne erziehen. Aber nicht mit

Schimpfen und Schlägen. Heute leben wir in anderen Zeiten als damals im Kosovo.»

Die Tür ging auf. Mein Bruder kam in die Küche: «Ich muss gehen und wollte mich verabschieden.» Unbeholfen stand er in der Mitte des Raumes, mir war zum Heulen. «Tschüss», sagte mein Mann mit dem Unterton leisen Triumphes.

Am nächsten Tag musste ich bei Annette putzen gehen. Immer noch aufgewühlt kam ich bei meiner Freundin an. Ich hatte die Gastwirtin aus dem Nachbardorf über meinen Mann kennen gelernt. Seine Firma hatte in ihrem Restaurant eine Heizung eingebaut. Adem hatte sie gefragt, ob sie Arbeit für mich habe. Schon beim Vorstellungsgespräch fanden wir einen Draht zueinander. Ich merkte gleich: So hatte sich Annette eine Albanerin mit vier Kindern nicht vorgestellt. Sie hatte wohl eine dicke Mama mit Kopftuch erwartet. Wir verstanden uns gleich. Von da an ging ich bei ihr putzen, auch wenn ich diese Arbeit neben dem Haushalt und den Kindern kaum schaffte.

Ich war also bei Annette putzen und weinte. «Was ist los, Hanife?», fragte sie besorgt. «Komm, leg jetzt mal den Lappen weg.» Sie war ungefähr fünfzehn Jahre älter als ich, und in diesem Augenblick tat mir ihre mütterliche Geste gut. Ich hielt inne, zog die Gummihandschuhe aus – und dann brach alles aus mir heraus: die Auseinandersetzung mit meinem Mann, der Dauerstreit in unserer Familie, seine Schläge. Es war das erste Mal, dass ich mich jemandem anvertraute.

Annettes Lächeln, das ich so an ihr mochte, war betroffenem Schweigen gewichen, immer wieder schüttelte sie den Kopf mit den kurzen, blonden Haaren. «Das kann so nicht weitergehen», sagte sie schließlich und stand auf. Sie brachte mir ein Glas Saft. «Du musst ihn verlassen, und ich werde dir helfen.» Bisher war ich nur in Krisenstimmungen davongelaufen, ohne Plan und ohne Ziel. Nun galt es, mit kühlem Kopf die Zukunft zu gestalten. Ich hatte Angst und scheute zunächst vor dieser letzten Konsequenz zurück. Doch sehr bald wurde mir klar, dass sie Recht hatte. Und aus meiner netten Chefin wurde eine tatkräftige Freundin.

Vielleicht waren es ihre Beziehungen zu den Dorfleuten, jedenfalls hatte sie kurz darauf eine Wohnung für mich gefunden. Sie lag gegenüber der Gaststätte, und Annette machte es möglich, dass ich ohne eigenes Geld einziehen konnte. Denn all mein Geld lag auf Adems Konto. «Das kannst du mir später bezahlen, wenn du flüssig bist», sagte sie. «Jetzt los, oder wie lange willst du die Streitereien noch mitmachen?» Langsam nickte ich, Angst, Stress und Aufbruchstimmung bemächtigten sich meiner. Ich hetzte nach Hause und raffte ein paar Sachen zusammen. Die Kinder waren nicht allzu überrascht, als ich ihnen sagte, wir gingen weg von zu Hause. Ich war schon öfter mit ihnen im Auto durch die Nacht gefahren oder hatte auf Parkplätzen übernachtet, wenn es unerträglich geworden war. Die Mädchen hatten, eingehüllt in Decken, auf den Rücksitzen geschlafen. Nie hatte ich mich getraut, irgendwo Zuflucht zu suchen, sondern war in der Morgendämmerung stets mit meinen Töchtern heimgekehrt.

Ab sofort würde alles anders werden. «Entweder jetzt oder nie. Was meint ihr?»

«Ja, lass uns gehen», sagte die dreizehnjährige Ulerika. «Der Papa wird uns nicht in Ruhe lassen.»

«Ich denke auch, dass es noch schlimmer wird, wenn ihr groß seid.»

So nahm ich meine Kinder, und wir verließen unser Heim.

Es war Freitag, als wir fortfuhren. Die Wohnung, in die uns Annette führte, hatte drei Zimmer. Aus ihrer Garage hatte sie uns Betten und Matratzen hineingestellt, für die Kinder kleine Bücherregale aufgestellt. Sie stiftete uns Besteck und Geschirr, ein Einbauschrank war da. Ich räumte das wenige, das wir mitnehmen konnten, in die Fächer.

«Ich schlafe hier in dem kleinen Zimmer», rief Vjosa.

«Und ich in dem anderen», freute sich Ulerika.

Den Kindern gefiel es.

Wir sollten nicht lange Ruhe haben. Abends bereits stand Adem vor der Tür. Als er nach Hause gekommen war und wir verschwunden waren, hatte er überall herumtelefoniert, bei meiner Schwester, unseren Bekannten, unseren Freunden. Er hatte sich ins Auto gesetzt und uns gesucht. Dann, bei Annette, sah er mein Auto. Vjosa öffnete ihm die Tür. Er hatte ein Messer in der Hand. Mit versteinertem Gesicht ging er an dem bleich gewordenen Mädchen vorbei die Treppe hinauf, sah mich, ging zum Schrank und begann, unsere Blusen und Hosen wieder in den Koffer zu packen. Er unterbrach sich, kam auf mich zu, zog mich an den Haaren nach hinten. Ich schrie und wehrte mich. Er zerrte mich die Treppe hinunter vors Haus. Immer noch hatte er sein Messer in der Hand, die Kinder weinten laut vor Entsetzen. Er wollte mich in sein Auto stoßen, doch ich stemmte mich mit Händen und Füßen gegen die Türrahmen. Ich kämpfte mit ihm um meine Freiheit, trat ihn und boxte ihm in die Rippen. Er schlug auf mich ein. «Ulerika!», rief ich, «Geh zu Annette! Sie muss die Polizei rufen!» Meine Tochter rannte in Panik über die Hauptstraße. Ein Golf bremste mit quietschenden Reifen, um sie nicht zu überfahren. Es gelang mir, mich loszureißen und ins Haus zu flüchten. Adem erwischte mich im kleinen Zimmer. Wir rangen miteinander. Ich schaffte es, davonzulaufen und ihn im kleinen Zimmer einzuschließen. Adem tobte und trat gegen die Tür. Wir standen zitternd und schlotternd davor, bis die Beamten kamen.

Die Polizisten versuchten, ihn zu beruhigen, und machten ihm klar, dass er nach Hause gehen solle. «Sie muss mit mir kommen. Sie ist meine Frau», bestand Adem auf dem, was er für sein Recht hielt. «Ich gehe nicht mit!», schrie ich. Er starrte mich an. «Du musst – und meine Kinder auch.» Ein Beamter drängte ihn ab. «Sie hören doch, Ihre Frau will hier bleiben. Gehen Sie jetzt.» Mit energischen Worten machten die Ordnungshüter klar: Wenn er uns nicht in Ruhe ließe, würde er verhaftet.

Die ganze Nacht stand mein Mann vor der Tür. Er klingelte und klopfte. «Lass mich rein!» Mal schrie er, mal versuchte er es mit guten Worten. Er wolle über alles reden. In meinen Schläfen hämmerte es. Von Minute zu Minute fühlte ich mich mehr unter Druck. Wenn ich aus dem Fenster sah, konnte ich beobachten, wie in der Nachbarschaft Lichter angingen und Köpfe an den Fenstern sichtbar wurden. Schließlich zog ich mir eine dünne Jacke über und ging im Dunkeln die Treppe hinunter. Mein Herz pochte laut, als ich sagte: «Wir können miteinander sprechen. Aber ich habe Angst. Wo ist dein Messer?» Zuerst war Schweigen. Dann hörte ich seine Stimme: «Ich habe kein Messer dabei. Hanife, komm, mach auf.»

Und so öffnete ich die Tür und sprach mit ihm. Er redete so lange auf mich ein, bis ich nachgab. Allerdings würde ich erst nach Hause kommen, wenn meine Familie dabei war. Sie sollte mich beschützen. Und sie sollte endlich sehen, wie es um unsere Ehe stand. Natürlich hatten sie schon einiges mitbekommen. Aber ich hatte immer abgewiegelt und war Fragen ausgewichen. Ich hatte mir nichts davon versprochen, ihnen reinen Wein einzuschenken. Aber jetzt sah ich ein: Ohne ihre Hilfe war ich verloren.

Mein Bruder kam am nächsten Tag, um mich und die Kinder abzuholen. Adem hatte bereits den Familienrat einberufen: Mein jüngster Bruder war aus Stuttgart gekommen, mein ältester aus dem Schwarzwald, ebenso wie Ruka und ihr Mann, der gleichzeitig Adems Bruder war. Adems ältester Bruder fehlte. Nach Familienstreitigkeiten war der Kontakt abgebrochen; wir hatten ihn und seine Familie schon lange nicht mehr gesehen.

Wir saßen bei Gebäck und Kaffee um den Tisch. Zum ersten Mal sprachen wir offen über die Probleme. Es war das Gespräch zwischen den Familien – eine Chance, die ich ihm geben musste. «Adem», bekamen wir zu hören, «wir kennen dich, du regst dich wegen jeder Kleinigkeit auf. Über das Kochen, das Essen, das Einkaufen ... Wir sagen dir jetzt: Wenn du Hanife ab sofort in Ruhe lässt, dann wird sie bei dir bleiben. Du weißt, sie muss auf uns hören. Wenn du sie aber wieder schlägst, dann darf sie mit den Kindern weggehen.» – «Ja, aber die Kinder gehören mir», wandte er ein. Mein ältester Bruder sagte: «Wir leben in Deutschland. Diese Frage müsst ihr notfalls vor Gericht klären. Da mischen wir uns nicht ein.» Adem schaute missmutig auf seine Fingerspitzen. Aber er schwor, die Kinder und mich in Ruhe zu lassen. Und er entschuldigte sich bei meinem jüngsten Bruder.

Der Friede hielt einige Monate. Dann begann sich die Lage wieder zuzuspitzen. Zwar ließ er mich jetzt in Ruhe, aber er schien ein Ventil zu brauchen. Dafür hatte er sich Ulerika ausgesucht, die mit ihren dreizehneinhalb Jahren in die Pubertät kam. Mein Mann begann, seine älteste Tochter misstrauisch zu beobachten. So auch auf dem Frühlingsfest in Wankheim. Die Vereine hatten Holzbänke auf der Straße aufgestellt, es wurden Bier und Wein getrunken. In den aufgestellten Zelten sangen die Dorfbewohner zu Akkordeon- und Blasmusik. Auch wir waren da. Plötzlich zog mein Mann die Stirn in Falten, sein Blick heftete sich auf einen Punkt hinter meinem Rücken. «Ich schlag das Mädchen tot», zischte er. Schnell drehte ich mich um und sah Ulerika, die an einer Wurstbude stand und sich mit anderen Jugendlichen unterhielt. Gleich wird er explodieren, dachte ich, dann sieht jeder, wie er ist. «Jetzt bleib ruhig», versuchte ich ihn zu beschwichtigen. Wortlos blieb er sitzen. Dann waren die Jungs und Mädchen samt Ulerika verschwunden. «Ich muss wissen, was die machen», sagte er und stand auf. Die sind bestimmt in die Gaststätte gegangen.» Mir wurde angst. «Ich will jetzt nach Hause», sagte ich und griff nach meiner Handtasche. Er stand auf – und vergaß sein Vorhaben. Denn just in diesem Augenblick schlenderten zwei albanische Bekannte vorbei. Sie kamen ins Reden und setzten sich. Ich dagegen ging in die Gaststätte, und tatsächlich war meine Tochter da. Ich zog sie beiseite und sagte leise: «Du musst heimkommen. Dein Vater ist sauer, weil du hier mit Jungs redest. Mach schnell, sonst schlägt er dich noch vor allen.» Sie nickte stumm. Niemand von den Wirtshausgästen hatte etwas bemerkt. Aber wir beide fühlten, dass sich in unserer Familie eine Stimmung zusammenbraute, die nichts Gutes verhieß.

Ungefähr zur gleichen Zeit sollte sich aber zuerst einmal Adems Traum vom eigenen Haus erfüllen. Schon als Asylbewerber hatte er Häuser besichtigt. Eines Tages sollte das Eigenheim die Krönung seines Fleißes sein. Mit dem Hauskauf wollte er Nachbarn, Kollegen und seiner Familie beweisen, was für ein fleißiger Mann er ist. Schaut her, wollte er eines Tages sagen können, so weit habe ich es in Deutschland gebracht, und das als Asylant! Gleichzeitig war es für ihn ein Zeichen, dass er in seiner neuen Heimat angekommen war. Er wollte auch ein Häuschen haben wie die Schwaben. Adem hatte einen guten Ruf, weil er so viel arbeitete. Man zollte ihm Respekt, folglich hat er oft und gern von seiner Arbeit gesprochen.

Ich glaube, er war unzufrieden mit sich selbst. Er merkte durchaus, dass er im Umgang mit seiner Familie und mit anderen oft unausstehlich war. Arbeiten – das war das Einzige, wofür er gelobt wurde. Jedes Mal, wenn Besuch da war, brachte er das Gespräch auf sein Lieblingsthema, ob es gerade passte oder nicht. Stolz erzählte er von seinen Baustellen oder wie und warum er 20 Mark Trinkgeld bekommen hatte. Arbeit und Geld, daher bezog er sein Selbstwertgefühl, so konnte er zeigen, wer er war. Jetzt, nachdem das Asyl genehmigt war, sah er sich seinem Ziel ganz nah. Und nun würde er es seinen beiden Brüdern, die bereits Häuser in Deutschland besaßen, gleichtun. Ich hatte manchmal versucht, ihm eine gelassenere Sicht der Dinge zu vermitteln. «Du», sagte ich, «sie sind doch schon fast dreißig Jahre in diesem Land. Wir brauchen nicht gleich nach zehn Jahren ein Haus zu kaufen.» – «Wir schaffen das», pflegte er dann zu sagen.

Nach unserer Tradition müssen Männer ihre Frauen nicht fragen, wenn sie ein Haus kaufen wollen. Aber wir haben den Kauf gemeinsam beschlossen. Wir brauchten für unsere sechsköpfige Familie mehr Platz, und in der Gegend um Tübingen und Reutlingen waren größere Mietwohnungen für uns unerschwinglich. Insofern kam mir sein Wunsch entgegen. Aber freuen konnte ich mich trotzdem nicht recht. Ich fürchtete, dann würde er uns noch knapper mit dem Geld halten. So kam es auch.

Im April 2000 rief der Immobilienmakler an. Die Kinder waren in der Schule, Raimonda besuchte inzwischen das Gymnasium. Er habe ein Objekt in Kusterdingen, sagte der Makler, wir könnten es besichtigen. Wir vereinbarten einen Termin.

Es war nicht das erste Gebäude, das wir uns anschauten. Diesmal war ich angenehm überrascht. Das dreistöckige Haus lag in der Ortsmitte des Nachbardorfes Kusterdingen. Der weiße, gut erhaltene Außenputz machte einen sauberen Eindruck, das dunkle Ziegeldach schien in Ordnung zu sein. Nebenan waren ein Bäcker und eine Bank, eine Bushaltestelle befand sich in der Nähe. Wir gingen die paar Stufen zur Wohnungstür hinauf. Der Makler schloss auf, und wir standen in einem freundlichen Treppenhaus mit hellbraunen Steinfliesen. Im Untergeschoss war ein Hobbykeller, im Erdgeschoss Räume, die wir vermieten konnten. Wir stiegen mit dem Makler in den ersten Stock. Die Wohnung hatte ein riesiges Wohnzimmer mit einer langen Fensterfront. Das hat mich gleich beeindruckt, genauso wie die große Küche. Adem beobachtete mich hoffnungsvoll. Würde mir das Haus mit den sechs Zimmern gefallen?

Es gefiel mir sehr. Doch war es klug, einen Kaufvertrag zu unterzeichnen? Wir würden uns noch mehr einschränken müssen, bei jedem Kleiderkauf dreimal überlegen. Bei jedem belegten Brötchen vom Bäcker würden meine Töchter ein schlechtes Gewissen haben. Und was, wenn einem von uns etwas passierte? Wenn einer von uns arbeitslos würde? Wenn wir uns gar scheiden ließen? Alle Beteiligten merkten, ich war unsicher, wenngleich sie auch nicht die Gesamtheit meiner Bedenken kannten. Der Berater von der Bank meinte, wir brauchten uns keine Sorgen zu machen. Über diverse Versicherungen seien wir abgesichert. Was tun?, dachte ich. So hoch, musste ich zugeben, schienen die monatlichen Raten von 1200 Mark nun auch wieder nicht. Wir hatten ja beschlossen, die Wohnung im Erdgeschoss zu vermieten.

Trotz aller Bedenken – ich sagte ja und unterschrieb den Kaufvertrag.

Adem war der glücklichste Mensch der Welt. Die nächsten Tage hing er pausenlos am Telefon, um alle seine Freunde, Bekannten und Verwandten zu informieren. Er war davon überzeugt, dass mit der Erfüllung seines Traumes auch seine Familie automatisch glücklich würde. Ich dagegen konnte zwei Wochen nicht schlafen. 470 000 Mark hatte das Haus gekostet. Wir mussten einen hohen Kredit aufnehmen. Jetzt hatten wir finanziell kaum noch Luft. Und unsere Möbel und die Kinderbetten waren alt. Was nutzte eine schöne Hülle, wenn innen alles marode war.

Wir waren noch nicht ins neue Heim umgezogen, da schaukelten sich die Diskussionen um die Ausgaben für Lebensmittel, Schulhefte und all die alltäglichen Dinge wieder hoch. Mein Kühlschrank war immer leer. In dieser Stimmung renovierten wir das neue Heim und zogen im Mai 2000 um. Ulerika, Raimonda und Vjosa bekamen im obersten, zweiten Stock ihre Zimmer, Blerina neben dem Wohnzimmer im ersten. Hier lagen auch die Küche, das Bad und das Schlafzimmer.

Kaum waren wir eingezogen, da richtete Adem im Hobbykeller einen Club ein. Es sollte ein Verein für kosovo-albanische Landsleute werden. Er schleppte Tische und Stühle heran und trieb sogar eine alte Registrierkasse auf. In einem kleinen Nebenraum standen Kühlschrank und Spüle mit Wasseranschluss. Er baute eine Theke und nagelte selbst gebastelte Kassettenregale an die Wand. Bald sammelten sich dort Bänder mit traditioneller Musik. Adem nannte den Club nach seinem Heimatdorf «Malsija e vogel», wie Radoste seit dem Kriegsende hieß. Und er hängte die schwarz-rote Fahne Albaniens an die Wand. Wir gingen zum Rathaus und ließen den Club auf meinen Namen eintragen. Allerdings begleitete ich die Aktion mit Skepsis. Meiner Meinung nach wollte mein Mann nur bedingt die albanische Kultur pflegen. In erster Linie hoffte er, mit dem Ausschank von Bier, Kaffee und Schnaps Geld zu verdienen. Immerhin – der Club ließ sich gut an. Ein weißer Zettel mit rotem Pfeil und der Aufschrift «Clubi» wies im Treppenhaus den ankommenden Gästen den Weg in den Hobbykeller. Bald kamen viele Landsleute. Auch ich war oft dort – um die meist männlichen Gäste zu bedienen.

Unter den Dorfbewohnern begegneten wir vielen netten Leuten. Sie fanden uns sympathisch und halfen uns gern. Ob Formularkram, Kinderkrankheiten oder ein paar Gebrauchtmöbel – es war immer Hilfe da, egal, was fehlte. Doch nicht alles lief gut, denn Ulerika blieb weiter im Visier ihres Vaters. Grund war der Dorfbrunnen, oder besser, was mein Mann dort vermutete. In der Nähe unseres Hauses befand sich ein Brunnen, an dem sich die Jugendlichen abends trafen. Adem verbot Ulerika, dort hinzugehen. Und so hing unsere Dreizehnjährige eben am Fenster und unterhielt sich mit den Jungs und Mädchen.

«Ich habe dir doch gesagt, dass du dich da fern halten sollst.» Ihr Vater zog sie nicht nur einmal vom Fenster weg.

«Ich bin ja gar nicht unten. Ich spreche doch nur vom Fenster aus.»

«Ich warne dich», drohte ihr Vater. «Und warum schmierst du dir dieses Zeug ins Gesicht? Schminkst du dich für die Männer?»

Sie hatte die Augen mit schwarzem Kajal betont. «Meine Freundinnen machen das auch.» Trotzig stand sie in ihrem Zimmer.

«Mach das weg!», befahl er und ging wütend hinaus.

Mein Mann hatte ein permanentes Misstrauen gegen unsere Älteste entwickelt. Er war sicher, Ulerika würde bald einen Freund haben. «In Deutschland ist zu viel Freiheit», sagte er. Er würde das nicht dulden. Wenn auf der Straße ein Auto hupte, rief er: «Das sind bestimmt die Jungs!», und rannte mit grimmigem Blick ans Fenster. Aber kein Wagen war zu sehen, es war eben eine Hauptstraße, wo viele durchfuhren.

Dass er ihr nichts vorwerfen konnte, besänftigte sein Misstrauen nicht. Im Gegenteil: Es schien seinen Argwohn noch anzustacheln. Ulerika bekam Ende der siebten Klasse heftige Probleme in der Schule. Er dachte wohl, es mussten «die Jungs» dahinter stecken. Tatsächlich litt sie unter den Attacken ihres Vaters.

Ulerika weinte und hatte eine dicke Beule an der Stirn. Sie saß in ihrem Zimmer auf dem Bett und hatte den Kassettenrecorder aufgedreht. Als ich von der Arbeit kam und sie sah, wurden meine Beine schwach. Ich setzte mich zu ihr und nahm sie in den Arm.

«Was ist denn passiert?» Sie putzte sich die Nase. Ihr Augen-Make-up war total verschmiert.

«Papa hat mich geschlagen.»

«Ja, was ist denn passiert um Gottes willen?», fragte ich und gab ihr noch ein Taschentuch.

«Ich saß auf der Kirchentreppe mit dem zwei Jahre älteren

Nachbarjungen. Du kennst ihn, es ist der, mit dem ich schon in den Kindergarten gegangen bin. Wir haben uns unterhalten. Papa kam von der Arbeit. Schon als er aus dem Auto stieg, habe ich gesehen, dass er total sauer war. Er hat mich am Handgelenk gepackt und gefragt: ‹Was machst du hier mit dem?› Bevor ich richtig antworten konnte», sagte sie und brach wieder in Tränen aus, «hat er mir ins Gesicht geschlagen. Ich habe mir den Kopf auf den Steinstufen angeschlagen.»

Wie konnte er nur so brutal sein? Ich war nicht da, und wieder hatte er die Kinder gequält. Wie sollte das weitergehen? Ich musste schließlich täglich arbeiten und konnte sie nicht schützen. Irgendwie mussten sich die beiden arrangieren. Also versuchte ich zu vermitteln: «Ulerika, vielleicht wollte er, dass du zu Hause bist und für die Schule lernst.»

«Ich war doch schon fertig mit den Hausaufgaben.» Sie wischte sich die Tränen ab. «Er denkt, ich sitze den ganzen Mittag draußen. Er fragt gar nicht. Er glaubt, ich würde mich nur vergnügen. Er ist so ungerecht.»

Ich verstand sehr gut, was sie meinte. So, wie er mir nichts glaubte, so misstraute er nun meiner Tochter.

«Ulerika, es ist am besten, du bist in Zukunft zu Hause, wenn er heimkommt. Sonst schlägt er dich womöglich wieder.» Sie nickte traurig. Ich schloss sie fest in meine Arme.

Wie inkonsequent er war, zeigte sich am selben Abend, als er Ulerika erlaubte, ins Jugendhaus zu gehen. «Gibt's da auch Jungs?», fragte mein Mann.

«Ja, die gibt es in Deutschland überall. Im Kindergarten, in der Schule, auf der Straße», antwortete ich entnervt.

Seine Augen wurden dunkel, aber er ließ sie gehen. «Ich kann dich sehen, Ulerika», gab er ihr mit auf den Weg. «Von unserem Haus aus kann ich das Jugendhaus sehen, die Jugendlichen, alles.» Immer wieder stand er an diesem Abend am Fenster und spähte in die Nacht.

Mein Mann kam mit seiner pubertierenden Tochter nicht mehr klar. Bisher war sie in der Schule ganz gut mitgekommen, aber nun litt sie zunehmend unter der gespannten Situation zu Hause, unter den dauernden Kontrollen meines Mannes, unter seinen Erziehungsversuchen. Es passte ihm nicht, dass sie ausging, es passte ihm nicht, wie sie sich anzog, es passte ihm nicht, dass sie Theater spielte. Sie sollte Mathe und Deutsch pauken. Auch ich war der Meinung, unsere Tochter solle sich in der Schule anstrengen. Aber für einen jungen Menschen gab es doch auch noch ein Leben nach der Arbeit. Adem wollte nichts davon wissen.

Wie er mir misstraute, so überwachte er nun Ulerika – ob in der Schule, bei der Theater-AG mit Vjosa oder abends. Nach der Arbeit ging er zur Schule und überprüfte, ob die Mädchen dort waren. Er rastete fast aus, als er seine Töchter einmal auf dem Schulhof mit Jungen reden sah. Die AG war zu Ende, und sie hatten sich noch unterhalten. Adem kontrollierte Ulerikas Zimmer und schaute sogar nachts nach, ob sie da war.

Aussprechen konnten sich die beiden nicht. Adem war ein schwieriger Charakter. Immer wieder hatte Ulerika um sein Vertrauen geworben. Seit dem Tag, als er sie auf der Kirchentreppe geschlagen hatte, war sie Punkt fünf Uhr zu Hause. Sie erinnerte ihn daran, dass sie ihre beste Freundin wegen ihm aufgegeben hatte. Das müsse ihm doch ein Beweis sein, dass sie ihn respektiere. Sie wünschte sich so sehr, dass er sie mochte wie seine anderen Kinder. Vergeblich.

«Du darfst das nicht persönlich nehmen», versuchte ich sie zu trösten. «Er ist so. Er hat auch kein Vertrauen zu mir.»

«Aber ich tu doch nichts Böses. Ich habe keinen Freund, ich rauche nicht, ich nehme keine Drogen, warum traut er mir nicht?»

Sie igelte sich zu Hause ein, saß in ihrem Zimmer, hörte Musik und träumte sich in eine andere Welt. Sie sang vor dem Spiegel, wollte Popstar werden.

In diesem Jahr nahm Adem die Einladung zum jährlichen Gespräch mit dem Klassenlehrer wahr. Mir war das recht. Endlich zeigte er mal Interesse. Am Abend kam Ulerika verstört nach Hause. «Er hat mich blamiert.» Sie warf ihre Schultasche in die Ecke. «Er hat zu meinem Klassenlehrer gesagt: ‹Ihr seid Scheißlehrer!›»

Ihr Gesicht war rot vor Scham und Zorn. «Er hat gesagt, ich würde nicht gut lernen, und hat gefragt, warum wir in dieser Schule Theater spielen dürften. Wir sollten lernen.» Wütend lief meine Tochter im Wohnzimmer auf und ab. «Er hat sich auch über das Schulschwimmen beschwert. Er wollte, dass Jungs und Mädchen getrennten Schwimmunterricht haben.» Sie lachte hysterisch. «Sogar dass die Mädchen- und Jungentoiletten auf dem Flur nebeneinander liegen, hat ihn gestört. Am liebsten», rief sie, «hätte er gehabt, dass sie zwei Kilometer auseinander liegen. Er hat mich blamiert. Jetzt weiß mein Klassenlehrer, wie mein Vater drauf ist. Bald wird es die ganze Schule wissen.»

Ulerika konnte das nicht vergessen. Vor ihren Mitschülerinnen und Mitschülern sah sie sich ohnehin bloßgestellt, weil er ständig in der Schule aufkreuzte, um sie zu kontrollieren. Vor den Lehrerinnen und Lehrern schämte sie sich nun wegen seiner Ansichten und Einstellungen. Sie, die beliebte Mitschülerin und begeisterte Theater-AG-Mitstreiterin, begann sich zurückzuziehen. Und da merkte ich, dass sie keine Lust mehr an der Schule hatte.

Immer öfter war sie tagsüber vor der Dorfbäckerei zu finden, wo sich Gleichaltrige trafen. Trotz meiner Mahnungen vernachlässigte sie ihre Hausaufgaben. Noch hatte Ulerika nicht geraucht, aber ich fürchtete, das würde auch bald folgen. Denn die Jugendlichen aus diesem Kreis rauchten bereits. Noch immer war sie punkt fünf Uhr zu Hause. Aber wenn ihr Vater nicht zu Hause war, hing sie abends am Fenster und unterhielt sich mit den Freundinnen und Freunden vom Dorfbrunnen. Ihre Haare waren inzwischen telekom-rosa. Ihr Vater hatte es erlaubt, wenn auch widerwillig.

Meine älteste Tochter entwickelte Geschmack in Sachen Mode. Oft tauschte sie mit ihren Freundinnen T-Shirts oder Blusen. Sie liebte modische weiße Jeans und Glitzer-T-Shirts. Gerne trug sie ihre roten Ohrringe und schminkte sich die Augen mit schwarzem Kajal. Adem hat es ihr nicht verboten. Er hat nur geschimpft – über die Welt, die Mode und die Menschen in Deutschland.

Ulerika versuchte, sich ein eigenes Leben einzurichten. Sie wollte einfach glücklich sein. Aber sie musste ohne Unterstützung ihres

Vaters auskommen. Und so kam es zum Ende des Schuljahres, wie es kommen musste: Ulerikas Lehrer rieten uns, sie die siebte Klasse freiwillig wiederholen zu lassen. Meine Tochter war traurig, aber einverstanden, und ich wusste: Es war nicht die Schule, die ihr zu schaffen machte, sondern es waren die Probleme zu Hause. Adem aber sagte zu ihr: «Du wirst nie wie Raimonda werden. Sie ist fleißig und geht aufs Gymnasium. Du dagegen wirst Putzfrau.»

Und von da an war für mein großes, kleines Mädchen klar: Dann werde ich eben eine, die dir nicht gefällt! Ja, sie wollte es ihm zeigen! Sie machte sich hübsch, färbte sich die Haare blond und lieh sich von ihren Freundinnen vor allem Kleidung, die ihrem Vater missfiel.

Schritte in die Freiheit

Ich gab meinen Job bei der Bäckerei auf und meldete mich endlich zu dem lange ersehnten Deutschkurs an. Nie war es bisher möglich gewesen, systematisch die Sprache des Landes zu erlernen, in dem ich lebe. Und ich war meine Unwissenheit leid. Hier ein paar Worte, dort ein paar Brocken, darin sah ich keine Zukunft. So wie meine Kinder wollte ich Deutsch sprechen können! Ein Jahr zuvor hatte ich schon einmal drei Stunden die Woche Deutsch gelernt. Doch nach drei Monaten war mir das Geld für den Unterricht ausgegangen. Mein Lohn war zu gering gewesen, um auch das noch zu bezahlen. Der albanische Verein hatte mir empfohlen, doch einmal beim Arbeitsamt zu fragen. Als anerkannte Asylbewerberin hätte ich einen Anspruch auf einen geförderten Kurs. Und so war ich im Winter zum Arbeitsamt gestiefelt und hatte den Antrag gestellt. Sechs Monate hatte ich nichts mehr von der Behörde gehört. Jetzt, im Hochsommer, war der Kurs genehmigt worden.

Ich hatte gar nicht mehr damit gerechnet. Der erste Sachbearbeiter hatte mir damals rundweg gesagt, es ginge nicht. Ein zweiter hatte mir dagegen geholfen, mein Anliegen in ein Antragsformular zu hieven. Kosovo-Albaner und Aussiedler aus der ehemaligen Sowjetunion dürften vom Amt geförderte Deutschkurse besuchen, erklärte er, Jugoslawen dagegen nicht. Nicht, dass ich verstanden hätte, warum die einen Deutsch lernen durften und die anderen nicht. Die Regeln beim Arbeitsamt waren kompliziert. Und offenbar verstanden die Sachbearbeiter selbst nicht immer, nach welchen Regeln da verwaltet werden sollte.

Jetzt ging ich seit Juli 2000 täglich in die Sprachenschule nach Tübingen. Für meine Kinder bezahlte das Arbeitsamt eine Betreuung während des Kurses. Ich war sehr glücklich, dass meine Freundin Beate diese Aufgabe übernehmen konnte. Sie kam mittags, kochte und spülte. Trotzdem fuhr ich manchmal in der Mittagspause nach Hause. Ich war es nicht gewohnt, meine Kinder so lange nicht zu sehen.

Der Unterricht dauerte von acht Uhr morgens bis drei Uhr mittags. Ich stand früh auf, brachte die Kinder zur Schule, und dann fuhr ich los, mit meinen Büchern und Aufgabenheften. In meiner Klasse waren vor allem Aussiedler aus der ehemaligen Sowjetunion. Viele der Frauen und Männer waren erst zwischen einem halben und zwei Jahren in Deutschland. Ich dagegen lebte nun schon über zehn Jahre hier und brachte deshalb die besten Vorkenntnisse mit. Oft konnte ich den Kursteilnehmern bei der Lösung von Aufgaben helfen. Vor allem die Umstellung vom kyrillischen Alphabet auf das lateinische machte ihnen anfangs zu schaffen. Mir ging es in diesem Punkt besser. Ich hatte das deutsche Abc bereits von meinen Kindern gelernt. Und es war «schlanker» als unseres, das 36 Buchstaben hat, darunter Schriftzeichen wie das ë oder das ç, ein stimmloses «tsch», welches das Deutsche nicht kennt.

Der Unterricht war anstrengend, aber er bereitete mir Spaß, und die Atmosphäre war gut. In der Pause kochten manche Männer sogar Kaffee für uns. In der letzten Stunde machten wir oft Spiele zur Entspannung. Welche Länder sprechen englisch? Manche schauten mich an. «Ich weiß nicht», lachte ich. Diesmal konnte ich nicht helfen.

Es tat mir in der Seele weh, dass Ulerika keine Freude mehr am Lernen hatte. Denn für mich war der Kurs wie ein Neuanfang. Wir lernten nicht nur neue Wörter, Grammatik, Satzbau und Konversation, sondern erfuhren auch viel über das Leben in Deutschland, über die Geographie des Landes, seine Politik und Bewohner. Ich fühlte mich jung wie mit achtzehn. Nun ging ich wieder zur Schule.

Ich dachte, vielleicht kann ich für Ulerika als Vorbild dienen, und hoffte, sie würde sich wieder fangen. Abends saßen wir alle zusammen und machten unsere Hausaufgaben. Wenn ich etwas nicht verstand, fragte ich meine Kinder. Die Mädchen fanden das gut, sie halfen mir gern. Adem fand uns lächerlich. «Schämst du dich nicht?», lästerte er oft. «Du bist eine alte Frau mit vier Kindern und gehst in die Schule.» Einmal entgegnete ich sauer: «Wer ist alt? Ich bin zweiunddreißig Jahre alt, aber manche schätzen mich auf fünfundzwanzig.» Ulerika musste lachen. «Das stimmt. Schau sie doch mal an. Sie sieht so jung aus, unsere Mami.»

«Ihr seid doch alle Huren», sagte Adem.

Es gefiel ihm nicht, dass ich deutsch lernte. Den ersten Kurs hatte er noch hingenommen, weil er nicht lange dauerte. Jetzt, beim zweiten Kurs, war ich ihm zu lange aus dem Haus. Er fürchtete wohl, ich könnte zu unabhängig werden. Und er quälte mich mit seiner grundlosen Eifersucht. Er unterstellte mir blind, ich wolle mit einem anderen Mann anbändeln. Ich durfte auf keinen Fall neben einem männlichem Kursteilnehmer sitzen. Manchmal kam er in der Schule vorbei, kontrollierte mich, wollte wissen, wo ich sitze und mit wem ich spreche. Im Deutschkurs hatte niemand einen blassen Schimmer von meinen Schwierigkeiten. Adem gab sich liberal und tat so, als habe *er* mich in den Kurs geschickt.

Adem selbst hatte wenig Zeit und Lust, deutsch zu lernen. Ihm reichte sein «Ausländerdeutsch», mit dem er sich mit Bekannten, seinem Chef und den oft ausländischen Kollegen verständigte. Wozu einen Abendkurs machen? Er wollte lieber mit Zweitjobs Geld verdienen.

Weil er kein Verständnis für meinen Sprachkurs aufbrachte, versuchte er, mich davon abzubringen. Aber er wusste, ich würde mich nicht mit Gewalt zurückhalten lassen. Ich hätte die Polizei gerufen. So griff er zu subtileren Mitteln: Er gab mir kein Geld mehr zum Tanken, so quasi als Entschädigung für den entgangenen Bäckerei-Arbeitslohn. Er rückte meine Fahrkostenerstattung vom Arbeitsamt, die auf sein Konto überwiesen wurde, nicht heraus. Auf eigene Faust Geld von Adems Konto abzuheben, wagte ich nicht. Das hätte großen Streit gegeben. Er war ein Patriarch.

Mir ging also das Benzin aus. In der Wohnung war kein Pfennig

Geld, er nahm jeden Groschen mit auf die Baustelle. Zuerst fuhr ich mit dem Bus. Dann, im Herbst, ging ich zum ersten Mal zu Fuß. Eine Stunde von Kusterdingen nach Tübingen über Wald- und Wiesenwege. Abends die ganze Strecke zurück. Zwar gab es immer wieder Zeiten, in denen der Tank meines kleinen Autos voll war oder ich die zwei Mark für den Bus bezahlen konnte. Doch an vielen Tagen musste ich laufen.

Adems Strategie blieb nicht ohne Wirkung. Ich bekam Probleme, pünktlich zum Kurs zu erscheinen. Beim zweiten Mal wurde die Lehrerin ungehalten: «Sie kommen mal eine Stunde, mal zwei Stunden zu spät. Das geht nicht. Wenn Sie sich nicht an unsere Unterrichtszeiten halten, müssen wir das dem Arbeitsamt mitteilen.»

Ich schämte mich bis auf die Knochen – und hatte Angst. Würde Adems Rechnung auf diese Weise aufgehen?

«Warum sagen Sie nichts?»

Ich merkte, wie mir die Tränen kamen. An den verblüfften Schülern vorbei stürzte ich aus dem Klassenzimmer. Die Lehrerin kam mir nach. Dann erzählte ich ihr alles.

Am nächsten Tag hatte ich wieder kein Benzin. Der Herbstwind blies welke Blätter durch die Straßen der Universitätsstadt, als ich mich nachmittags auf den Heimweg machte. Mit schwarzen Pumps, lilafarbenem Rock und einem schwarzen Blazer lief ich die Straße durch den Wald hinauf. Ich fragte mich, was wohl die Leute sagten, wenn sie mich hier gehen sahen. Die Frau des fleißigen Herrn Behluli läuft alleine durch den Wald. Was macht sie da?, würden sie tuscheln. Ich fürchtete um meinen Ruf. Mich packte der Zorn auf meinen Mann, der mir das zumutete. Ein Auto fuhr an mir vorbei – und wendete. Meine Wut auf Adem vermischte sich mit Angst. «Nimm dich zusammen», versuchte ich mich zu konzentrierten. Am Straßenrand entdeckte ich einen dicken Ast. Ich schwor mir: Wenn der mich anrührt, schlage ich ihm den Ast über den Schädel. Schlotternd vor Wut und Panik lief ich weiter und beobachtete das Auto aus den Augenwinkeln. Langsam kam es näher – und fuhr vorbei. Ich schluckte. Mein Hals war trocken. Ganz oben an der Lichtung bei der Obstbaumwiese fand ich einen Apfel. Völlig fertig setzte ich mich auf einen großen Stein, putzte die Frucht und aß sie. Meine Kräfte kehrten zurück. Nein! Trotz Fußmärschen, Angst und Erschöpfung: Ich werde nicht aufgeben. Ich werde den Kurs zu Ende machen. Auch wenn ich nie wissen würde, was mich abends zu Hause an Streit erwartet. Denn mein Mann gönnte mir meine Erfolge nicht. Nur meine Kinder freuten sich mit mir.

So war Adem. Auf ihn war kein Verlass. Zuerst war er einverstanden, dann nicht mehr. Zuerst ließ er mich zum Sprachkurs, dann versuchte er, mich davon abzubringen. So wie er Ulerika zuerst das Violine-Spielen erlaubt hatte, um ihr dann das Geld für die Musikstunden zu streichen. Ich schwor mir, den Kurs nicht abzubrechen.

Einmal kam Ulerika und drückte mir vier Mark für den Bus in die Hand. Sie hatte das Geld angeblich in ihrem Zimmer gefunden. Erst später erfuhr ich, dass die Kinder für mich zusammengelegt und auf ihr Vesper verzichtet hatten. An einem der folgenden Tage schwänzte ich den Kurs. Ich hatte einen Entschluss gefasst. Zielstrebig ging ich durch den Tübinger November. Ich zögerte kurz, als ich das Schild las. «Rainer Kurz, Rechtsanwalt». Mit entschlossenem Griff umfasste ich meine Handtasche, gab mir einen Ruck und betrat die Kanzlei.

Bald flatterte Adem ein Brief ins Haus. Der Jurist machte meinem Mann klar, dass er kein Geld an sich nehmen dürfe, das mir zustehe. Und er müsse mir Geld geben, damit ich für die Kinder einkaufen könne. Alternativ könne er auch selbst in den Supermarkt gehen. Von diesem Zeitpunkt an gab mir mein Mann 100 Mark Haushaltsgeld die Woche. Es hat für uns alle trotzdem nicht gereicht. Adem glaubte es nicht.

Im Januar 2001 feierte unser Deutschkurs das Abschlussfest mit Salaten, Brötchen, russischen Leckereien und Wodka. Alle tanzten, lachten und sangen, und ich wurde zum Tanz aufgefordert. Dieses nette Angebot brachte mich in Schwierigkeiten. Ich dachte an Adem, der jeden Augenblick zur Tür hereinkommen könnte. Er würde durchdrehen, wenn er mich tanzen sähe. Andererseits wollte ich nicht, dass die Aussiedler meinten, Frauen aus dem Kosovo könnten nicht tanzen. Also tat ich so, als hätte ich keine Lust. Aber die Männer und Frauen waren so fröhlich, dass ich mich schließlich mitreißen ließ. Und so schwang mich schließlich ein Ukrainer zu den Klängen eines Foxtrotts im Kreis. Bei jeder Drehung schaute ich ängstlich zur Tür, denn erst am Vorabend hatten wir wieder Streit gehabt. Zur Lehrerin sagte ich, wenn er käme, solle sie gleich die Polizei rufen. Er kam nicht.

Als ich das Zeugnis erhielt, stand dort «Belobigung».

«Was heißt denn das?», fragte ich.

Meine Lehrerin sagte: Sie waren die Beste in der Klasse.» Ich wurde rot.

«Sie müssen unbedingt eine Ausbildung machen, Frau Behluli. Sie werden es sonst bereuen», sagte meine Lehrerin. «Denken Sie daran, Sie haben im Kurs gelernt, Bewerbungen zu schreiben. Und Sie haben sich schon in drei Einrichtungen beworben. Außerdem», blickte sie mich aufmunternd an, «haben Sie bereits ein Vorstellungsgespräch gehabt.»

«Ja, schon», lächelte ich verlegen und zupfte an meinem Blazer herum.

«Sie müssen sich mehr zutrauen. Sie möchten doch gern in einem Alten- oder Pflegeheim arbeiten, oder?»

«Mit vier Kindern ist das nicht einfach.»

«Sie schaffen das», sagte sie bestimmt und klappte mit einem Lächeln ihr Ringbuch zu.

Würde ich eine Ausbildung schaffen? Seit dem Tag unseres Familienrates hatte mich mein Mann kaum noch geschlagen. Aber er drangsalierte mich. Ich beschloss, nicht mehr in Adems Club zu bedienen, denn mein Mann war immer eifersüchtig, wenn ich mich mit den Gästen unterhielt. Vielleicht ließ sich so eine Konfliktquelle beseitigen. Es kamen ohnehin immer weniger Besucher. Adem war mit etlichen in Streit geraten und hatte sie rausgeworfen. Anderen Landsleuten war sein schwieriger Charakter zu anstrengend geworden.

Ich wartete sehnsüchtig auf Antwort auf meine Bewerbungen.

Gleichzeitig überlegte ich, ob ich tagsüber meine Kinder mit einer Tagesmutter allein lassen konnte. Eigentlich sprach nichts dagegen. Sie kamen mit Beate gut zurecht, und mein Mann kam erst gegen 17 Uhr. Trotzdem stellte ich in letzter Zeit besorgt fest, dass die Kinder zunehmend Adems Blitzableiter wurden. Am heftigsten traf es Ulerika und Vjosa. Was sie auch machten, es war nicht recht. Die vier Mädchen reagierten unterschiedlich. Raimonda und Blerina brachen schnell in Tränen aus, wenn Adem schimpfte. Ulerika regte sich furchtbar auf. Vjosa wurde bockig. Meine zweitjüngste Tochter bekam am meisten Schläge. Einmal verdrosch er sie mit dem Besen, weil die Mädchen auf den in Radständern aufgebockten Rädern herumschaukelten. Als ich vom Einkaufen kam, fand ich Vjosa mit blau geschlagenen Lippen und einer dicken Beule am Hinterkopf vor. Ich konnte sie nur stumm in meinem Arm halten. Ich wünschte meinem Mann den Tod, so sehr hasste ich ihn in diesem Augenblick. Auch meine Freundinnen fürchteten sich vor Adem. Beate hatte er schon am Kragen gepackt und geschüttelt. «Was willst du hier?», hatte er sie angezischt, als er heimgekommen war. Es passte ihm nicht, dass meine deutsche Freundin seine Kinder beaufsichtigte. Ich hatte mich zutiefst geschämt für sein Benehmen. Doch er hatte sich wieder beruhigt, und ich hatte sogar unsere Auseinandersetzung wegen meiner Bewerbung zu meinen Gunsten entschieden. Wir haben diskutiert und gestritten, und ich habe gekämpft. Mir war endgültig klar geworden, dass ich nicht mehr zum Putzen geschickt werden wollte.

Eine Woche später bekam ich eine Zusage! Ich konnte als Praktikantin in einem evangelischen Seniorenheim anfangen, das in der Nähe unseres Hauses lag. Ich war glücklich. Ich würde sogar öfter zu Hause vorbeischauen können. Und wenn mein Mann um 17 Uhr kam, würde ich zu Hause sein.

Mitte Januar 2001 trat ich das Praktikum im Altenheim an und legte mich kräftig ins Zeug. Offenbar machte ich meine Sache gut, denn nach rund sieben Monaten konnte ich mit der berufsbegleitenden Ausbildung beginnen. Mittwochs und donnerstags besuchte ich den theoretischen Unterricht in einer Tübinger Schule, die anderen

Tage arbeitete ich im Heim. Auch wenn Adem mich schon mal ins Zimmer einsperrte, damit ich nicht zur Arbeit konnte – ich ging meinen Weg. Wieder saßen meine Töchter und ich gemeinsam über unseren Hausaufgaben. Die lateinischen Begriffe aus der Medizin machten mir zu schaffen. Aber mir gefiel die Arbeit. Jedoch: Es war der totale Stress. Haushalt, Schule, Arbeit, vier Kinder – und immer der Streit zu Hause. Gott sei Dank hatte ich eine Kinderbetreuung.

Adem saß im Wohnzimmer und rauchte. Im Fernsehen lief eine Talkshow. Nein, er war ganz bestimmt nicht stolz auf mich. Missmutig schaute er in die Kiste.

«Was hast du dagegen?», fragte ich ihn. «Ich möchte leben wie die anderen. Nun habe ich die einmalige Chance bekommen, eine Ausbildung zu machen. Warum soll ich sie nicht nutzen? Außerdem arbeite ich ja nur 60 Prozent.»

«Du kannst arbeiten gehen», sagte er. «Da habe ich nichts dagegen.»

«Und ich verdiene 1300 Mark netto.»

«Altenpflege, das ist doch nichts.» Er nahm sich eine Zigarette und warf die Schachtel ärgerlich auf den Tisch.

«Ich will aber keine Hilfsjobs mehr machen, ich will nicht mehr putzen gehen. Ich wünsche mir eine Arbeit, die mir gefällt.»

«Ich weiß genau, wie's in den Heimen zugeht. Ich habe dort schon Heizungen eingebaut. Dort arbeiten Frauen zusammen mit Männern.»

Es war nicht zu fassen. Genervt stand ich auf und holte mir einen Apfel in der Küche. Als ich zurückkam, setzte ich mich und unternahm einen neuen Versuch. «Es ist aber interessant, mit Menschen zu arbeiten. Du kannst deine eigene Persönlichkeit besser kennen lernen und erfahren, wer du bist. Ich bin froh, dass ich dort arbeiten kann. Wenn ein alter Mensch stirbt, bin ich dabei, und er oder sie ist nicht alleine. Und ich kann Kranken und Schwachen helfen. Das ist für mich ein ganz besonderer Beruf.»

Er drückte die Zigarette aus. «Ich gehe in den Club.» Er stand auf und ließ mich allein.

Im Seniorenheim pflegte ich inzwischen Schwerkranke. Ich übte gerade mit meiner Anleiterin, Spritzen zu setzen, und zitterte noch vor Angst, etwas falsch zu machen. Meine Hände waren jedes Mal nass geschwitzt. Ich musste Geduld haben. Das würde ich auch bald schaffen. Und so maß ich den Blutzucker und den Blutdruck. Ich half, die alten Leute morgens zu waschen, unterstützte das Personal bei der Essensausgabe. Nebenher lernte ich ein paar neue schwäbische Ausdrücke. «Au, des dud wai!», rief eines Tages eine alte Dame, die ich vorsichtig in ihrem Bett aufrichtete. Ich schaute sie erschrocken an. «Mein Kreuz, junge Frau», sagte sie und lächelte jetzt wieder. «Das tut WEH.»

Ich merkte bald, dass ich gut ankam. Doch ich dachte tagsüber oft an abends, wenn ich nach Hause musste. Kaum trat ich durch die Haustür, fragte Adem: «Mit wem hast du heute zusammengearbeitet?» Er studierte regelmäßig den großen Wandkalender, den ich aufgehängt hatte, damit er zu jeder Stunde wusste, wo ich war. «Was heißt F1, S2, G1?», wollte er wissen. «So trage ich meine Dienste ein», erklärte ich. «F1 ist der Frühdienst, S2 der Spätdienst, G1 der Dienst am Nachmittag.»

Er kam und prüfte meine Angaben persönlich nach. So tauchte er eines Nachmittags im Seniorenheim auf. Wir hatten gerade Pause, und ich trank Kaffee mit einem jungen, gut aussehenden Kollegen. Mein Mann kam in den Pausenraum, und ohne guten Tag zu sagen, fragte er sofort auf Albanisch: «Wer ist der?»

Ich zuckte zusammen, denn ich wusste, was er dachte. «Er arbeitet hier», antwortete ich ihm und versuchte, ihm zu verstehen zu geben, er solle nicht so unhöflich sein. Er ignorierte meine Bitte. «Wo ist dein Dienstplan? Ich möchte schauen, ob es stimmt, wie du deine Schichten zu Hause einträgst.»

«Dort neben dem Fenster hängt er», antwortete ich gepresst. Mein Kollege stellte seine Tasse auf die Spüle und verabschiedete sich. Adem ging hin und überprüfte meine Schichtpläne. «Was ist das hier? Das stimmt nicht.»

«Manchmal ändern sich unsere Arbeitszeiten kurzfristig. An diesem Tag bin ich für meine kranke Kollegin eingesprungen.»

«Scheißarbeit!», fluchte er auf Albanisch. «Wenn ich merke, dass du dich mit Männern einlässt, dann kannst du was erleben!» Er warf mir einen grimmigen Blick zu und ging.

Mein junger Kollege kam wieder. «Was war denn? Er sah sauer aus.»

«Nein, nein», log ich. «Er wollte nur wissen, wann ich am Freitag Dienst habe.»

Das Ganze war mir sehr peinlich, und ich war froh, dass er nicht weiterfragte.

Adem kam oft, und diese Eifersucht zermürbte mich. Vor allem störte es ihn, wenn ich nach Tübingen in die Schule ging, denn dort konnte er mich nicht überwachen. Immer gab es Zoff, wenn ich meine Arbeit verteidigte. Immer.

Die anspruchsvolle Ausbildung, die Verantwortung für die Kinder und die alten Menschen, die Hetze und der Dauerstreit – nach einem Jahr gab ich auf. Jeden Abend war Krach gewesen, und meine Kinder litten. Sie hörten von ihren Eltern nur Streit. Ich beschloss: Wenn ich meinen Mann verlassen habe, werde ich die Ausbildung nachholen. Ich kenne mich und weiß, ich werde es schaffen.

Ich arbeitete weiter in derselben Einrichtung als Pflegehelferin, und er kontrollierte mich weiter. Mein Verdienst von 1300 Mark blieb gleich, und ich konnte wenigstens dafür sorgen, dass die Mädchen hatten, was sie brauchten. Von Adem bekam ich kaum Geld. Und so verfiel ich auf die Idee, unsere Lohnsteuerklassen ändern zu lassen. Dann wäre mein Nettogehalt deutlich höher gewesen. Er lehnte ab, denn dann hätte ja er höhere Abzüge. Das Thema war vom Tisch, und so blieb ich auf meinem mickrigen Netto sitzen, so wie viele Ehefrauen, die weniger als ihre Männer verdienen. Und ich musste darben, so wie viele Frauen, deren Ehemänner nicht teilen wollen. Und ich bin sicher, davon gibt es viele.

Zum 15. Geburtstag schenkte ich meiner ältesten Tochter ein Nabel-Piercing. Sie hatte die siebte Klasse geschafft und war jetzt in der achten. Ich war froh, dass sie sich wieder gefangen hatte. Aber sie machte auch «Dummheiten» – wie viele Gleichaltrige. So hatte sich Ulerika etwa Perlen in den Bauchnabel geklebt. Damit ich nicht mehr fürchten musste, dass sie dazu Sekundenkleber benutzte, erfüllte ich ihr diesen Wunsch. Ja, sie war die Erste in der Klasse, die ein Nabel-Piercing hatte. Und mir selbst gefiel der Schmuck. Hätte es Piercings zu meiner Zeit gegeben, hätte ich es vielleicht auch machen lassen. Mein Mann bemerkte nichts, denn Ulerika trug bauchfreie T-Shirts nur selten, etwa zu Konzerten oder Partys. Irgendwann, dachte ich, wird er ihren Körperschmuck sicher akzeptieren. So, wie er ihre gefärbten Haare duldete, und so, wie er mir erlaubte, zwei Ohrlöcher in jedem Ohr zu haben. «Aber keine drei», hatte er verlangt. Ich wusste, ihm war vor allem wichtig, dass seine Frau oder seine Tochter nicht aus der Rolle fiel.

Meine Tochter – sie war groß geworden. Mit ihren blonden, seidigen Haaren sah sie schon aus wie eine junge Dame. Sie erträumte sich eine rosige Zukunft, und vor dem Spiegel sang sie Lieder von Mariah Carey. Noch immer bewunderte ich ihr Talent. Als sie mir erzählte, sie bereite sich auf ein Pop-Star-Casting vor, zögerte ich nicht lange: Ich erklärte mich bereit, sie zum Casting nach München zu fahren.

Ulerika übte täglich. Eine Woche vor dem großen Tag kam ich aus dem Altenheim nach Hause, setzte mich auf die Treppe und hörte ihr lange zu. Ich war stolz. So stolz.

Dann kam der große Tag, an dem wir uns in die bayerische Landeshauptstadt aufmachten. Ulerika hatte sich hübsch gemacht. Sie trug ihre blaue Lieblingsjeans und ein beigefarbenes, ärmelloses T-Shirt, unter dem ein bisschen ihr Bauchnabel hervorlugte. Wir brausten über die Autobahn, und meine Tochter war ziemlich aufgedreht. Unruhig rutschte sie auf dem Beifahrersitz herum und strich sich alle fünf Minuten die blonden, langen Haare zurück. Als wir endlich das Hotel gefunden hatten, sagte sie: «Ich bin stolz, eine solche Mama zu haben.»

Wir stiegen aus und gingen langsam auf das Hotel zu, in dem das Casting stattfand. Die Spannung klirrte leise wie das frei baumelnde Ende ihres Gürtels aus silbernen Metallringen, den sie um

*Ulerika mit fünfzehn: Sie tanzte gern
und wollte Sängerin werden.*

die Hüfte geschlungen hatte. Dann blieb sie stehen: «Willst du mich nachher singen hören?»

«Nein, ich warte vor der Tür. Sonst wirst du noch nervös.»

«Aber du hast mich doch noch nie gehört», sagte sie fast enttäuscht.

«Doch», entgegnete ich.

«Was, wann?» Sie wurde rot. Ich sagte es ihr.

«O mein Gott ...», hielt sie sich die Hand vor den Mund und kicherte.

Wir gingen die Stufen hinauf. Oben warteten schon Scharen von Teenagern, es roch nach Haarspray, Parfüm und Angst. Alle trugen ein Namensschild. Wir gingen vorbei an den abschätzenden Blicken der Konkurrenz und füllten das Teilnahme-Formular aus. Ulerika wurde von Minute zu Minute nervöser und ballte ihre Hände zu Fäusten, ohne es zu merken. Dann ging die Tür auf. Sie wurde hereingerufen.

Ich wartete zwei Stunden zwischen tuschelnden Müttern, müden Freundinnen und sich cool gebenden Szenegängern. Dann kam sie. Ich hätte sie mir strahlender gewünscht. Rasch eilte ich zu ihr. «Wie ist es gelaufen, sag?»

«Sie werden mir Bescheid geben.» Ihre Stimme hatte einen resignierten Unterton.

«Bist du nicht zufrieden?»

«Die Lieder von Mariah Carey sind bei der Jury nicht im Trend.»

Wir trotteten stumm Richtung Hotelausgang, das Stimmengewirr wurde leiser. Ulerika versuchte, ihre Enttäuschung zu verwinden: «Es stört mich nicht, wenn ich nicht gewinne.»

Ich zog sie vorsichtig an mich. «Schau, es ist ein Anfang. Ich habe es geschafft, dich hierher zu fahren, auch wenn es deinem Vater nicht gefällt. Aber ich möchte, dass du weiterkommst. Vielleicht akzeptiert er es ja eines Tages.»

«Ja, du hast Recht. Es ist ein Anfang. Und ich fange jetzt an.» Wir gingen zum Auto und fuhren zurück nach Tübingen. Sie war so tapfer und so traurig.

«Wenn es hier in München nicht geklappt hat, dann fahre ich dich nächstes Mal nach Berlin und überallhin …»

«Das würdest du tun??» Sie staunte mich an.

«Ja, Kleine.»

«Vielleicht gewinne ich ja irgendwann.» Sie strahlte. Leichter Nieselregen setzte ein.

Als wir nach Hause kamen, gab es keinen Ärger mehr. Adem und ich, wir mieden uns zunehmend und redeten nur noch das Nötigste. Außerdem, dachte ich trotzig beim Einschlafen, musste er Schlagerstars ja auch mögen. Schließlich hörte er gern seine albanischen Kassetten. Ich schloss die Augen. In meiner ältesten Tochter sah ich mich selbst als Mädchen. Alles, was ich nicht hatte, das sollte Ulerika bekommen. Sie sollte es besser haben als ich. Alle meine unerfüllten Träume sollte sie sich erfüllen können. Ich wollte als Mädchen Harmonika lernen. Es ging nicht, weil meine Eltern die Stunden nicht bezahlen konnten. Ulerika sollte das nicht passieren. Später durfte ich dann das Qifteli, eine Art Mandoline, spielen lernen. Ich schrieb Gedichte, Ulerika Lieder. Ihr Talent sollte gefördert werden. Sie war so jung und sollte ihre Chancen nutzen.

Ich konnte meine Tochter gut verstehen. Auch ich liebte die Musik und hörte Popsongs. Zudem besuchte ich albanische Folklore-Veranstaltungen. Ich war auch selbst aktiv und moderierte Veranstaltungen, manchmal trug ich Gedichte vor. Die Pflege unserer Kultur im Ausland war mir ein Anliegen. Obwohl solche Aktivitäten meinem Mann hätten gefallen können, wurde eine dieser Veranstaltungen im März zum Anlass eines Familienstreites, der Adem und Ulerika noch weiter entfremden sollte. Es war ein Jahr vor ihrem Tod.

Das Folklorefest sollte im Schwarzwald stattfinden, wo meine Schwester Ruka wohnte. Meine Töchter und ich wollten hin, und wir hatten uns am Freitagabend bereits die Kleider herausgelegt und die Schuhe anprobiert, die wir am nächsten Tag tragen wollten. Ein schönes Frühlingswochenende hätte anbrechen können. Wäre Adem nicht dagegen gewesen, dass wir fahren.

Am Samstagmorgen klingelte das Telefon. Mein Mann und ich sprangen aus den Betten und rannten los. Adem war als Erster am Apparat.

«Halt die Klappe, du Hure», schrie er ins Telefon und warf den Hörer auf die Gabel.

Mir wurde übel. Ich schnappte mein Handy, ging in eines der Kinderzimmer und wählte die Nummer meiner Schwester. Es klingelte. Nervös ging ich im Schlafanzug auf und ab und beobachtete die Tür. Nach dem dritten Rufzeichen meldete sie sich.

«Ruka, hast du gerade angerufen?»

«Ja. Was hat er denn?»

«Was weiß ich. Er ist eben wie immer. Es tut mir so Leid.» Ich setzte mich aufs Bett.

«Jetzt mach dir keine Gedanken. Was meinst du, kannst du unter diesen Umständen denn heute Abend kommen? Ich möchte dich nicht in Schwierigkeiten bringen.»

«Ja, wir kommen. Falls es etwas später wird, kommen wir direkt zum Fest. Du weißt ja, wie es mit der Pünktlichkeit aussieht, wenn fünf Frauen sich für eine Veranstaltung schön machen.» Wir lachten leise.

«Ich muss Schluss machen, tschüss», flüsterte ich schnell, denn Adem kam herein. Er griff nach meinem Handy und wollte es mir wegnehmen.

«Lass das. Das ist mein Telefon, und ich bezahle die Rechnung.» Ich stand auf und drückte mich an ihm vorbei auf den Flur. Er kam mir nach. «Wir werden sehen, ob ihr fahrt.» Er packte mich am Arm, riss mich herum und fuhr mir an den Hals. «Wir werden sehen», zischte er gefährlich leise.

Es gelang mir, mich loszureißen. Schnell ging ich in die Küche. Zitternd schüttete ich Pulver in den Filter der Kaffeemaschine und ließ Wasser in die Glaskanne laufen. Etwas schwappte über.

«Wir werden hier kein Telefon mehr haben», hörte ich ihn im Flur fluchen. Er riss das Kabel aus der Wand.

«Stören wir dich, wenn wir telefonieren?», fragte ich ihn erregt.

«Soll die dumme Hure doch allein ins Konzert gehen. Warum ruft sie an?»

«Ich kenne den Termin des Konzerts schon seit ein paar Tagen, wir gehen!» Mit einer heftigen Bewegung öffnete ich den Küchenschrank und holte Geschirr heraus. Ich stellte die Kaffeemaschine an. Er riss mich herum. Eine Tasse fiel klirrend zu Boden. Seine Finger krallten sich in meine Schultern. Er drängte mich in eine Ecke und schüttelte mich. «Du gehst nicht, sag ich dir!»

«Lass mich.» Tränen stiegen in meine Augen.

«Du gehst nicht!»

Ich konnte mich nicht mehr rühren. Er sah den Wischmob. Ich versuchte verzweifelt, mich aus seinem eisernen Griff zu befreien. Er griff nach dem Mob und drängte mich mit Macht an die Wand. Er presste den Metallstiel gegen meinen Hals und drückte. Ich sah seine stier blickenden Augen. Mit seinem ganzen Gewicht stemmte er sich gegen mich. Ich versuchte mich zu wehren. Meine linke Hand war hinter meinem Rücken eingeklemmt. Er presste. Hartes Metall quetschte meinen Kehlkopf. Ich wand mich verzweifelt, zerrte meine Hand hinter dem Rücken hervor. Langsam ging ich in die Knie. Mit letzter Kraft trat ich ihn zwischen die Beine. Er schrie auf, der Besenstiel fiel zu Boden.

Ich hetzte ins Wohnzimmer, wollte per Handy die Polizei rufen. Er kam mir nach und schlug mir das Gerät aus der Hand. Schreiend lief ich zurück, quer durch den Flur, Richtung Wohnungstür, Hilfe holen. Er war schneller und versperrte mir den Weg. Er trieb mich mit Schlägen ins Schlafzimmer. Er stieß mich in den Rücken, ich stürzte aufs Bett. Das an der Wand lehnende Bügelbrett fiel auf meinen Kopf. Er setzte sich auf mich, schlug mit Fäusten auf mich ein. Mit jedem Hieb sah ich weiße Blitze. Blut lief mir aus der Nase. Ich wehrte mich, zerriss sein Unterhemd und seine goldene Halskette. Rasend vor Wut würgte er mich.

«Papa!» Ulerika schrie laut und verzweifelt, als sie durch die Tür stürmte. «Lass sie in Ruhe! Bitte!» Sie trommelte auf seinen Rücken und versuchte ihn wegzuziehen. Er nahm sie kaum wahr, war wie von Sinnen. Sie lief zur Tür hinaus. Mit einem Nudelholz kam sie zurück. Sie ließ es auf seinen Nacken sausen. Er heulte auf, sah sie mit wutverzerrtem Gesicht an.

Ich flüchtete ins Wohnzimmer. Am Telefon im Flur versuchten meine Töchter, Hilfe zu rufen. Aber die Leitung war tot. Ulerika rannte in ihr Zimmer. Dann klingelte es. Es war die Polizei. Vielleicht hatten die Nachbarn sie gerufen. Oder war es Ulerika? Von oben herunter schrie sie: «Sag, Abi! Wie lange willst du noch mit diesem Mann leben? Sag?» Sie tobte vor Verzweiflung. Ich stand da, im Schlafanzug, und heulte wie ein kleines Kind.

Mit den Beamten kehrte langsam Ruhe ein. Sie sorgten dafür, dass mein Mann das Haus verließ. Er würde noch arbeiten gehen, versprach er. Ein Polizist wandte seinen Blick zu mir: «Und Sie?»

«Wir wollten zu meiner Schwester in den Schwarzwald.»

«Sie werden also nicht da sein?»

«Nein.»

«Gut, dann gehen wir jetzt. Wir möchten Ihnen, Herr Behluli, noch einmal nahe legen, sich friedlich zu verhalten.» Die Beamten verließen uns, Adem nahm seine Jacke vom Garderobenhaken, die Tür fiel ins Schloss. Ich rannte ins Bad und übergab mich.

Ich musste tief durchatmen. Noch immer stand der Kaffee, den ich gebrüht hatte, auf der Maschine. Ich goss mir eine Tasse ein. Auf dem Boden lag der Besenstiel, mit dem er mich gewürgt hatte. Er war verbogen. Die Kinder standen im Türrahmen, sie drängten sich aneinander. Ich wusste nicht, was tun. Abwesend schob ich die Kaffeetasse weg. Sollten wir fahren? In dieser aufgewühlten Stimmung war mir nicht nach Folklore. Aber hier herumzusitzen, bis Adem wiederkam, war auch keine Lösung. Ich musste mit jemandem reden. Also zog ich mich an und rief meine Freundin Nina an. Als sie hörte, was passiert war, kam sie sofort vorbei. Ich erzählte ihr alles; sie tröstete uns und riet uns zu fahren.

Wir hörten Schritte auf dem Flur. Entsetzt starrte ich zur Tür. Adem kam zurück. Nina griff sofort nach ihrem Handy und wählte die Nummer der Polizei. «Was willst du hier in meinem Haus?», herrschte er sie an. Mit zornesrotem Gesicht ging er drohend auf sie zu. «Fass mich ruhig an», schrie sie zurück. «Schlag mich. Dann bringe ich dich ins Gefängnis, und Hanni hat Ruhe vor dir.»

«Verschwinde aus meinem Haus!» Er bebte vor Wut.

«Das ist auch Hannis Haus!»

Sie brüllten sich an wie die Irren, die Kinder weinten. Irgendwie gelang es Nina, die Polizei zu rufen. Zehn Minuten später waren die Beamten wieder da. Sie waren sauer. «Was tun Sie hier? Sie wollten doch die Wohnung verlassen», herrschte einer Adem an.

«Ich wollte nur Baumaterial holen», gab Adem vor und verzog sich in den Raum, wo er das Material lagerte.

«Und Sie?», wandte er sich genervt an mich. «Sie wollten doch zu Verwandten fahren?»

«Ja, aber wir können erst gehen, wenn wir fertig sind.»

Nina griff ein: «Meine Freundin und die Kinder, wir wollten gerade gehen.» Sie nahm unsere Taschen, stopfte sie in ihr Auto und fuhr mit uns zu sich nach Hause. Sie machte uns ein paar Pfannen voll Spiegeleier mit Schinken. Wir merkten, wie hungrig wir waren. Nachdem wir uns gestärkt hatten, versuchte ich, meine verschwollenen Augen mit Make-up wegzuschminken. Es gelang so leidlich. Dann fuhr ich mit meinen Kindern in den Schwarzwald.

Was täte ich nur ohne meine Freundinnen? Die fünf Jahre ältere Nina hatte ich in meiner Ausbildung kennen gelernt. Die temperamentvolle Peruanerin mit den langen, schwarzen Haaren war meine Praxis-Anleiterin gewesen. Es war nicht einfach, mich mit ihr zu treffen. Abends traute ich mich nicht aus dem Haus, weil ich die Kinder mit Adem nicht alleine lassen wollte. Also trafen wir uns manchmal zum Frühstücken in ihrer Wohnung. Und da war noch Susy von den Philippinen. Sie ist so alt wie ich und arbeitet auch als Altenpflegerin. Manchmal, wenn meine Kinder noch in der Schule waren, aßen wir zusammen zu Mittag. Hatten wir Zeit, verabredeten wir uns zu dritt in Reutlingen zum Morgenkaffee. Meist aber sahen wir uns im Altenheim.

Es gab nur wenig Gelegenheit, sich mit den Freundinnen eine Auszeit zu nehmen. Aber ach, wie schön waren diese Stunden. Ich erinnere mich noch genau an einen meiner schönsten Tage, als wir mit dem Auto einen Tagesausflug an den Bodensee machten. Eine Albanerin, eine Peruanerin und eine Filipina. Ich fühlte mich wie ein junges Mädchen. Das Wasser glitzerte in der Sonne, wir saßen im See-Restaurant und vertilgten Fische. Eifrige Kellner umschwärmten uns und sorgten dafür, dass es uns an nichts fehlte. Als wir mit der Fähre über den See tuckerten, flirtete Nina mit dem Kellner, und wir hatten viel zu lachen. Auf dem Heimweg gab es noch so viel zu reden, dass ich zu schnell fuhr und prompt geblitzt wurde.

Ja, wenn meine Freundinnen nicht wären, Beate, Nina, Susy und Annette, die mich mit ihrer Fröhlichkeit aufmunterten, die mich mit ihren lieben Worten trösteten, die mir mit Rat und Tat zur Seite standen, ich hätte mein Leben nicht durchgehalten.

Adem mochte sie allesamt nicht. Einmal, als wir an Ninas Geburtstag im Garten saßen, Steaks grillten und Ninas selbst gemixte Caipirinhas schlürften, sah ich ihn mit seinem Kombi langsam am Gartenzaun vorbeifahren. Ja, dachte ich damals, es sind auch Männer auf der Party. So ist es in Deutschland eben üblich.

Für ihn waren Partys ein unnötiges, ja sittenloses Treiben. Nein, er war nicht eingeladen. Aber selbst wenn, er wäre nicht gekommen. Er ging nur zu Hochzeiten, Beerdigungen oder Geburten – so kannte er es aus der Tradition in seinem Dorf. «Geburtstagsfeiern und Partys, das gibt es doch nur in Deutschland», sagte er abfällig. Er wollte, dass seine Frau und seine Kinder sich gefälligst zurückhielten. Für ihn war es auch überflüssig und obendrein sittenlos, wenn ich mit Beate ab und zu zum Joggen oder ins Fitnessstudio ging. Er dachte, ich wollte mich nackt im Solarium räkeln.

Der Montag nach Adems Gewaltexzess war der Tag, an dem ich zur Polizei gehen wollte. Ich zögerte immer noch. Vielleicht, dachte ich, gehe ich erst mal zum Hausarzt und lasse mir für die Verletzungen ein Attest geben. Unter der Dusche kamen mir wieder Zweifel. Wenn ich meine blauen Flecken betrachtete, schämte ich mich. Er war quasi ein Arbeitskollege, der zur Visite zu uns ins Altenheim kam. Und würde mir die Polizei glauben? Das warme Wasser rann über meinen schmerzenden Nacken. Mir war schwindelig, ich hatte Kopfschmerzen. Eine innere Stimme sagte mir: Jetzt geh schon. Wenn das so weitergeht, wird er dich eines Tages umbringen. Und dann erinnerte ich mich an Ulerikas Worte: Wie lange willst du noch mit diesem Mann leben? Ich drehte entschlossen den Wasserhahn ab, zog mich an und verließ die Wohnung. Mein Kopf dröhnte.

Ich ging zuerst zum Arzt und dann zur Polizei. Der Beamte wirkte ratlos, gab Sätze wie «Ja, was ist denn da zu tun?», «Ich weiß nicht» von sich und war – kurz gesagt – ziemlich überfordert.

«Das ist eine Anzeige», sagte ich. Wie sollte ich es denn noch formulieren? «Aber ich kann auch gehen.»

«Nein, nein, warten Sie. Ich rufe einen Kollegen an.» Er telefonierte, ich wartete. Als er auflegte, erklärte er mir, mein Mann könne nach dem neuen Gewaltschutzgesetz – auch «Platzverweis» genannt – für drei Wochen aus der Wohnung gewiesen werden. In der Zeit solle der Ehemann über seine Taten nachsinnen. Wenn er seine Brutalitäten bereue und Besserung verspreche, könne er wieder in die Ehewohnung einziehen. Ich solle doch mal überlegen, ob das eine Lösung wäre. Nachdenklich machte ich mich auf den Heimweg. Ja, das klang vernünftig. Noch eine Nacht wollte ich darüber schlafen, dann würde ich mich entscheiden. Ich war sehr froh, dass man mir helfen würde.

Kaum war ich durch die Wohnungstür, klingelte das Telefon. Ein Sachbearbeiter der Gemeinde war am Apparat und wollte sich mit mir «in Ruhe» unterhalten. Er kannte uns als «nette Familie» aus der Zeit, als wir im Rathaus wohnten. Das ein paar Tage später anberaumte Gespräch war unerfreulich. Der Sachbearbeiter fragte mich, ob mein Mann denn wirklich so schlimm sei und ob ich es nicht nochmal mit ihm versuchen wolle. Ich hatte das Gefühl, er glaubte mir nicht. «Ich rede nochmal mit ihm», sagte ich schließlich und machte mich resigniert auf den Heimweg.

Also versuchte ich es noch einmal. Vergeblich. Die Stimmung zu Hause war zu schlecht. Adem war wütend, weil ich zur Polizei gegangen war. Ich hielt es nicht mehr aus und ging zu meinem Anwalt. Am 19. März 2002, ein Jahr vor Ulerikas Ermordung, beantragte ich die Scheidung. Ich stellte einen Antrag auf Wegweisung meines gewalttätigen Mannes nach dem Gewaltschutzgesetz.

Anfang April war die Verhandlung meines Antrags vor dem Amtsgericht. Ich berichtete, was geschehen war. Adem leugnete: «Ich habe sie nicht geschlagen. Ich weiß nicht, woher sie die Blutergüsse am Auge hat. Warum hat sie nicht gleich Anzeige erstattet? Sie ist erst am Montag zur Wache gegangen.»

Der Richter hakte nach: «Frau Behluli, könnte es sein, dass Sie sich die Verletzungen woanders zugezogen haben?»

Ich bemühte mich, sachlich zu bleiben. «Den Beamten habe ich bereits gesagt, ich würde die Anzeige erst am Montag machen. Sie haben es bestimmt ins Protokoll aufgenommen. Auch meine Verletzungen müssen sie bezeugen können. Ich selbst war völlig durcheinander und wollte erst einmal zur Ruhe kommen.»

Der Richter betrachtete mein Attest. «Das ist nachvollziehbar. Wir möchten aber noch Ihre Tochter zu den Vorfällen hören.»

Eigentlich wollten mein Anwalt und ich nicht, dass Ulerika als Zeugin aussagen musste. Schließlich war sie erst fünfzehn Jahre alt. Doch mein Mann blieb bei seiner Linie. «Meine Frau hat mich geschlagen und mein Hemd zerrissen», klagte er. In einer Tüte hatte Adem extra sein zerrissenes Unterhemd mitgebracht, zudem einen alten Schlafanzug, der an beiden Knien durchgescheuert war. Der Richter wirkte genervt. Ich sagte: «Das mit dem Unterhemd ist wahr. Ich habe es zerrissen, weil ich mich gewehrt habe. Ebenso habe ich seine Kette zerrissen. Aber die Schlafanzugshose lag schon lange vor dem Streit in unserem Altkleidersack.» Der Richter nickte und schien mir zu glauben. Jedenfalls sah er sich die Kleidung nicht an.

Ulerika wurde aufgerufen. Sie war leichenblass, und ich wusste, sie hatte Angst vor dieser Aussage. Beim Frühstück hatte sie keinen Bissen essen können. Gegen den eigenen Vater vor Gericht zeugen zu müssen, das war für ein fünfzehnjähriges Mädchen ein dicker Brocken. Aber obwohl sie elend aussah, trat sie mit festem Schritt vor den Richter. Zuerst mit zaghafter und leiser Stimme, dann immer deutlicher erzählte sie dem Gericht, was sie gesehen hatte, wie der Vater ihre Mutter mit Fäusten traktiert und wie sie selbst versucht hatte, ihn zu stoppen. Ich hätte sie am liebsten tröstend in die Arme genommen, mein tapferes Kind. Sie hatte zu mir gesagt: ‹Wie lange müssen wir noch leiden? Ich muss die Wahrheit sagen. Es ist genug.› In den bohrenden Blicken, mit denen mein Mann seine älteste Tochter fixierte, sah ich, dass er sich verraten fühlte. Er merkte, sie hielt zu mir und war meine Stütze.

Nach Ulerikas Aussage fällte der Richter folgende Entscheidung: Wir lebten von diesem Tag an in Trennung, meine Kinder und ich durften in unserem Haus bleiben. Und mein Mann hätte eigentlich ausziehen müssen.

Ja, und dann bin ich Adem entgegengekommen. Mein Mann gab zu bedenken, unser Geld sei knapp, die Raten für das Haus seien hoch. Der Richter schaute uns an. Adem versprach hoch und heilig, uns in Ruhe zu lassen und nicht mehr zu schlagen. Und so stimmte ich zu, mein Mann könne weiter bei uns im Haus wohnen.

Heute weiß ich, es war ein Fehler. Doch damals schien mir, ich hätte das Wichtigste erreicht. Er kapierte, wie ernst es mir war, seine Schläge und Übergriffe gegen uns nicht mehr zu dulden. Er hatte gesehen, das Gesetz gab mir Möglichkeiten, mich zu wehren. Ich wollte Ruhe, einfach nur Ruhe und Frieden.

Das Gericht legte fest, wer welche Räume nutzen durfte. Mein Mann bekam unser Schlafzimmer im ersten Stock, seine Clubräume im Keller und die dortige Küche. Die Kinder behielten ihre Zimmer, ich schlief von da an bei Blerina. Zusammen nutzten wir alle das Bad und das WC. Das Wohnzimmer und die Küche nutzte ich mit den Kindern gemeinsam.

Für unser Zusammenleben galten klare Regeln. Früher war Adem ohne anzuklopfen in die Kinderzimmer gegangen. Das hatte vor allem Ulerika gestört. Einmal hatte sie nur halb bekleidet neben dem Schrank gestanden, als er hereinkam. Wollte mein Mann jetzt zu den Kindern, sollte er vorher anklopfen. Zudem durfte er die

Kinderzimmer nicht in Abwesenheit seiner Töchter kontrollieren. Keine Einwände hatten die Kinder, wenn er mit ihnen im Wohnzimmer saß und sich mit ihnen unterhielt. Auch ich war damit einverstanden, denn er war ja ihr Vater. Meist aber hielt er sich in seinen Clubräumen auf. Ab und zu kamen Albaner, meist war er allein und schaute fern.

Bald, nachdem wir ein Wochenende in der Schweiz bei Verwandten verbracht hatten, durchsuchte Adem meinen Schrank. Auch in Ulerikas Zimmer hatte er sich umgeschaut. Keiner unserer Räume war abgeschlossen gewesen. Was er suchte, war uns nicht klar. Vielleicht wusste er es selbst nicht. Vielleicht suchte er nur, um zu suchen. Er war misstrauisch und eifersüchtig und wollte vielleicht etwas finden, was seinem Argwohn Nahrung gab. Aber auch wenn mir niemand Liebesbriefe schrieb, glauben würde er mir nie.

Das Klima zwischen Adem und Ulerika wurde immer giftiger. Er beschimpfte sie häufiger als früher. Er schien sie zu hassen, weil sie gegen ihn ausgesagt hatte. Wir gingen zum Jugendamt, und die Mitarbeiterin fragte Ulerika, ob sie in ein Heim wolle. Doch Ulerika lehnte es ab, uns mit ihm allein zu lassen. Ihr Vater werde sich schon noch ändern, meinte sie. Wir führten öfter Gespräche, die Beraterin kam auch zu uns nach Hause. Immer schaute ich dabei heimlich zur Uhr. Wenn Adem jetzt kommt, gibt es bestimmt wieder Streit, dachte ich. Er nannte uns immer unfähig, weil wir solche Hilfe brauchten.

Ulerika versuchte, ihrem Vater aus dem Weg zu gehen. Sie war oft mit Freundinnen unterwegs, übernachtete immer wieder außer Haus. Was sie auch tat, er missbilligte es. Trug sie schicke Kleidung und färbte sie sich die Haare, er mochte es nicht. Ging sie mit Gleichaltrigen in die Disco, er nannte sie «Hure». Ihre Schwestern bewunderten Ulerika. Nein, meine Älteste wollte sich nicht für ihren Vater verändern, wegen seiner überholten Vorstellungen, die es schon in meiner Jugend nicht mehr gegeben hatte. Auch ich hatte kurze Röcke getragen und war ins Kino gegangen. Moral ist keine Frage von Äußerlichkeiten, Moral ist eine Sache des Herzens. Doch mein Mann verstand das nicht. Wieder sackten Ulerikas Schulnoten in den Keller. Sie war in der achten Klasse, und ihre Versetzung war erneut gefährdet.

Was sollte ich tun? Wenn ich ihn ganz verlassen würde, hätte meine Tochter endlich Ruhe vor ihm. Und ich würde nicht mehr durch seine Eifersucht blamiert. Die Leute tratschten, weil er mir immerzu nachspionierte. Die Albaner hatten sich schon damals den Mund zerrissen, als er einen Mann aus dem Club geworfen hatte, weil er mir angeblich schöne Augen gemacht hatte. Und wie die Menschen oft sind: Die Männer im Club dachten, vielleicht ist ja doch was dran an Adems Gedankengängen.

Ich begann, mich nach einer Wohnung umzusehen. Obwohl die evangelische Kirchengemeinde mich dabei unterstützte, fanden wir nichts. Wenn die Vermieter hörten, dass bei ihnen eine allein stehende Frau mit vier Kindern einziehen wollte, legten die meisten schon auf. Die anderen suchten spätestens nach Ausreden, wenn sie nach meinem Verdienst als Altenpflegerin fragten und hörten, mein Geld würde reichen, weil wir sicher noch Sozialhilfe bekommen würden. Ach, wie oft habe ich gehört, es gäbe noch sehr, sehr viele Interessenten.

Eine Liebe in Deutschland

Wir lebten also weiter unter einem Dach. Es wurde Juli, August, die Sommerferien begannen, und Ulerika verbrachte ihren Sommerurlaub 2002 bei meiner Schwester Ruka im Schwarzwald. Ich war froh, dass sie den Spannungen zu Hause entkommen und dort schöne Tage verbringen konnte. Es war ein warmer Septemberabend, als ich nach dem Sonntagsdienst mit dem Auto in den Schwarzwald fuhr, um Ulerika abzuholen. Die Ferien waren zu Ende, am Montag würde die Schule beginnen. Mit einem Kofferraum voller Gepäck machten wir uns auf die Heimfahrt nach Tübingen, ich war hundemüde. Ulerika war wortkarg und trug nicht gerade dazu bei, meine Müdigkeit zu vertreiben. Abwesend schaute meine Tochter aus dem Fenster. Was hat sie?, fragte ich mich. Aber ich beschloss, sie erst mal in Ruhe zu lassen, und schaltete das Radio an.

Spät am Abend kamen wir nach Hause. Ich half Ulerika, die Taschen nach oben zu tragen, und wollte gleich schlafen gehen. Adem saß noch im Wohnzimmer. Ich ging ins Bad. Es klopfte, vor der Tür stand Ulerika. «Abi, ich muss mit dir reden.» Sie biss auf ihren Fingernägeln herum und kicherte nervös. «Hast du morgen Abend Zeit?» Nein, wie eine, die mir gleich von einer Katastrophe berichten würde, sah sie nicht aus. Aber es musste sie schwer beschäftigen, denn sie zappelte von einem Bein aufs andere und hatte ganz rote Ohren. Ach, Tochter, dachte ich, ich bin doch deine Freundin. Nach außen hin aber antwortete ich ihr als ernste und würdevolle Mutter mit Zahnpastaschaum im Mund: «Wenn du willst, kannst du es mir ruhig gleich sagen. Ich putze mir nur noch die Zähne.»

«Wie sollen wir denn reden? Er», flüsterte sie, «ist doch da.»

«Wir machen einfach die Tür zu.»

Sie kiekste vor Aufregung: «Ich muss nochmal schnell nach oben.» Weg war sie. Ich spülte mir den Mund aus und trocknete mein Gesicht ab. Eine Minute später war sie wieder da. Unter ihrem Pulli versteckte sie etwas. Ich wurde neugierig.

Sie atmete zweimal tief durch. «Ich, also ...», rote Flecken brannten auf ihren Wangen. «Abi, ich muss dir etwas sagen.»

«Ja, was denn?» Ich versuchte Ruhe auszustrahlen.

«Nun, also ich habe einen Freund.» Sie schaute mir schnell ins Gesicht und dann zu Boden, machte einen achtlosen Schritt zur Seite, stieß ein Nagellackfläschchen um und stellte es fahrig wieder an seinen Platz auf der Badablage. «Was sagst du?»

Ja, was sollte ich antworten? Sie war jetzt fast sechzehn Jahre alt, ich hatte schon öfter überlegt, ob es wohl bald so weit sein würde. Nun war es geschehen. «Ist es der Roma, der in dich verliebt ist und dir immer SMS schreibt?»

Sie brach in hektisches Lachen aus. «Nein, der ist es nicht.»

«Na, wer ist es denn dann?»

«Du kennst ihn. Du hast dich schon mal mit ihm unterhalten.»

«Wo denn?»

«In der Stadt, wo Ruka wohnt. Auf einem Folklorekonzert.»

«Auf welchem Folklorekonzert denn?»

«Letztes Jahr. Im November. Weißt du noch?»

Ich erinnerte mich an das Konzert. Aber ich hatte mit vielen Leuten gesprochen.

«Du hast sogar mit ihm getanzt.» Ich konnte mich an den Tanz erinnern, nicht aber an einen Jüngling. Musste ich diesem Mädchen alles aus der Nase ziehen? «Willst du mir etwas mehr von ihm erzählen?»

«Er heißt Mirsad.» Ihre rechte Hand, die sie unter dem Pulli verbarg, bewegte sich.

«Aha. Und weiter?»

«Mirsad Zenuni.» Ich konnte mich an keinen Mirsad Zenuni erinnern.

«Er wohnt auch in der Stadt, wo Ruka wohnt.»

«Da hast du ihn kennen gelernt?»

«Ja. Oh, er ist so süß. Er hat dunkle Haare. Und so schöne Augen. Ich kann mit ihm über alles reden.»

«Sag mal, wie lange seid ihr denn befreundet?»

Sie druckste herum. «Sechs Monate.»

«Was?! Seit März schon?»

Schnell fügte sie hinzu: «Aber wir sehen uns nicht sehr oft.»

Jetzt war ich doch besorgt – und sauer. Wer weiß, was schon alles passiert war. Aber jetzt war nicht der richtige Augenblick, danach zu fragen. Sie berichtete weiter. «Weißt du. An dem Abend, als Papa dich geschlagen hat, damals, als die Polizei kam und wir anschließend zum Folklorekonzert fahren mussten, da habe ich ihn auch wieder getroffen. Mir war so zum Heulen.» Für einen Moment nahm ihr Gesicht einen bitteren Ausdruck an. «Weißt du, ich habe ihm nicht viel erzählt, denn ich habe mich geschämt. Aber er sah, dass es mir schlecht ging. Er hat mich aufgemuntert und zum Lachen gebracht.» Ihre Miene hellte sich auf. « Ich habe mich einfach zu ihm hingezogen gefühlt. Er war so lieb und so verständnisvoll. Seit diesem Tag sind wir befreundet. Wir telefonieren viel, weil wir uns nicht oft sehen können. Es tut mir Leid, dass ich es dir so spät erzähle. Raimonda und Vjosa haben gesagt, ich soll es dir sagen. Wir könnten dir doch vertrauen. Aber bisher habe ich mich nicht getraut.»

Mein Ärger war verflogen. Sie konnte ja nichts dafür, dass es in ihrer Familie keinen Frieden gab. Und ich musste fair bleiben. «Wahrscheinlich», sagte ich, «hätte ich meiner Mutter auch nicht gleich die Wahrheit erzählt.»

Sie schaute betreten zu Boden. «Ich habe das nicht böse gemeint.»

«Ist schon gut. Jetzt hast du es mir ja erzählt.»

Sie saß inzwischen auf dem Rand der Badewanne. «Willst du sehen, wie er aussieht?» Ihre rechte Hand, die sie noch immer unter ihrem Pulli verborgen hielt, kam jetzt blitzschnell hervorgeschnellt und hielt mir ein Foto hin. Kichern. Ein Bub von ungefähr vierzehn Jahren blickte mir entgegen. «Na, was meinst du?»

«Er sieht sympathisch aus», sagte ich zu ihr und dachte im Stillen: Er ist aber sehr klein.

Ulerika freute sich riesig. Vorsichtig fragte ich: «Wie alt ist er denn?»

«Das Foto ist schon älter. Ich habe kein anderes. Er ist ein Jahr älter als ich.»

Meine Tochter war groß geworden. Was soll man sagen? Ich traute mich noch nicht zu fragen, wie ernst es ihr mit der Beziehung war. Sie hatte mich gerade erst in ihr Geheimnis eingeweiht, ich wollte mit meinen Fragen noch warten. Stattdessen setzte ich mich zu ihr auf den Badewannenrand und sagte: «Ulerika, du weißt, dein Vater ist sehr streng. Ich mache mir Sorgen, wenn du einen Freund hast. Aber wir werden sehen. Heute sind andere Zeiten als damals, als deine Eltern jung waren.» Inständig hoffte ich, Adem würde das auch so sehen können. «Eins aber möchte ich betonen: Du darfst nicht mal mit dem einen Jungen, mal mit dem anderen gehen. Du sollst nicht arrogant sein. Du musst solche Dinge ernst nehmen.»

«Ich nehme sie sehr ernst.» Sie machte eine Pause und sah mich an. «Mirsad ist Albaner. Wie sein Vater. Aber seine Mutter ist Bosnierin. Ist das für dich ein Problem?»

«Nein. Wieso?»

«Nun ja, vielleicht wollen wir heiraten.»

Ich schaute sie überrascht an. «Du bist noch zu jung zum Heiraten. Da werdet ihr noch warten müssen», sagte ich. «Zu früh heiraten, das ist nichts. Schau mich an.»

«Na ja, ich meinte ja nicht sofort. Aber wenigstens verloben wollen wir uns.»

«Wir werden sehen. Was deine Frage angeht: Weil Bosnier auch Muslime sind, können Albaner und Bosnier meiner Meinung nach problemlos heiraten. Sie haben dieselbe Religion.»

«Aber ich bin keine Muslima. Ich bin wie meine Schwestern ohne Konfession.»

«Das ist auch kein Hindernis», erklärte ich. «Aber mit deinem Papa werden wir Probleme haben. Männer, die seinen Vorstellungen entsprechen, werden wir hier nicht finden.»

Ulerika war blass geworden. «Was stellt er sich denn für Männer vor?»

Ich erklärte ihr, dass ihrem Vater als Schwiegersöhne vermutlich Landsleute aus dem Kosovo vorschwebten. Männer, die dachten und arbeiteten wie er. Am liebsten hätte er wahrscheinlich einen Albaner gehabt, der in Deutschland mit einem weißen Plis herumläuft. «Vielleicht wird er sich auch auf die alte Tradition berufen, wonach albanische Mädchen nur albanische Männer heiraten.»

Ulerikas Blick verfinsterte sich.

«Aber», ergänzte ich, «wir leben heute in modernen Zeiten. Heute beachten nur noch wenige die alten, strengen Gesetze. Schau dich im albanischen Verein um. Dort gibt es viele Mischehen.»

Jemand drückte die Klinke der verschlossenen Tür. Ulerika fuhr zusammen.

«Was macht ihr so lange im Bad?» Es war Adem.

«Lass uns», sagte ich, «das ist Frauensache.»

Plötzlich ging die Tür auf. Er hatte das Drehschloss mit einem Löffel geöffnet. «Ich will auch mithören.»

Ulerika wurde rot. Ich schob meine Tochter hinaus. «Du kannst jetzt ins Bad», sagte ich zu ihm. Hinter mir schloss ich die Tür.

«Wenn er das mitbekommt», flüsterte mir meine Tochter ins Ohr, «bringt er mich um.» Schnell huschte sie in ihr Zimmer.

Auch ich ging zu Bett. Vor dem Einschlafen musste ich daran denken, dass Adem vor unserer Heirat in eine Bosnierin verliebt gewesen war und sie heiraten wollte. Den Segen des Brautvaters hatte er bereits gehabt. Doch sein eigener Vater hatte die Beziehung verboten. Lag es daran, dass der bosnische Brautvater serbisch sprach? Wer weiß, vielleicht würde Adem sich erinnern und seiner Tochter erlauben, was ihm verwehrt worden war. Vielleicht würde er es ihr aber auch verbieten nach dem Motto: Was ich aus Gründen der Tradition nicht durfte, soll dir auch nicht gestattet sein.

Mein Mädchen hatte ihre große Liebe gefunden – einen Mann, der ihr zuhörte und sie ernst zu nehmen schien. Ich gönnte es ihr von Herzen. Solch eine Liebe, wie ich sie selbst nie gefunden hatte, konnte ihr Halt, Selbstachtung und Wärme geben. Gerade jetzt, wo ihre Zukunft auf schwankendem Boden stand. Ulerika hatte die Hauptschule wegen ihrer schlechten Leistungen ohne Abschluss verlassen. Seit dem neuen Schuljahr besuchte sie ein Berufsvorbereitungsjahr (BVJ) in Tübingen. Ich hoffte, es würde ihr gelingen, sich erfolgreich auf die Hauptschulprüfung und eine Ausbildung vorzubereiten. Was ihre Treffen mit Mirsad anging, bestand ich ab jetzt auf bedingungsloser Offenheit. Es hatte mich doch verletzt, von ihr zu erfahren, dass sie mich sechs Monate belogen hatte, um ihn zu sehen. Mal hatte sie behauptet, sie wollte nach Stuttgart zu ihrer Freundin fahren. Ich hatte ihr Fahrgeld gegeben, und sie hatte Mirsad ohne mein Wissen im Haus seiner Eltern besucht. Als sich die beiden zwei-, dreimal in Reutlingen trafen, war mir weisgemacht worden, Ulerika sei mit Raimonda und ihren Freundinnen unterwegs.

Sie wird erwachsen, dachte ich. Mir war ja klar gewesen, dass sie mir nicht alles erzählte. Manchmal, wenn ich an Ulerikas Zimmer geklopft hatte und die eifrig redenden und kichernden Freundinnen meiner Tochter abrupt verstummt waren, wenn Raimonda und Ulerika höflich fragten, was ich wollte, wusste ich sofort: Ich störe. Ich lächelte in mich hinein und nahm mir vor, die kleinen Geheimnisse der Mädchen zu respektieren. Früher war ich auch so gewesen. Ich wusste genau, wo Ulerika ihr Tagebuch aufbewahrte. Nie wäre es mir in den Sinn gekommen, darin zu lesen. Aber nun war ich doch überrascht. So lange hatte sie gebraucht, bis sie sich mir anvertraute? Vielleicht hatte ich sie falsch erzogen. Immer hatte ich sie ermahnt, keine Heimlichkeiten vor der Familie zu haben. Ich hatte ihr auch eingeschärft, nicht mit allen möglichen Jungs zu flirten, sondern einen zum Heiraten zu finden. Das war ein Stück Kosovo, ein Stück albanische Kultur. Ja. Das tut mir heute Leid. Rukas Tochter Susanne berichtete mir, Ulerika habe befürchtet, ich würde verlangen, Mirsad zu verlassen. Mit jedem Monat, den sie mit ihm zusammen war, wurde ihre Angst größer. Hatten wir uns in dieser Zeit entfremdet? Dabei wollte ich ihr doch Mutter und Freundin zugleich sein. Gerade jetzt, wo sie erwachsen wurde, gerade jetzt, wo sie in das Alter kam, in dem meine Träume jäh geendet hatten. Ich wollte um ihr Glück kämpfen.

Meinen Mann einzuweihen, wagte ich nicht. Erstens hätte ich meine Tochter nie verraten, zweitens glaubte ich nicht, dass er Ulerika verstehen würde. Im Gegenteil. Seit sie das Berufsvorbereitungsjahr machte, hatte er nur Spott und Verachtung für sie übrig. Er höhnte, sie sei dumm, sie würde Putzfrau werden und besuche eine Schule, in die nur «Behinderte» gingen.

«Papa, in der Schule nehmen wir alle Drogen», antwortete sie eines Tages boshaft, als wir im Wohnzimmer saßen. «Und du hast mich dorthin geschickt.»

Er funkelte sie böse an. «Das habe ich nur getan, damit du dort lernen sollst.»

«Ich kann nicht lernen, wenn du mich nicht in Ruhe lässt!» Sie sprang vom Sessel auf. «Dauernd schimpfst du mit mir und schnüffelst hinter mir her. Früher hast du die ‹Abi› verfolgt, jetzt, wo du sie in Ruhe lassen musst, verfolgst du mich.»

Ich erhob mich schnell, doch bevor ich sie wegziehen konnte, hob sie ihr T-Shirt und zeigte ihm ihr Nabel-Piercing. «Schau, so bin ich jetzt. Und bald werde ich eine Punkerin!» Sie war ganz außer sich vor Wut: «Nur, dass du es nicht vergisst – du machst mich kaputt!»

«Du bist eine dreckige Hure!», schnellte er aus seinem Sessel. «Ein Flittchen!»

Sie drehte sich um und lief davon. Ich eilte ihr nach, und es gelang mir, sie zu beruhigen.

«Wie ist es denn jetzt eigentlich in der neuen Schule?», fragte ich schließlich.

«Wie im College», entgegnete Ulerika. «Wir bekommen Arbeitshefte und Arbeitsbögen.»

«Und wie sind die Schülerinnen?»

Sie antwortete ausweichend: «Neue eben.» Das klang nicht gut. Ich musste die Sache im Auge behalten.

Ulerika kämpfte. Gegen ihren Vater und gegen ihre Angst. Wenngleich sie mit dem Rauchen begonnen hatte, nahm sie keineswegs Zuflucht zu Drogen. Sie hatte ihren Vater provozieren wollen. Sie war verletzt und verwirrt, denn die Dinge liefen für sie nicht zum Besten, wie sie selbst wusste. Wir suchten einen Ausweg.

Zuerst einmal musste sie sich in der Schule eingewöhnen. Dort schien eine aggressivere Stimmung zu herrschen als in der Hauptschule unseres Dorfes. Ich beschloss, die Elternabende zu besuchen, sprach mit den Lehrerinnen und Lehrern. Bald wurde ich in den Elternbeirat gewählt. Ulerika war so stolz auf mich. «Wenn ich dran denke, früher konntest du bei den Versammlungen nie ein Wort sagen, weil du kein Deutsch konntest. Heute bist du im Beirat.» Sie strahlte. Es machte mich glücklich und verlegen zugleich. So viel Lob. Aber man darf ja auch mal stolz sein, wenn man etwas erreicht hat. Gleich als Ulerika nach Hause kam, erzählte sie es ihrem Vater. Der sagte nur: «Das glaube ich gern. Der andere Elternvertreter ist ein Mann. Jetzt kann sie sich mit ihm unter einem guten Vorwand treffen.» Ulerika schüttelte nur den Kopf.

Eines abends kam Ulerika nach Hause und wirkte bedrückt. Sie schob sich an der Küche vorbei, stieg die Treppe hinauf in ihr Zimmer im zweiten Stock. «Was ist los?», fing ich sie ab.

«Nichts», antwortete sie einsilbig.

«Aber du hast doch was.»

«Nein. Nur die Schule ist nicht so toll.»

«Wieso?»

«Na ja, dort sind halt alle die, die Probleme machen. Es gibt zum Beispiel Jungs, die laufen mit Messern herum.»

«Hat dir einer was getan?!»

«Nein», lachte sie. «Im Gegenteil. Es waren Mädchen.»

«Mädchen?! Was wollten die denn?»

«Ach, die spinnen. Eine ist eifersüchtig auf mich, weil ich neben ihrem Freund sitze. Jetzt hat sie mich mit ihren Freundinnen vor der Schule abgepasst und mir Schläge angedroht.» Verächtlich zog sie die Augenbrauen hoch. «‹Finger weg von meinem Freund!›», äffte sie das Mädchen mit quäkender Stimme nach.

Das konnte doch nicht wahr sein. «Ich bin im Elternbeirat, und ich werde mit den Mädchen reden, das verspreche ich dir.»

«Nein!», rief Ulerika. «Blamier mich bloß nicht!»

«Keine Sorge. Ich werde die Sache in Ruhe klären. Nicht wie Papa. Wenn dir auch nur eine ein Haar krümmt – die werden schon sehen.» Entschlossen schwang ich die rechte Faust in der Luft. Sie kicherte. Was war denn jetzt? «Das sieht so lustig aus», prustete sie. Pubertierende Mädchen, dachte ich, unmöglich. Aber innerlich musste ich lächeln. Ich wusste, es tat ihr gut. Ich war ihre Mama, Schwester, Freundin – alles in einem.

«Nein, du brauchst nicht zu kommen», fasste sie sich schließlich wieder. «Ich habe keine Angst.»

Ulerika zeigte sich selbstbewusst und sprach sich mit den Mädchen aus. Sie sollten bald zu Freundinnen werden und sogar bei uns übernachten.

Wir versuchten gemeinsam, für Ulerika eine Praktikumstelle zu finden. Während der Hauptschulzeit hatte sie bereits in einer Boutique hospitiert. Das hatte ihr nicht gefallen. Diesmal fanden wir ein Praktikum in einem Friseursalon. Es gefiel ihr ebenfalls nicht. «Die Friseusen sind vorn herum nett zu den Kundinnen. Aber sobald sie weg sind, wird gelästert», klagte sie. «Aber du musst es ja nicht so machen», meinte ich. Sie war wenig überzeugt, dass ihr das helfen würde.

Ulerika entwickelte andere Ideen. Sie wollte Rechtsanwaltsfachangestellte werden. Ich war besorgt. Für ein Mädchen ohne Hauptschulabschluss waren das hochfliegende Träume. Aber ich dachte, sie solle sich die alltägliche Praxis in einer Kanzlei ruhig einmal ansehen. Vielleicht würde ihr die Arbeit ohnehin nicht liegen. Ich schaffte es, dass mein Anwalt sie als Praktikantin aufnahm. Und sie war glücklich. Er nahm sie mit zum Gericht, und sie warf sich jedes Mal in Schale: Hose, Blazer, spitzige Schuhe. Die blonden Haare steckte sie zu einem Knoten hoch, und unter dem Arm trug sie einen Ordner. Der Anwalt gab ihr Schriftstücke für Gerichtstermine und Rechnungen, die sie am Computer bearbeiten sollte. Ich war beeindruckt, wie fit sie mit dem PC war. Außerdem ging der Rechtsanwalt auf ihre Interessen ein. Er fragte sie, ob sie ihn lieber zu einem Asylverfahren oder zu einer Ehescheidung begleiten wolle. Sie entschied sich für die Scheidung.

Eines Tages kam sie mit einem Ordner voller Briefe nach Hause: «Papa, schau, das habe ich alleine geschrieben.» Sie war sehr stolz.

«Das glaube ich nicht», raunzte mein Mann und verscheuchte sie wie ein lästiges Insekt. «Geh weg mit dem Zeug. Du wirst später sowieso nur putzen gehen.»

Diesmal schlich sie geknickt davon. «Ich hab keine Lust mehr», sagte sie traurig zu mir.

«Im Gegenteil, Ulerika!», entgegnete ich und sah sie entschlossen an. «Wir müssen kämpfen.»

Ja, und das tat sie dann auch. Was ihre Probleme mit ihrem Vater zu Hause anging, zog sie nach und nach ihre engeren Freundinnen und Bekannten ins Vertrauen. Sie wussten: Auch wenn Ulerikas Eltern ein Haus besaßen, auch wenn sie als fleißig und integriert galten – das war nur die halbe Wahrheit. Trotzdem erzählte meine Tochter nicht alles. Stattdessen war sie bemüht zu helfen, wenn ihre Freundinnen Sorgen hatten. Ulerika war ein Helfertyp.

Und sie machte sich daran, ihrer eigenen Zukunft auf die Beine zu helfen. Denn nach dem Ende des Praktikums fand sie ein zweites bei einem anderen Anwalt in Tübingen. Vorher war ich immer zu den Bewerbungsgesprächen mitgegangen, jetzt hatte sie es ganz alleine in die Wege geleitet. Ich verfolgte das mit gemischten Gefühlen. Zwar freute es mich, dass ihre Zukunftspläne Form annahmen, andererseits war ich nervös. Warum wollte sie keine Friseurlehre machen oder Verkäuferin werden? Das waren Lehrstellen, die mit einem Hauptschulabschluss erreichbar waren. Als Rechtsanwaltsgehilfin würde sie einen Realschulabschluss brauchen. «Ich schaffe das», gab sich meine Tochter zuversichtlich. Andererseits: Hatte ich selbst nicht auch einiges erreicht, das mir keiner zugetraut hätte? Außerdem hoffte ich, wenn sie erst ein Ziel hätte und sich hinter die Sache klemmte, könnte sie die erforderlichen Noten schaffen.

Ich sah keinen Grund, warum sie Mirsad nicht sehen sollte. Jede zweite oder dritte Woche fuhr ich mit ihr zu Ruka in den Schwarzwald, wo meine Tochter mit ihrer Cousine Susanne und Mirsad ihre Zeit verbrachte. Tagsüber gingen sie spazieren, abends saß sie mit uns Älteren beisammen.

Im November lernte ich Mirsad kennen. Ulerika war sichtlich nervös gewesen, als sie uns vorstellte. Schüchtern war der siebzehnjährige junge Mann, der mit seinen breiten Schultern älter wirkte. Verlegen hatte er ‹Hallo› gesagt und gelächelt, wobei auf seinen Wangen zwei Grübchen sichtbar geworden waren. Er hatte liebe Augen. Ich ahnte, Adem würde ihn nicht mögen. Adem mochte sanfte Männer nicht, vielleicht, weil er sie nicht für «richtige» Männer hielt. Ich fand Mirsad sympathisch. Seine kurzen, dunklen Haare trug er als Stoppelfrisur, durchwirkt mit goldenen Strähnchen. Modisch und lässig gekleidet in einen engen Rippenpulli und in Jeans, schien er auf Schmuck zu stehen. Neben einem Goldkettchen trug er an Daumen, Zeige- und Ringfinger Ringe. Nein, Adem würde ihn nicht mögen.

Wie ich die beiden so dasitzen sah, wie sie sich schüchtern anlächelten, beflügelte meine Phantasie. Ulerika sollte einen Mann heiraten, den sie liebte. Allerdings hatte ich sie ermahnt, zurückhaltend zu sein: «Egal, wie verliebt du bist, ihr dürft nicht gleich aufs Ganze gehen.» Ich vertraute ihr an diesem Punkt, denn mir schien, dass sie mit körperlichen Intimitäten noch warten wollte. Oder warum war ihre beste Freundin Anna immer und überall dabei? Ulerika und Anna waren wie siamesische Zwillinge. Noch ungefähr drei Jahre, dann könnte Hochzeit sein. Wie Balsam legte sich ein Traum über den Schmerz in meiner Seele, den ich seit meiner Zwangsheirat in mir trug. Ulerika würde es besser haben.

Ich sah Ulerikas Hochzeit vor mir. In Prizren würde ich die teuerste Gaststätte mieten. Der Tafelschmuck würde modern sein, so wie in Deutschland, mit echten Blumengestecken statt Plastikblumen. Am Vorabend ihres großen Tages würde meine Tochter ihre Freundinnen zu Hause empfangen – wie ich sie damals empfangen hatte. Sie würde die traditionelle Brauttracht tragen, ähnlich meinem perlenbestickten, weißen Seidenkleid. Als Hochzeitsschmuck bekäme sie meine Kette aus runden Goldplättchen, die so groß sind wie Ein-Euro-Stücke. Ich musste das Collier bei Gelegenheit mal polieren. An ihrem Hochzeitstag aber sollte sie ein weißes, kurzes Kleid haben, wenn sie wollte mit einem tiefen Ausschnitt. Ja, das schönste Kleid würde ich ihr aussuchen; eines, wie ich es mir selbst erträumt hatte. Wenn sie mit zwanzig heiratete, dann musste sie ein Kleid bekommen, wie es jungen Frauen gefällt. Einen passenden Schleier würde ich auch wählen. Es sollte traditionelle Folkloretänze geben, aber dann, wenn die Torte aufgetragen wurde, würde mein Lieblingsbruder mit ihr den Brautwalzer tanzen.

«Ich probiere nichts an, denn ich bekomme sowieso nichts.» Ulerika war frustriert. Wir waren in einer dieser Boutiquen, wie sie für Jugendliche in jeder Stadt aus dem Boden schossen. Jeans, Blusen, T-Shirts – alles war hier günstig zu haben, und Ulerikas Schwestern belegten bereits die Umkleidekabinen, in denen sich Klamotten türmten.

«Du suchst dir jetzt aus, was du brauchst», sagte ich energisch mit einem Blick in Richtung Adem. Warum wollte er Kinder, wenn er sie nicht versorgen wollte. Ulerika brauchte einen Hosenanzug für ihre Gerichtstermine im Praktikum. Unsicher ging meine Älteste zu den Ständern und wählte einen hellen Anzug. Adem rief quer durch den Raum: «Für dich bezahle ich nicht.»

Ich schob sie in die Umkleide: «Reg dich nicht auf. Er muss das bezahlen. Alle seine Töchter bekommen heute etwas Neues zum Anziehen.»

Als meine vier Kinder aus den Umkleidekabinen kamen, gingen wir zur Kasse und stapelten T-Shirts, Blusen, Hosen und Pullis auf die Verkaufstheke. Mein Mann schimpfte, er habe nicht genug Geld dabei. «Dann bezahle doch mit Karte», sagte ich. Ich war genervt, denn er wusste genau, dass die Mädchen dringend Kleidung brauchten.

«Ich weiß nicht, wie das geht», erwiderte er. «Mit Karte bezahle ich nie.»

Ulerika, Vjosa, Raimonda und Blerina waren beschäftigt mit den bunten Haargummis und Handtäschchen, die neben der Kasse ausgestellt waren. Als ich mit Raimonda ein grünes Haarband bewunderte, zog mich Blerina am Arm. «Du, ich glaube, der Papa hat für Ulerika nicht bezahlt.»

«Blerina, ich unterhalte mich gerade mit deiner Schwester. Dauernd redest du dazwischen», sagte ich abgelenkt, ohne verstanden zu haben, was sie wollte. «Aber, schau, die kleine Tüte kannst du doch tragen, oder?» Ich setzte meine Unterhaltung mit Raimonda fort. Kurz darauf verließen wir den Laden mit einem Berg Tüten und fuhren nach Hause. Daheim angekommen, rannten die Mädchen in ihre Zimmer und wühlten aufgeregt in den Plastiktüten nach ihren neu erworbenen Schätzen. Die drei Jüngeren standen schon vor dem Spiegel und probierten ihre neuen Sachen, an denen noch die Kassenzettel baumelten. Da wurde Ulerika klar: Außer der Anzughose war für sie nichts in den Taschen. Nicht das zugehörige Sakko, nicht die Bluse, die sie sich schon lange wünschte. Der Vater hatte ihr also nur ein Teil gekauft, ihre Schwestern hatten viel mehr bekommen.

Sie begann zu weinen und rannte wütend die Treppen hinunter in den Club-Keller. «Du Idiot», schrie sie ihren Vater an. «Was hab ich getan? Warum bist du böse auf mich?»

Adem nahm die Cevapcici vom Herd, die er sich gebraten hatte. Er würdigte sie keines Blickes und begann zu essen. «Warum behandelst du mich schlechter als meine Schwestern?», schrie sie und stampfte mit dem Fuß auf den Boden. Er schlug eine Zeitung auf, die auf dem Tisch lag. Ulerika griff nach dem Aschenbecher und schmetterte ihn dem Vater vor die Füße. Das dicke Glas zerschellte auf dem Steinboden.

Als ich aufgeschreckt durch den Lärm in den Club kam, fand ich die beiden ineinander verkeilt. Mein Mann schüttelte seine Tochter, beschimpfte und ohrfeigte sie. Sie schlug um sich, trat gegen sein Schienbein. Ich stürzte mich dazwischen und drängte sie auseinander. «Schluss jetzt!», schrie ich. Adem wollte an mir vorbei, um Ulerika zu packen. Ich versuchte, ihm den Weg zu versperren. Doch sie bebte vor Zorn und wollte nicht beschützt werden. Sie boxte um meine Schulter herum nach ihm. «Du Idiot!», brüllte sie dicht an meinem Ohr, blind vor Wut. Seine Hände schnellten nach vorn, und ich musste mich mit meinem ganzen Körper gegen ihn werfen, damit er sie nicht erwischte. «Geh nach oben, Ulerika», befahl ich ihr. «Schluss jetzt!» Ich schubste sie energisch in Richtung Treppe.

«Warum kaufst du ihr auch nur diese Hose?», fragte ich, entsetzt von dem Streit, in Adems Richtung gewandt. «Sie braucht den Anzug fürs Gericht. Sie will ordentlich gekleidet sein, was ist schlimm daran?»

«Für sie kaufe ich nichts», schrie ihr Vater.

Ulerika stand mit zerzaustem Haar auf den Stufen und krallte die Finger ins Geländer. «Du bist so gemein!» Sie starrte ihren Vater hasserfüllt an. «Ich will nur wissen, warum!»

Ich schob sie die Treppe hinauf. Er kam hinterher. «Du bekommst nichts!» Sie schnellte herum.

«Geh hinauf», schrie ich, zwischen den beiden eingeklemmt, «geh hinauf!»

Er schlug nach ihr, erwischte ihren Arm, sie trat, schrie, schlug um sich. Hiebe landeten bei mir auf Schulter und Rücken. Im ersten Stock schob ich Adem in die Küche. Ich schnappte meine Tochter und zog sie auf die Straße zum Auto: «Los, ich habe noch 20 Euro. Wir gehen jetzt und kaufen dir die Bluse.»

Sie heulte noch immer vor Zorn, wollte nicht einsteigen.

«Wenn du jetzt nicht kommst, macht der Laden zu.»

Sie starrte zur Eingangstür, dann setzte sie sich langsam auf den Beifahrersitz.

«Warum? Warum ist er so?» Jetzt weinte sie hemmungslos. Sie tat mir in der Seele Leid. «Jetzt rede nicht», versuchte ich sie abzulenken. Wir müssen schnell fahren, um noch rechtzeitig in den Kleiderladen zu kommen.» Sie wischte sich die Tränen aus den Augen. Als wir fünf Minuten vor Ladenschluss ankamen, hing die Bluse noch da. Daneben sahen wir die Anzugjacke hängen. Die Kassiererin tippte den Verkaufspreis von 15 Euro in die Kasse. Wir nahmen die Tüte und gingen. Für das Sakko hatte ich kein Geld mehr.

Kaum war meine Tochter zu Hause, probierte sie ihre neue Bluse an. «Es sieht sehr gut aus», sagte ich und versprach ihr, die Jacke später zu kaufen.

«Warum kauft er mir nichts?», fragte sie. «Warum?»

Von diesem Tag an sprach Ulerika mit ihm nur noch das Notwendigste. Stumm saßen sie sich beim Essen gegenüber, stumm im Wohnzimmer. Feindselig beobachteten sie sich aus den Augenwinkeln. Mein Mann verschärfte seine Kontrollen im Zimmer der ältesten Tochter. Sie hatte Angst vor ihm.

Kahle Bäume reckten sich in den grauen Winterhimmel, ein kalter Wind pfiff über die Dächer. Nun hatten wir ein Eigenheim, Arbeit, eine Zukunft, aber kaum jemand wusste, wie wir tatsächlich lebten. Die Stimmung bei uns zu Hause war auf dem Nullpunkt. Um Ulerika etwas aus der Schusslinie zu nehmen, schenkte ich ihr zu Weihnachten eine Reise ins Kosovo. Außerdem hatte sie schon lange meine Eltern besuchen wollen. Prizren, die Straßencafés, ihre Cousinen und Cousins, all das war ihr in Erinnerung geblieben. Noch immer stand das Kosovo unter UNO-Verwaltung, die politische Zukunft dieser ehemals serbischen Provinz war völlig offen. Wir Albaner forderten (und fordern) die staatliche Unabhängigkeit, wie sie Kroatien oder Slowenien längst hatte.

Ulerikas Freund Mirsad wollte Ende Dezember seine Großeltern in Mitrovica zu besuchen, das 300 Kilometer von Prizren entfernt liegt. Ulerika bettelte mich an, sie könnten doch zusammen fliegen. Ein-, zweimal würde sie sich mit Mirsad treffen. Ulerika war Feuer und Flamme für die Idee. Ich erlaubte die Reise, und so bildete sich rasch ein Reise-Trio, bestehend aus Ulerika, Mirsad und ihrer besten Freundin Anna.

Die Flugtickets waren bereits reserviert, als ich etwa zwei Wochen vor dem Flug Krach mit Ulerika bekam. Der Grund war nichtig. Ulerika wollte vor dem Abflug bei Anna übernachten. Ich verbot es: «Du hast vor der Reise noch viel zu erledigen, und du musst pünktlich am Flughafen sein. Wenn du bei ihr übernachtest, wird das nicht klappen.» Es kam zum Streit, meine Tochter schrie mich an, ich war stinksauer. Ich rief im Reisebüro an und bestellte die Tickets ab. Als es meine Tochter von Raimonda erfuhr, tobte sie und heulte. Ich sagte gar nichts. Später am Abend kam Ulerika mit einer Rose durch die Tür. «Es tut mir Leid, Abi. Ich wollte nicht rumschreien.» Ich ignorierte sie.

Am nächsten Tag rief Mirsads Mutter im Altenheim an: «Frau Behluli. Kann ich Sie kurz sprechen?»

«Ja, natürlich. Um was geht es denn?»

«Es geht um die Reise von Ulerika.» Ich hörte, wie sie am anderen Ende der Leitung nach Worten rang. «Wissen Sie, ich wollte Sie bitten, ihr die Reise zu erlauben.»

Ich war angesäuert. Was wollte sie von mir? Wollte sie sich in meine Erziehung einmischen?

Ich blieb hart. «Ich kann es nicht dulden, dass sie mich anbrüllt. Das habe ich nicht verdient. Sie weiß genau, dass ich ihr sehr viel erlaube, dass ich alles für sie tun würde, auch wenn ich selber kaum Geld habe. Mein letztes Geld würde ich für sie geben.»

«Ich kann Sie sehr gut verstehen. Aber in diesem, einen Fall, so kurz vor Weihnachten, vielleicht wollen Sie es sich noch einmal überlegen. Ihre Tochter wird sich bestimmt nicht wieder so verhalten. Sie hat ihre Lektion begriffen.»

«Mal sehen», sagte ich und legte nach ein paar Worten des Abschieds auf.

Als ich heimkam und zu Hause den Schlüssel ans Schlüsselbrett hängte, wartete meine Älteste bereits auf mich. Sie kaute nervös an ihren Fingernägeln, folgte mir ins Wohnzimmer, rückte die Obstschale auf dem Tisch gerade und fragte: «Willst du einen Kaffee?»

«Nein.»

«Wirklich nicht?»

«Nein.»

«Abi, jetzt sag doch, warum bist du so sauer? Ich habe mich doch so gefreut auf das Kosovo. Ich werde dir das Geld zurückzahlen, sobald ich kann.»

«Es geht nicht um Geld. Es geht um Respekt.»

«Ja, ich weiß. Es tut mir wirklich Leid. Ich wollte nicht rumschreien. Du hattest ja Recht. Ich hätte noch viel einzupacken gehabt.» Sie sammelte ein paar herumliegende Zeitschriften ein und stapelte sie ordentlich auf dem Wohnzimmertisch. Wie nebenbei fragte sie: «Hat Mirsads Mutter angerufen?»

«Ah, du weißt das auch, gell?»

«Ja. Ich habe ihr erzählt, dass ich nicht mitfahren darf. Das musste sie doch wissen, oder? Und dann hat sie gesagt, sie würde mit dir reden.»

Jetzt musste ich doch in mich hineinlächeln. Ich zierte mich noch ein bisschen, dann sagte ich: «Mal sehen, ob wir das Ticket noch finden.»

«Das heißt ‹ja›?», jubelte sie und sprang bereits zum Telefon. «Ich muss Mirsad anrufen. Oh, er wird sich so freuen. Weißt du, alle warten, dass du ‹Ja› sagst.» Aufgeregt wählte sie seine Nummer, sie war glücklich und hatte noch so viel zu planen.

Am Tag vor der Abreise fragte ich meinen Mann, ob er Ulerika 100 Euro für die Reise geben könne. Er weigerte sich, weil es ihm missfiel, dass sie bei meinen Eltern in Prizren wohnte. Bereits vor einer Woche hatte er versucht, seine Tochter zu bestechen. Tausend Euro hatte er ihr geboten, wenn sie in Radoste bei seinen Eltern wohnen würde. Sie hatte abgelehnt und ihren Vater bei dieser Gelegenheit noch wissen lassen, dass mein jüngster Bruder, den er nicht leiden konnte, sie abholen würde. Mein Mann ärgerte sich noch immer. Er ließ sich auch nicht beruhigen, als ich ihm versicherte, Ulerika würde die Oma und den Opa in Radoste auf jeden Fall besuchen.

Kurz vor Weihnachten trugen Ulerika und ich ihre Koffer zum Auto. Ich würde sie zum Flughafen fahren. Wie es sich gehörte, verabschiedete sie sich von ihrem Vater. Er lag noch im Bett, stellte sich schlafend und antwortete nicht. Mir wurde das Herz schwer. Nicht mal Auf Wiedersehen wollte er ihr sagen. Dann stand er doch auf und musterte sie verächtlich von oben bis unten. «Ich rufe meinen Bruder an, dass du meine Eltern nicht besuchen wirst. Du bist eine Hure.»

«Warum ist sie eine Hure?», fragte ich wütend. «Weil sie sich ordentlich angezogen und geschminkt hat?» Was dachte er sich eigentlich! «Gut», versuchte ich mich zu mäßigen, «dann wird sie deine Eltern nicht besuchen. Auch wenn sich die Schwiegereltern schon auf unser Mädchen freuen. Sie kennen unsere Probleme nicht, und es wäre nur selbstverständlich gewesen, dass Ulerika ihnen für 50 Euro Geschenke mitbringt. Aber gut, wenn du willst, rufe ich deine Eltern an und sage ihnen, unsere Tochter ist eine Hure.» Wütend dirigierte ich Ulerika aus dem Zimmer. Wir schnappten die Koffer, packten sie ins Auto, die Geschwister drängten sich auf den Rücksitzen. Ich ließ den Motor an und wollte gerade rückwärts aus der Einfahrt stoßen. Da kam Adem angelaufen. Ich kurbelte die Scheibe herunter. Er warf 150 Euro durchs Fenster. Dann ging er, ohne Gruß und ohne Tschüss.

Als Ulerika im Kosovo war, fand Adem das Foto.

«Hast du deine Tochter gesehen?»

«Wieso meine? Sie ist auch deine.»

«Die Hure lässt sich nackt mit Männern fotografieren.»

«Das glaube ich nicht. Was hast du schon wieder in ihrem Zimmer zu suchen? Du weißt, du sollst das nicht.»

«Ich wollte etwas holen.»

Das Foto, das Adem gefunden hatte, zeigte Ulerika mit Mirsad, Arm in Arm auf einem Sofa. Natürlich waren sie angezogen.

Adem hatte bereits den Computerausdruck einer Internet-Seite in ihrem Schreibtisch gefunden. Mirsad, Ulerika und Rukas Tochter waren in einer Disco gewesen, ein Fotograf hatte die drei fröhlich lachenden Gäste aufgenommen. Wer der Mann sei, hatte Adem seine Tochter gefragt. Ein Kumpel, hatte sie erwidert.

Als Ulerika aus dem Kosovo zurückkam, fragte Adem sie nach dem Mann mit ihr auf dem Foto. Sie wurde leichenblass.

Einen Monat vor ihrem Tod sagte meine Tochter ihrem Vater die Wahrheit. «Du sollst es von mir wissen, bevor es dir andere erzählen.» Adem wurde weiß im Gesicht.

In ihrem Tagebuch schrieb Ulerika sinngemäß Folgendes:

Ich sagte zu meinem Vater: Hör zu, Mirsad und ich meinen es ernst miteinander. Ich liebe ihn, und er liebt mich. Doch mein Vater rastete aus: Du wirst nie den Jungen heiraten. Ich bringe euch um. Doch ich sagte zu ihm: Es ist mir egal, was du sagst. Du bringst mich und Mirsad nicht auseinander. Das wird keiner schaffen. Er sagte: Du darfst den Jungen nicht heiraten. Wenn er ein Albaner wäre, hätte ich nichts dagegen. Aber er ist Serbe, und Serben sind unsere Feinde ... Mirsad, wenn du eines Tages mein Tagebuch liest: Ich wollte nie etwas vor dir verheimlichen. Aber ich habe mich geschämt, dir zu erzählen, dass mein Vater dich ‹Serbe› nennt. Es war mir peinlich ...

Es war furchtbar gewesen. Adem hatte getobt. Für ihn war «Serbe» ein Schimpfwort für alle Jugoslawen, die keine Kosovo-Albaner waren. So nannte er auch Ulerikas Freund, dessen Vater Albaner und dessen Mutter Bosnierin war. Er blockte jede Diskussion über das Thema ab. Trotzdem kam das Problem zwischen uns immer wieder zur Sprache, und ich versuchte zu vermitteln. «In einem Punkt hast du Recht, Adem. Auch ich will nicht, dass meine Tochter so jung heiratet. Aber sie könnte sich ja erst einmal verloben, und wenn sie ihre Schule abgeschlossen hat, dann kann sie ihre Hochzeit planen.»

«Nie!», sagte er entschlossen. «Niemals!»

«Willst du etwa, dass Ulerika und Mirsad weglaufen und heiraten müssen ohne Familie? Wie die Waisenkinder?»

«Dann soll sie gehen!», brüllte er.

«Du, ich lasse meine Tochter nicht weggehen. Wenn du nicht einverstanden bist, machen wir die Verlobung nur mit meiner Familie.» Er wusste, sie wollte wie ein albanisches Mädchen im Kosovo heiraten.

«Sie macht mich krank. Jeden Tag habe ich Kopfschmerzen, sogar auf der Baustelle muss ich Tabletten einnehmen. Die will den Serben heiraten! Und du hilfst ihr auch noch, du und deine verlogene Familie.»

Ich ignorierte seine Beleidigungen. «Es wäre besser, wenn deine Familie auch käme. Du kennst doch die Tradition. Aber wenn du nicht willst, muss ich es mit meiner Familie alleine machen. Viele Männer aus dem Kosovo heiraten bosnische Frauen. Sogar in der Generation unserer Eltern.»

«Ich durfte jedenfalls keine Bosnierin heiraten. Und einen Bosnier zu heiraten kommt auch für meine Kinder nicht infrage. Wie kann ich jemals wieder im Kosovo Urlaub machen? Was soll ich meinen Eltern sagen, wenn Ulerika einen Mann hat, dessen Mutter aus Bosnien stammt? Ich schäme mich in Grund und Boden. Am liebsten würde ich sterben.»

Ulerika war unglücklich. Aber die beiden jungen Leute versuchten, seine Meinung zu ignorieren. Adem unternahm erste Schritte. In Ulerikas Schreibtisch fand er Mirsads Adresse und Telefonnummer, in einer kleinen Schachtel mit vielen Zetteln. Er rief ihn an und drohte, das Haus, in dem Mirsad mit seiner Familie lebte, anzuzünden, falls er unsere Tochter nicht in Ruhe ließe. Mit ordinären Ausdrücken beschimpfte er den jungen Mann. Zuerst erzählte Mirsad Ulerika nichts davon. Er wollte sie nicht beunruhigen und schämte sich wohl auch wegen der Ausfälle ihres Vaters.

Nichts schien die beiden trennen zu können. Ulerika lebte für ihre neue Zukunftsperspektive, und sie vergaß uns nicht. Nach ihrer Hochzeit wollte sie mit Mirsad eine Wohnung in unserer Nähe beziehen. Ob sie denn nicht bei der Familie ihres Mannes wohnen wolle?, hatte ich gefragt. Doch sie legte wenig Wert auf die alte Tradition. Wenn Mirsad ihren Wunsch nicht akzeptiere, würde sie eben eine eigene Wohnung in unserer Gegend beziehen. Ich hatte den Eindruck, als älteste Tochter fühlte sie sich für uns verantwortlich. Schon als Siebtklässlerin hat sie einen Putzplan für sich und ihre Geschwister erstellt. War ich von der Arbeit gekommen, sollte ich mich nur noch um das Nötigste kümmern. In einem Wandkalender hatte sie mit farbigen Filzstiften die Aufgaben für alle vier Schwestern von montags bis samstags verteilt: die Spülmaschine einräumen, abstauben, aufräumen, Staubsaugen, das Klo putzen. Blerina war die Kleinste und musste Schuhe aufräumen.

Ulerika war ein Helfertyp, und sie wollte uns nicht allein lassen. Mit ihrem selbst verdienten Geld wollte sie auch für uns sorgen, ich sollte nur noch Teilzeit arbeiten. «Dann kann ich ja auf deine Kinder aufpassen», sagte ich. Schalk blitzte aus ihren Augen. Ach ja, wie schön haben wir uns diese Zukunft ausgemalt.

Adem hatte schon immer andere Pläne gehabt. Er war wie selbstverständlich davon ausgegangen, dass seine Kinder für ihn arbeiteten. Das war Tradition. Auch Ulerika sollte Geld verdienen, bis sie fünfundzwanzig, sechsundzwanzig Jahre alt war, und ihren Verdienst der Familie abgeben. Präziser: Sie und ihre Geschwister sollten die Raten für das Haus mit abbezahlen. Nun hatte er Angst, Ulerika würde ausfallen. Er hatte nicht bedacht, dass sie sich selbst aussuchen konnte, wie sie ihrer Familie helfen wollte. Und sie wollte zuerst und vor allem uns unter die Arme greifen, nicht ihm. Vermutlich war an diesem Punkt auch verletzter Stolz im Spiel, ihr Wunsch, ihn einmal durchhängen zu sehen, dass er betteln musste um unsere Hilfe. Sie wollte ihm zeigen, wie das war.

«Du kennst doch das Lied von Hikmete», sagte Adem eines Tages. «Der Mann hatte Recht.»

«Welcher Mann?» Ich konnte mich kaum an das ungefähr fünfzig Jahre alte Lied aus dem Kosovo erinnern, das ich selbst als Mädchen gesungen hatte. Das Einzige, was hängen geblieben war: Hikmete hätte einen Albaner heiraten müssen.

«So werde ich es auch machen.»

Ich verstand nicht.

Heute weiß ich, was er meinte. Es gibt nur noch wenige, die so denken.

Das Lied von Hikmete, ein halbes Jahrhundert alt, handelt von einer wahren Geschichte: Es besingt einen Albaner und seine Tochter. Sie war klug, und der Vater liebte sie so sehr, dass er sie sogar studieren ließ. Doch die Tochter dankte es ihm nicht, sondern enttäuschte ihn bitter. Denn sie heiratete einen Bosnier. Noch heute singen die Menschen meiner Generation vom Leid des Vaters. «Ich kann mich nicht mehr auf der Straße zeigen, denn du hast meine Ehre beschmutzt», lautet eine Zeile. Der Vater tat, was er tun musste: Er erschoss zuerst seine Tochter, dann ihren Mann. Die beleidigte Familienehre war rein gewaschen. Das Lied lässt keinen Zweifel an der Moral der Geschichte: So handelt ein richtiger Mann!

Wo ist unsere Tochter?

Diese Tage im März werden mir immer in Erinnerung bleiben. Eigentlich war alles ruhig. Es gab keinen Streit, und ich dachte, Adem habe die Entscheidung Ulerikas allmählich akzeptiert. An einem Dienstag, es war der 11. März 2003, besuchte Ruka einen erkrankten Verwandten in der Universitätsklinik Tübingen und kam mit meinem Neffen zu einer Stippvisite bei uns vorbei. Ich hatte gerade Urlaub, wir tranken Mokka, und Ulerika bat ihren Cousin, sie am Freitagabend zu einer Party mitzunehmen. Mein Neffe schwieg ängstlich, er kannte die Meinung seines Onkels zum Thema Disco. «Wir wollen uns da treffen», sagte Ulerika laut und deutlich, sodass es ihr Vater hören sollte. Wir – damit meinte sie Mirsad und sich selbst. Adem war ganz ruhig. Er stand vom Tisch auf, nahm noch einen tiefen Lungenzug aus seiner Zigarette und drückte sie aus. «Wir werden sehen, ob sie den ‹Serben› sieht», sagte er und ging hinaus.

Am Donnerstag ging ich mit Susy aus. Schon Anfang der Woche hatte sie mir zugeredet, etwas mehr aus meinem Urlaub zu machen: «Lass dich überraschen. Du bist die ganze Zeit zu Hause. Du musst auch mal deine Schürze ablegen und tanzen gehen. Der Eintritt für Frauen ist frei, und zu den Getränken lade ich dich ein. Ich weiß, dass dein Portemonnaie immer leer ist.»

«Du weißt doch, wie das bei uns zu Hause ist. Ich muss nach den Kindern sehen», hatte ich eingewandt.

«Wir gehen erst spät, wenn alle Kinder im Bett sind. Na, was meinst du?»

Ich ließ mich überreden. Adem wusste Bescheid und würde mich gehen lassen. Susy war die einzige Freundin, die er ein bisschen akzeptierte, weil sie eine streng erzogene Filipina war. Ich freute mich auf die Abwechslung, zwischen halb zehn und zehn Uhr wollten wir aufbrechen.

Es war gegen 19 Uhr, als mich Ulerika bat, sie kurz in die «Holzkiste» zu fahren. Das war ein Treffpunkt von Jugendlichen in Tübingen. Sie wollte nicht lange bleiben, weil sie abends noch ihre Zöpfchenfrisur neu machen wollte. Ich hatte nichts dagegen. Adem beobachtete uns. Ulerika und ich gingen ins Bad und schminkten uns vor dem Spiegel. «Du bist schön angezogen», sagte Raimonda, an der Tür stehend.

«Findest du nicht, dass alles zu schwarz ist?» Mein Spiegelbild sah aus, als wollte es zu einer Beerdigung. Entschlossen nahm ich einen roten Lippenstift. Rot, rot – ich musste einen Kontrast setzen, ich fühlte mich schwarz.

«Raimonda, du kannst ruhig die Wahrheit sagen. Du sagst bei jedem ‹schön, schön›. Sei ehrlich, sehe ich zu schwarz aus?»

«Nein», antworteten jetzt beide. «Wie immer.»

Ich fuhr Ulerika in die «Holzkiste». «Vielleicht übernachte ich auch bei Gina», sinnierte sie im Auto. «Darf ich?»

«Ja, warum nicht. Wenn ihre Mutter einverstanden ist», entgegnete ich und bog um die letzte Kurve. Wir waren da.

«Komm mit rein», sagte Ulerika.

«Nein, ich habe nicht einmal eine Jacke dabei. Mir ist es zu kalt, um jetzt quer über den Platz zu laufen.»

«Och, nur ein bisschen, komm.»

Ich ließ mich überreden. In dem Jugendtreff richteten sich die Blicke auf uns. Ich fühlte mich eindeutig zu alt für diesen Ort. Doch die jungen Leute waren sehr nett. Sie fragten meine Tochter, ob sie eine neue Freundin mitgebracht habe. «Nein, das ist meine Mama», sagte sie voll Stolz. «Sieht sie in ihrem schwarzen Kleid nicht ein bisschen aus wie eine Spanierin?» Wir lächelten uns alle an.

Ich blieb auf ein Mineralwasser und wollte dann mit meinen letzten zwei Euro bezahlen.

«Nein, Abi, lass es», griff Ulerika nach meiner Hand. «Ich habe die zehn Euro, die der Vater auf den Sims gelegt hat, genommen. Er zahlt mir ja sowieso nichts, nicht mal ein Vesper.»

«Das war nicht gut», sagte ich und schaute sie missbilligend an. «Wir reden später darüber.» Ich nahm meine Handtasche. «Wie lange bleibst du noch? Fährst du mit dem Zug nach Hause?»

«Ich übernachte bei Gina», sagte sie, und ihre italienische Freundin nickte.

Wir verabschiedeten uns, und ich eilte mit den hohen Schuhen und dem langen Kleid über den Platz zum Auto, startete den Motor und fuhr nach Hause. Ich räumte noch ein bisschen die Küche auf und brachte die Kinder zu Bett.

«Wo ist Ulerika?», fragte Adem.

«In der ‹Holzkiste›.» Er schwieg und ging in seinen Club-Keller.

Kurz vor halb zehn ging ich auf die Straße, um auf Susy zu warten. Adem kam die Stufen herunter. Er ging zu den Mülleimern und zündete sich eine Zigarette an. Dort stand er und beobachtete mich.

«Wann kommst du wieder?», fragte er und kam näher. Sein Gesicht war aschfahl, beleuchtet vom kalten Schein der Straßenlaternen. Die Augen lagen tief in den Höhlen.

«Ich weiß es nicht», erwiderte ich beklommen. «Frag Susy, wann sie zurückfahren will.»

«Soll ich dich abholen?»

«Nein, danke. Nicht nötig.» Ich wusste genau, er wollte nur rauskriegen, wo wir hinfuhren. Aber ich hatte ohnehin keine Ahnung, wo das Lokal lag. Dann kam sie. Ich stieg in ihr Auto. Sie winkte ihm zum Abschied zu. Wir fuhren los, die Bundesstraße hinunter.

Ich war froh, im warmen Auto neben meiner unternehmungslustigen Freundin zu sitzen. Die Stimmung gerade hatte mich irritiert. Bald kamen wir ins Industriegebiet eines Städtchens bei Stuttgart, wo Susy vor einem unauffälligen Gebäude anhielt. «Hier mache ich einen Tanzkurs.» Susy lächelte und hielt mir die Tür auf. «Die Tanzschule hat diese Abschlussparty organisiert, damit wir das Gelernte ausprobieren können.»

«Aha», lachte ich und wusste nicht recht, was ich da sollte. Ich konnte doch gar keine Standardtänze.

«Es wird dir gefallen», schob mich Susy durch die Glastüre am Eingang und suchte uns einen hübschen Tisch aus. Die Party war bereits in vollem Gang, ich beobachtete die Paare auf dem Parkett und fühlte mich fremd. Als ich zweimal an meinem Caipirinha genippt hatte, rief Ulerika an.

«Abi, kannst du mich abholen?»

«Mädchen, warum kannst du mich nicht ein paar Stunden in Ruhe lassen? Du weißt doch, dass ich mit Susy ausgegangen bin.»

«Oh, ich dachte, ihr geht bald heim. Nun ja, Ginas Mutter erlaubt nicht, dass ich bei ihr übernachte. Sie sagt, wir würden nur die ganze Nacht quatschen, aber morgen sei Schule. Aber ich könnte mich ja von Gina verabschieden, die Wohnung verlassen, und Gina lässt mich hinten heimlich wieder rein.»

«Nein, das geht ja wohl nicht.» Ich überlegte. «Dein Vater könnte dich abholen.»

«Das will ich nicht!»

«Gut. Lass mir kurz Zeit. Ich finde jemanden, der dich heimfährt, und gebe dir Bescheid.»

Die Paare wirbelten an unserem Tisch vorbei, ein Walzer wurde gespielt. Mir fiel ein, dass ich den Vorsitzenden des albanischen Vereins um diesen Gefallen bitten könnte. Er war schon öfter bei uns zu Gast gewesen, alle in unserer Familie mochten ihn gern – bis auf Adem. Er hatte sogar angeboten, Ulerika zu ihrem erträumten Casting in Berlin zu fahren. Erst vorgestern hatte ich ihn getroffen. Ich suchte nach seiner Nummer in meinem Notizbuch. Er war daheim und erklärte sich bereit, meine Tochter abzuholen.

Um halb elf Uhr rief Ulerika an, sie sei jetzt zu Hause. Ich war erleichtert. Im Hintergrund hörte ich Adem. «Was macht er?», fragte ich.

«Alles in Ordnung. Er spricht mit Raimonda. Ich esse noch eine Kleinigkeit, dann gehe ich schlafen.»

Zehn vor zwei war ich wieder zu Hause. Susy brachte mich zur Tür und verabschiedete sich. Ich ging die Treppe hoch zu Vjosas Zimmer, wo heute auch Blerina übernachten sollte, damit sie nicht alleine war. Die beiden Jüngsten schliefen. Im zweiten Stockwerk stand Ulerikas Tür offen. Sie war nicht da. Blusen, Hosen und Shirts lagen auf dem Boden. Ich ging in Blerinas Zimmer. Da war sie auch nicht. Die Club-Tür im Keller war verschlossen. Ich klopfte. Nichts rührte sich. Ich klopfte lauter: «Adem, mach auf. Wo ist Ulerika?» Hinter der Tür blieb es still.

Ich stieg wieder nach oben. In Raimondas Tür steckte ein Schlüssel, was sonst nie der Fall war. Sie war im Halbschlaf, als ich sie fragte, wo Ulerika sei. «Ich weiß nicht», murmelte Raimonda. «Der Papa war ganz komisch vorhin. Ihm fehlt ein Zahn.»

Sie haben sich geschlagen, dachte ich entsetzt. Sie haben sich wieder gestritten. Womöglich war sie weggelaufen. Aber sie hätte sich doch bestimmt bei mir gemeldet. Ich musste sie finden. Aber wo? Ich lief hinunter zum Club und trommelte gegen die Tür. «Mach auf! Ich weiß, dass du drin bist.» Nichts. Der Teppich vor der Tür fehlte.

Adems roter VW war nicht da. Ich riss meinen Mantel von der Garderobe und fuhr los, Ulerika zu suchen. Über Waldwege, Straßen, am Tübinger Bahnhof, nirgends war sie zu finden. Meine Gedanken rasten, als ich wieder zu Hause war. Im Telefonbuch suchte ich die Adressen von Unfallnotaufnahmen heraus. Vielleicht war sie ja eingeliefert worden. Ein Schlüssel drehte sich im Schloss der Wohnungstür – Adem. Ich legte den Hörer aus der Hand. «Sag, was ist passiert?» Es war drei Uhr morgens.

Umständlich hängte er seine Jacke an den Haken.

«Ulerika ist weg! Sag, wo ist sie?»

«Ich war bei der Polizei», sagte er endlich und drückte sich an mir vorbei ins Wohnzimmer. Ich erschrak.

«Ich bin von Ulerikas ‹Jungs› überfallen worden. Ulerika hat sie gerufen. Sie haben mich geschlagen.» Unruhig lief er auf und ab.

«Hast du mit Ulerika gestritten?»

«Nein!», sagte er hastig.

Ich wurde misstrauisch. Warum sollte Ulerika die Jungs aus ihrer Clique anrufen, wenn es gar keinen Grund dazu gab? Adem ging ziellos umher, setzte sich, stand wieder auf. Im Hausflur begann er zu humpeln. Gerade hatte er noch keine Beschwerden gehabt. Wollte er mir etwa Theater vorspielen? Ich ging ihm nach und packte ihn im Treppenhaus am Hals: «Du bist verantwortlich für Ulerika!» Er schwankte. Überrascht ließ ich ihn los, er wäre fast die Treppe hinabgefallen.

«Wo ist sie?», fragte ich erneut und schüttelte ihn an den Schultern.

«Lass los», schrie er, «das tut weh! Die Jungs haben mich verletzt, ich kann mich kaum bewegen. Die ...»

«Wo ist sie? Was hast du gemacht?»

Er schwieg und blickte zu Boden. Ich versuchte es im Guten: «Jetzt sag es mir doch. Was war los?»

«Sie kamen einfach zur Tür herein und haben mir einen Sack über den Kopf gestülpt. Ich habe nichts mehr gesehen. Dann haben sie mich geschlagen.»

Dann sagte er, Ulerika habe die Szene zufrieden betrachtet. Ich stutzte. Wie hatte er das sehen können?

«Ich wollte aufstehen», fuhr er fort, «aber einer sagte, ich solle bleiben, wo ich sei.» Sonst würden sie die Tochter vergewaltigen.

«Ja, aber wenn Ulerika die Jungs selbst angerufen hat, warum sollten sie unsere Tochter bedrohen?»

Sein Blick flackerte. «Ich wollte dir nicht die Wahrheit sagen.» Er machte eine Pause. «Ulerika hat sie nicht gerufen. Die Jungs kamen, waren maskiert und packten Ulerika an der Treppe. Mich schlugen sie ohnmächtig. Als ich wieder zu mir kam, waren alle weg.»

War Ulerika gekidnappt und womöglich vergewaltigt worden? Ich war durcheinander. Ich musste mit den Kindern sprechen. Als ich oben an ihr Zimmer klopfte, waren sie bereits von der Unruhe im Haus wach geworden. Raimonda und Vjosa konnten mir nicht weiterhelfen. Ich setzte mich zu meiner Kleinsten ans Bett. Sie sagte: «Mama, ich habe was gehört vorhin.» Ich starrte sie an.

«Der Papa hat Lika heruntergerufen. Ich habe an ihren klackenden Stiefeln gehört, wie sie nach unten ging. Dann hat Lika gerufen: ‹Was habe ich dir getan?› Dann habe ich einen lauten Schrei gehört: ‹Aaaaaaah!›» Blerina sah mich an, und mir wurde eiskalt.

«Einen Schrei?»

«Ja, Mama. Einen lauten Schrei.»

Ich rannte die Stufen hinunter. «Adem, du hast dich doch mit Ulerika gestritten!» Mir schien jetzt wieder die erste Version seiner Geschichte schlüssig: Wenn sie Krach hatten, dann hatte sie womöglich die Jungs zu Hilfe gerufen.

«Nein, wir haben nicht gestritten.» Er sprach leise, stockend, angstvoll. Wieder wurde ich unsicher. Sonst fluchte und schimpfte er laut auf seine Tochter, wenn sie sich in den Haaren gelegen hatten. War sie also doch entführt worden? Er konnte mir nicht in die Augen sehen.

Ich ließ ab von ihm und lief ziellos durch die Wohnung. Dann fiel mir etwas auf. «Wo ist Ulerikas Tasche?», fragte ich meinen Mann. Wenn Ulerika heimkam, legte sie ihre Handtasche immer in die Küche oder oben in ihr Zimmer. Er antwortete: «Sie hat sie mitgenommen. Und ihre Winterjacke auch.» Ich stand da und starrte ihn an. Sie war entführt und mit Vergewaltigung bedroht worden und hatte ihre Handtasche mitgenommen?

Ich flüchtete mich zu Raimonda. Einer von Ulerikas BHs lag oben im Flur. Hatten die Jungs ihn meiner Tochter vom Leib gerissen? Raimonda sagte, nein, ihre Schwester habe am Abend einen anderen BH getragen. Bestimmt wäre der Papa in Ulerikas Zimmer gegangen und mit dem Fuß im Träger des BHs hängen geblieben. Aber wieso hatte Ulerika ihre Kleider aus dem Schrank gezerrt? Oder waren es die Jungs? Ich war völlig durcheinander und konnte nicht mehr denken. Raimonda und ich stellten hilflose Mutmaßungen an, unser Gespräch drehte sich im Kreis. Was konnten die Jungs getan haben? Was mein Mann? Wo war Ulerika? Alle Möglichkeiten versuchten wir uns vorzustellen. «Womöglich wurde sie um...» Fast gleichzeitig sprachen wir den Gedanken aus und hielten abrupt inne. Unsere Stimmen waren leise wie ein Hauch geworden. Raimonda und ich schauten uns an. Nein, das konnte nicht sein. «Nein», sagte Raimonda, als ob sich so ein Gedanke von selbst verbiete. Ulerika von den Jungs umgebracht? Oder von ihrem eigenen ...? So etwas durfte eine Tochter doch nicht von ihrem Vater denken. «Das kann nicht sein!», sagte meine Zweitälteste, jetzt fast ärgerlich. «Nein!», pflichtete ich ihr bei. Trotzdem kroch Panik in uns hoch.

«Ich sehe in unserem Garten in Wankheim nach!», sagte ich. «Vielleicht liegt sie dort. Verletzt und hilflos.» Ich dachte an unsere kahlen Obstbäume und die abgeernteten Gemüsebeete, an die einsamen Felder der Gegend, zu denen sich in dieser Jahreszeit kaum jemand verirrte. Hektisch verabschiedete ich mich von den Kindern und fuhr los in das rund fünf Kilometer entfernte Dorf.

Im Garten war es stockdunkel und totenstill. Ich rief ihren Namen und lauschte verzweifelt in die kalte Nacht. Nichts war zu hören. Unter meinen Füßen zerknickten herabgefallene Zweige, weiche Erdklumpen klebten an meinen Schuhen. Die Luft war feucht und klamm. Alles schien wie sonst. Was wollte ich hier? War sie freiwillig mit den Jungs gegangen, würde sie nicht in unseren Garten fliehen. War sie aber entführt worden, dann mit Sicherheit nicht in den Obstgarten ihrer Eltern. Ich stieg erschöpft ins Auto und fuhr zurück.

Raimonda und ich begannen, die Kleider in ihrem Zimmer nach irgendetwas zu durchsuchen, wovon wir auch nicht wussten, was es sein konnte. Dann fanden wir die Stiefel, die Ulerika an diesem Abend getragen hatte. Meine Hände wurden schweißnass. Hektisch durchwühlten wir den Schuhschrank. Alle, wirklich alle Schuhe Ulerikas waren da. Entweder, meine Tochter war barfuß aus dem Haus gegangen oder ...?

«Adem, wie kann es sein, dass alle Schuhe unserer Tochter hier sind? Ist etwas passiert?»

«Nein, nein», sagte er mit belegter Stimme. In seinem bleichen Gesicht zuckte es.

Raimonda und ich saßen auf dem Sofa. Ich hatte die Jüngeren ins Bett geschickt. Plötzlich stand Blerina wieder im Zimmer. Meine Kleinste setzte sich neben mich auf die Couch und kuschelte sich an mich. «Mama, was ist mit Lika? Warum hat sie geschrien?» Ich drückte sie fest an mich. «Blerina, wir wissen es auch nicht. Aber vielleicht sind die Jungs reingekommen, haben den Papa geschlagen, Geld gestohlen und sind dann zu Ulerika. Sie hat einen von ihnen angeschrien: ‹Was hab ich dir getan?›» Die Kleinste schaute uns an. «Aber der Papa hat Lika doch nach unten gerufen. Erst unten hat sie geschrien. Und dann war es lange Zeit ganz still. Dann habe ich wieder Geräusche gehört.»

Wir atmeten kaum noch. «Was für Geräusche?»

«Schleifgeräusche.» Dann sei ihr Vater rauf- und runtergelaufen, ein Auto sei abgefahren. «Viel später ist der Papa wieder hochgekommen und hat unsere Türen aufgeschlossen.»

«Wie, ich verstehe nicht», stammelte ich.

«Vjosa und ich konnten nicht raus, weil das Zimmer abgeschlossen war», erklärte Blerina.

«Ja», bestätigte Raimonda, «ich war auch eingesperrt.»

Eingeschlossen? Hatte Ulerika ihre Schwestern eingesperrt? Vielleicht, um sie zu schützen? Aber woher sollte sie die Schlüssel haben? Erst zwei Wochen vorher hatte mein Mann alle Schlüssel der Kinderzimmer eingesammelt. «Ich habe wie wild gegen die Tür getrommelt» erzählte Raimonda. «Dann hat er uns rausgelassen. Als ich ihn fragte, was mit seinem Zahn geschehen sei, sagte er, er habe sich an dem Kronenkorken einer Bierflasche verletzt. Und er hat uns verboten, nach unten zu kommen.»

Ich wartete die ganze Nacht auf dem Sofa. Eingewickelt in eine dünne Decke, fiel ich ab und zu in einen unruhigen Schlaf. Es wurde kühl im Zimmer. Zum zehnten Mal tippte ich meine SMS in die Tasten des Handys: «Ulerika, bitte melde dich!! Wo bist du?» Die Uhr an der Wand tickte in die Stille, es war halb fünf Uhr morgens. Mir fiel ein, dass Ulerika Angst haben könnte, nach Hause zu kommen, falls sie sich doch mit ihrem Vater gestritten und ihm einen Zahn ausgeschlagen hatte. Schnell tippte ich eine neue SMS: «Bitte melde dich! Das mit dem Zahn hast du gut gemacht. Er hat es verdient.» Ich drückte die grüne Taste, das Display meldete: «Kurzmitteilung gesendet.» Mir fiel noch etwas ein, und ich tippte: «Egal, wo du hingehen oder leben willst, ich bin für dich da.» Ich beobachtete ungeduldig, wie die SMS gesendet wurde. Adem kam aus dem Schlafzimmer: «Was machst du da?» – «Ich rufe Ulerika an.» – «Sie kommt bestimmt nicht zurück», sagte er. «Sie ist mit den Jungs weggegangen. Für immer.»

Es war eine lange Nacht. Um Viertel vor sechs warf ich die Decke beiseite. Kalter Rauch stand in der Wohnung. Übermüdet, mit schmerzendem Nacken und Kopfweh öffnete ich das Fenster. Kühle Luft strömte ins Zimmer. Ich fröstelte und zog eine Wolljacke an. In der Küche setzte ich Kaffee auf. Wie im Nebel richtete ich das Frühstück. Die Kinder mussten bald geweckt werden, sie hatten Schule. Dann ließ ich mich auf einem Stuhl nieder, der Kaffee blubberte leise. Ich erschrak, als Vjosa um halb sieben Uhr die Tür aufriss. «Mama, der putzt.» Ich begriff nicht. «Ich habe im Keller Giovanna gesucht, und da habe ich Papa gesehen, wie er neben den Regalen mit einem Lappen putzt.» Giovanna war Vjosas Katze. «Vjosa, jetzt sei vernünftig. Geh noch ein bisschen schlafen. Sonst bist du ja ganz müde in der Schule.» Sie sah aus, als wollte sie noch etwas sagen. Dann ging sie.

Etwas später fand Raimonda Ulerikas Winterjacke in deren Bett. Hatte Adem nicht gesagt, Ulerika habe sie mitgenommen? Ulerika in der kalten Nacht, ohne Jacke, ohne Schuhe? War sie am Ende gar nicht aus dem Haus gegangen? Meine Zweitälteste fragte ihren Vater. «Keine Ahnung, was du meinst», erwiderte er und wechselte das Thema. «Ich muss zur Polizei.» Er sah zu mir rüber. «Ich gehe vorher noch in die Firma und sage, dass ich heute nicht arbeiten kann, weil ich niedergeschlagen wurde.» Er verließ uns. «Warum riecht es denn im ganzen Haus nach Putzmittel?», fragte Raimonda schließlich. Da berichtete Vjosa, was sie im Keller beobachtet hatte: «Er schluchzte und schrubbte den Boden. ‹Papa, was machst du denn da?›, wollte ich wissen. Da ist er zusammengefahren und hat sich schnell die Tränen abgewischt.» Vjosas Augen waren voller Entsetzen, das jetzt von uns allen Besitz ergriff. Etwas lag in der Luft, was wir nicht zu deuten wagten.

Um neun Uhr rief ein Beamter des örtlichen Polizeipostens an und fragte, ob sich meine Tochter inzwischen gemeldet habe. Mein Mann säße ihm gegenüber. Das Telefon klingelte nach zwei Stunden erneut. Diesmal war Adem in der Leitung. Auch er wollte wissen, ob Ulerika nach Hause gekommen war. «Du, pass auf», sagte er zum Schluss, «vielleicht kommen zu dir gleich Polizisten von der Kripo.» Mir blieb die Luft weg. «Von der Kriminalpolizei? Ist doch etwas Schlimmes passiert?»

«Sie wollen nur Fragen klären. Ich rufe später wieder an.»

An diesem Morgen hat die Polizei meinen Mann festgenommen.

Sie kamen. Sie gingen durchs Haus, untersuchten alles und machten sich Notizen. Sie stellten Fragen und ließen sich Fotos von Ulerika geben. Ich suchte ihnen die Telefonnummern von den Jungs heraus, die meine Tochter auf einem Notizblock festgehalten hatte. Sie hatte etliche türkische Namen unter der Rubrik «Bodyguards» eingetragen, Namen, die vermutlich zu jungen Burschen mit großen Muskeln gehörten. Auch ich rief die «Jungs» an und ihren besten Kumpel Mehmet. Doch niemand hatte meine Tochter gesehen, keiner wusste etwas. Einer meiner Brüder aus dem Kosovo rief an und fragte, wie es mir ginge. Er habe etwas Furchtbares geträumt.

Als Blerina aus der Schule kam, wurde auch sie befragt. Dann erhielt einer der ermittelnden Beamten einen Anruf. Ich beobachtete, wie sein Gesicht einen ernsten Ausdruck annahm. Als er aufgelegt hatte, unterhielt er sich leise mit seinen Kollegen. Sie nickten sich kurz zu und verabschiedeten sich. «Was ist passiert?», fragte ich und merkte, wie ich schon wieder zu zittern anfing.

«Wir müssen weg, aber wir werden uns schnellstmöglich bei Ihnen melden», sagte der Beamte freundlich. «Auf jeden Fall», bestätigte ein anderer. «Frau Behluli, wir möchten Sie bitten, zu Hause zu bleiben und nicht wegzugehen. Wir kommen bald wieder.»

Später wusste ich: Zu diesem Zeitpunkt wurde meine Tochter aus dem Hirschauer Baggersee geborgen.

«Ja, gut», erwiderte ich stotternd. Ich setzte mich schnurstracks ins Auto und fuhr noch einmal zu unserem Schrebergarten. Vielleicht hatten sich Adem und Ulerika doch geschlagen, und nun lag sie hilflos und verletzt im Garten oder in den Feldern. Vielleicht hatte mein Mann sie dort versteckt. Vielleicht war sie noch am Leben. Ich fuhr viel zu schnell. Ich merkte es nicht.

Währenddessen rief die Kripo bei mir zu Hause an. Blerina erklärte den Beamten, die Mama suche Ulerika im Garten. So kam es, dass dort am Mittag eine Menge Polizisten erschienen. Auch hier untersuchten sie das Gelände. «Immer wieder hat er zu uns gesagt, wenn er uns schlug: ‹Ich töte dich, und dann werfe ich euch in den Garten›», erklärte ich den Kripo-Leuten. «Er hat hier einen Mülleimer, wissen Sie.» Väterlich legte ein Beamter seinen Arm um meine Schultern und sagte mit ruhiger Stimme, ich solle jetzt heimgehen. «Wir werden schauen, ob wir etwas finden.»

Dann saß ich zu Hause, unfähig, etwas zu tun oder einen klaren Gedanken zu fassen. Nachmittags kamen noch mehr Kripo-Beamte. Sie fragten, welche Kleidung Ulerika anhatte und ob sie ein Armband oder eine Silberkette getragen habe. Ich konnte mich an nichts mehr erinnern.

Der Einsatzleiter kam ins Wohnzimmer. «Sie müssen uns mit den Kindern zu unserer Dienststelle begleiten.»

«Nein, das möchte ich nicht», schaute ich ihn empört an. «Ich habe doch bereits alle Fragen beantwortet.» Ich musste doch auf Ulerika warten! Nachdrücklich wiederholte er seine Worte. «Und wenn ich mitkomme», willigte ich ein, «möchte ich mit meinem eigenen Auto fahren.»

«Nein», sagte er schnell, «das geht nicht.»

Dann stellten sie mir eine Polizeisozialarbeiterin vor. Da wusste ich, dass etwas Schlimmes passiert war. Mir wurde flau im Magen, meine Beine wurden schwach. Ich schaute alle an. «Habt ihr Ulerika gefunden?» Die Frage hing im Raum, und das Schweigen war nicht zu überbrücken. Sie blickten sich an. «Wenn etwas passiert ist», hörte ich mich sagen, «dann möchte ich es jetzt wissen.» Warum sagte jetzt keiner, ich solle mir keine Sorgen machen? Warum war jetzt Unruhe in den Augen der Polizisten? «Bitte setzen Sie sich doch», durchbrach die Sozialarbeiterin das lähmende Schweigen. Der Einsatzleiter drehte nervös an seinem Ehering. «Und wir», wandte sich die Polizeisozialarbeiterin zu meinen Töchtern, «wir fahren jetzt gemeinsam im Polizeiauto voraus. Eure Mutter wird gleich nachkommen.» Die Beamten bugsierten meine Kinder aus der Tür. Der Kripo-Beamte und ich waren allein. Ich hörte mich atmen.

«Frau Behluli, wir haben Ihre Tochter gefunden», begann er.

«Wo?», fragte ich angstvoll.

«In der Nähe von Tübingen. In Hirschau.»

Ich sah ihn an.

«Es tut mir sehr Leid, Frau Behluli ... aber ich muss Ihnen mitteilen ...» Seine Fingerknöchel waren weiß. «... dass Ihre Tochter tot ist.»

Ich erstarrte auf dem Sofa.

Kurz vor fünf Uhr zeigten sie mir ihre Leiche. Zugige Luft wehte mit uns in die Friedhofskapelle, als wir eintraten. Neonlicht brannte im Flur, jemand hielt mir die Tür zum Aufbahrungsraum auf. Einer knipste das Licht an. Ich machte einen Schritt. Ihre nackten Füße ragten unter dem Tuch hervor, mit dem sie bedeckt war. Das Tuch war sehr weiß. Sie hoben es an.

Meine Tochter lag da, als schliefe sie. Ihr Gesicht war sehr rot, ihr Hals bedeckt. Um die Brauen waren Blutergüsse. Auf einem Augenlid trug sie noch ihren grünen Lidschatten. Ich streichelte ihr über den Kopf, ihr diamantenes Nasenpiercing hatte sie verloren. Die feine Haut ihrer fest verschlossenen Lippen schien zerrissen, braune Flecken geronnenen Blutes waren zu sehen. Sanft küsste ich ihre Wange. Ich hatte sie gesucht, so gesucht. Nun hatte ich sie endlich gefunden. Wir hatten sie wieder. Unsere Tochter, Enkeltochter,

Schwester, Cousine, Nichte. Unsere Ulerika. Ein rasender Schmerz erfasste mich. Ich schrie. «Er war es! Adem war es!»

Ich weiß nicht mehr, wie wir zur Tübinger Polizei gekommen sind. Irgendwann stand ich vor dem Raum, in dem meine Mädchen auf mich warteten. Als wir durch die Tür traten, schauten alle gleichzeitig auf. «Mama, Mama, gibt es etwas Neues?», sprang Blerina auf. Sie freute sich, mich zu sehen. Den ganzen Tag waren wir getrennt gewesen. «Komm her», lächelte ich sie an. Sie lehnte sich an mich. Die Polizisten hatten für alle drei Mädchen «Poli-Elefanten» dabei. Sie drückten jeder eines der Polizei-Kuscheltiere in die Hand. «Jetzt setzt euch mal hin», sagte ich. Ganz normal sein!, befahl ich mir. Nicht heulen und schreien! Die Töchter nicht erschrecken. Ganz normal. Ich war schweißnass. Wie sollte ich es nur erzählen?

«Hast du was gehört?», hörte ich meine neun, elf und dreizehn Jahre alten Töchter fragen. Ich öffnete den Mund und brachte kein Wort heraus. «Wir müssen euch heute etwas erzählen», sagte ein Polizist. «Ulerika ist gefunden worden.» Drei Augenpaare richteten sich auf uns.

«Ist sie tot?», fragte Raimonda tonlos.

«Ja», sagte er mit leiser Stimme. «Es tut uns sehr Leid.»

Meine Kinder begannen zu schluchzen. Auch bei mir flossen jetzt hemmungslos die Tränen, die ich so lange zurückgehalten hatte. Ein wilder Schrei formte sich in meiner Seele. Sie ist tot! Sie ist tot!

Aber ich erlaubte mir nicht zu brüllen. Ich musste es zurückhalten.

«Und wer hat sie umgebracht?», fragte Raimonda schließlich, die als Erste wieder reden konnte. Ihre Hand presste das Tempo-Taschentuch, mit dem sie sich ihr nass geweintes Gesicht abgewischt hatte.

«Vielleicht Adem», sagte ich leise.

Ihr Taschentuch fiel zu Boden, und meine Töchter lagen sich in den Armen wie Geschwister, die nicht nur ihre Schwester, sondern auch ihren Vater verloren hatten.

Ich möchte reden

Wir konnten keinen Atemzug länger in unserem Zuhause leben. Es war für uns ein Ort des Grauens geworden. Zuflucht fanden wir bei der evangelischen Pfarrfamilie. Sie nahm uns auf. Niemand, auch nicht meine Familie, wusste, wo wir waren. Ich hasste alle. Nein, meine Familie brauchte niemanden zu schicken, der mir beistand. Es war zu spät.

Wir wohnten in einem Ein-Zimmer-Apartment. Wir schliefen alle zusammen, hielten uns, wenn uns Angst und Albträume überfielen, beschützten uns, wenn wir schlafwandelten. Vollkommen erschöpft lag ich tagsüber im Bett oder auf dem Sofa. In meinem Kopf hämmerte es, meine Beine versagten mir den Dienst, ich konnte kaum gehen.

Zuerst hatte ich nicht glauben wollen, was mir die Polizei sagte: Sie gingen von einem Mord aus! Alle Spuren und Indizien wiesen darauf hin. Ich konnte nichts essen. Stand ich auf, wurde mir schwindelig. Die Pfarrfamilie drängte mich, Wasser mit aufgelöstem Zucker zu trinken. Schreckensbilder von Adem, dem Mord an meiner Tochter verfolgten mich. Meine Gedanken kreisten um die Frage: Hatte sie gelitten?

Dann ist Ulerika gekommen. Sie trug ein weißes Kleid und eine Krone, ich lief ihr jubelnd entgegen, und sie lächelte mir zu, ihr Mund war mit braunem Lippenstift geschminkt. Nass vor Schweiß wachte ich auf. Mein Herz schlug wild, ich rang nach Luft. Weinend floh ich aus dem Bett und irrte durchs Zimmer. Die Pfarrersfrau wurde wach. «Was ist passiert?», fragte sie und nahm mich in den Arm. Sie hielt mich lange, tröstete mich mit sanfter Stimme und streichelte mich wie ein kleines Kind. Vorsichtig geleitete sie mich zum Bett, deckte mich zu und verließ leise das Zimmer. Ich versuchte zu schlafen. Er hatte sie mit einem Klebeband erwürgt. Hatte sie es mitbekommen, wie er sie erdrosselte? Die Polizei hatte gesagt, sie sei von ihrem Vater niedergeschlagen worden und vermutlich ohnmächtig gewesen. Sie habe wahrscheinlich nichts gemerkt. Aber wenn sie doch leiden musste? Hatte er ihr den Mund zugeklebt? Hatte er ihr eine Tüte über den Kopf gezogen? Hatte er sie brutal geschlagen? Warum war er meiner Frage, ob er sie geschlagen habe, so ängstlich ausgewichen?

Bei früheren Gewaltausbrüchen war er keineswegs von seinen Emotionen übermannt worden. Hatte er nicht oft den Telefonstecker herausgezogen, bevor er uns geschlagen hatte? So hatte er verhindert, dass wir Hilfe rufen konnten. Ich erinnerte mich, wie ich ihn ein paar Tage vorher im Keller bei einem Selbstgespräch gestört hatte, einem über Ulerika und Mirsad, und das Wort «töten» war gefallen. Erschrocken war er herumgefahren, als ich das Putzmittel aus dem Regal nahm. Er war ganz weiß im Gesicht gewesen. Ich hatte dieser Sache nicht allzu viel Bedeutung beigemessen; allzu oft hatte er uns bedroht. Auch Ulerika hatte in ihr Tagebuch geschrieben, er drohe, sie umzubringen, wenn sie Mirsad nicht verlasse. Jetzt, wo meine Tochter tot war, blätterte ich oft in ihrem Tagebuch. Wir haben ihn alle nicht ernst genug genommen. Mirsads Mutter war Bosnierin, und Adem hatte gesagt, er schäme sich, es jemandem zu erzählen. Es sei gegen seine Ehre. Nie werde ich vergessen, wie Adem blass wurde, als meine Tochter mit meinem Neffen nach Rottenburg auf die Party fahren und dort auch Mirsad treffen wollte. Wie er aufgestanden war und gesagt hatte: «Wir werden sehen, ob sie den Serben sieht.» Und wie er am Abend vor der Tat gefragt hatte: «Wann kommst du wieder?» Er hatte Ulerika ermordet. Ich glaubte es nun auch. Hätte ich die Zeichen nicht richtig deuten müssen? War ich zu leichtsinnig gewesen? Warum nur bin ich ausgegangen? Warum nur?! Wäre ich zu Hause geblieben, würde meine Tochter noch leben. Aber ich hatte ja gedacht, sie würde bei Gina übernachten. Ach, hätte Ulerika nur bei Gina übernachtet. Hätte ich sie doch nicht davon abgebracht. Warum nur, warum hatte er sein Kind getötet? Warum nicht mich? Hätte er doch nur einen guten Freund gehabt, mit dem er über seine Probleme hätte sprechen können. Oft habe ich mir das gewünscht. Aber er wollte mit niemandem reden. Er war der Meinung, was in seiner Familie vorginge, gehe keinen etwas an. Tradition.

Tradition – leitete er das Recht, das Leben seiner Tochter auszulöschen, aus unserer Tradition ab? Tatsächlich erlaubte das albanische Gewohnheitsrecht nach dem Kanun dem Vater, seine Kinder zu töten. So wurde mir berichtet. Aber kaum jemand im Kosovo kennt die Bestimmungen dieses alten Rechts, das ein halbes Jahrtausend alt ist. Aber vielleicht bestimmt die alte Tradition noch unbewusst unsere Gefühle. Ich weiß es nicht! Ich habe es immer richtig gefunden, dass wir im Kosovo der Blutrache abgeschworen haben. Jetzt aber verstand ich, worum es dabei ging. Ich wollte meine Tochter rächen. Irgendwann einmal. So malte ich mir das aus. Nun verstand ich die Menschen von damals, verstand ihren Schmerz. Heute denke ich nicht mehr so. Adem wird im Gefängnis für seine Tat büßen. Aber ich kann ihm nie verzeihen!

Im Kosovo versammelten sich die Männer der Familie Gashi unter dem Vorsitz eines alten, weisen Mannes. Auch er entstammte unserer Familie und übernahm die Funktion des Richters. Die Männer berieten sich untereinander, wie es unsere Tradition vorsieht. Dann kamen sie zu einem Urteil: Die Familie Behluli schuldet der Familie Gashi kein Blut für den Tod von Ulerika; anders, als wenn er mich getötet hätte. Aber es sollte kein Kontakt mehr sein zwischen den Familien. Für immer. Es sollte sein, als sei ich nie verheiratet gewesen. Eine Ausnahme gilt für meine Schwester Ruka, die mit einem Behluli verheiratet ist. Sie kann weiterleben wie bisher. Infolge dieses Ratspruches sprechen heute Mitglieder der Familien Behluli und Gashi nicht mehr miteinander, wenn sie sich auf der Straße treffen. Wir haben keinen Streit, aber auch keinen Kontakt mehr.

Nach sieben Tagen gaben sie den Leichnam Ulerikas zur Beerdigung frei. Noch immer brachte ich kaum einen Bissen hinunter. Ich hatte den Gedanken verworfen, ihre Leiche ins Kosovo zu überführen. Auf keinen Fall wollte ich meine Tochter Adems Familie überlassen. Schon gar nicht konnte ich mir vorstellen, sie in Radoste zu beerdigen. Auch wenn sie in Krusha Madhe beigesetzt würde, war nicht sicher, dass die Behlulis sie nicht holen wollten. Ein Streit wäre vorprogrammiert gewesen. Ich wollte Ulerika bei mir haben. Ich gebe meine Tochter niemandem! Und so wurde sie in Wankheim beerdigt. In diesem Dorf war sie aufgewachsen. Hier sollte sie ihre letzte Ruhe finden.

Nach ungefähr zehn Tagen kam meine Freundin Annette und lud uns zum Italiener ein. Die Beerdigung meiner ältesten Tochter lag hinter mir, es war der schlimmste Tag in meinem Leben gewesen. Ein Meer von Blumen schmückte ihr Grab auf dem kleinen Dorffriedhof, alle hatten ihr die letzte Ehre erwiesen. Meine Familie, mit der ich auf Rukas Flehen wieder in Kontakt war, Mirsads Familie, Ulerikas Freundinnen und Mitschüler. Die Seniorinnen und Senioren aus dem Altenheim hatten Geld für einen Kranz zusammengelegt, jetzt schmückten ihre weiße Lilien und rosa Rosen Ulerikas letzte Ruhestätte. Alle hatten die Beileidskarte unterschrieben, viele von ihnen mit zittriger Hand. Als ich daran dachte, musste ich beinahe mitten im Restaurant weinen. Ich sah die zahllosen Nachbarn und Bekannten vor mir, sah meine Freundinnen und Kolleginnen am offenen Grab stehen. Ich sah die Familie Behluli, für die es ein besonders schwerer Gang gewesen war. Sie hatten mich gefragt, ob sie kommen dürften. «Ihr seid nicht schuld», hatte ich geantwortet. Mirsad stand unter Schock. Er war zusammengebrochen, als er von der Polizei erfahren hatte, dass seine Freundin tot war. Noch immer gingen mir die Bilder nach, der Schmerz, als sie den Sarg mit Ulerikas Körper ins Grab senkten. «Hanni.» Annette legte mir die Hand auf den Arm. «Schau, da kommen unsere Getränke.» Sie lächelte mir zu. Ich nippte an meinem Sprudel. Der Kellner brachte die bestellten Gerichte. Schweigend und bedrückt saßen meine

Töchter vor Pasta und Pizza. «Du musst ein bisschen essen, damit du wieder zu Kräften kommst», legte mir Annette das Besteck zurecht. Meine drei Mädchen schauten mich an. Sie wollten nichts zu sich nehmen, solange ich nicht aß. «Gut, ich esse auch was», sagte ich schließlich. Ich säbelte an meiner Pizza herum und schob mir ein kleines Stückchen in den Mund. Mein Hals war ganz trocken. Ich kaute. Schließlich schluckte ich den Bissen energisch hinunter. Ein Strahlen ging über die Gesichter meiner Mädchen. «Sie isst», freuten sie sich. Sie lächeln zu sehen war wunderschön. Mir wurde bewusst, wie sehr ich sie liebte – und ich hätte gleich wieder weinen können. Ich fasste mich und aß weiter.

Als ich in dieser Nacht im Bett lag und in die Dunkelheit lauschte, als ich Vjosa im Schlaf reden hörte und merkte, dass auch Raimonda unruhig schlief, beschloss ich, alle Kräfte zu sammeln und ins Leben zurückzukehren. Meine Kinder brauchten mich. Ihr Vater hatte auch ihnen schwere Wunden zugefügt. Alle drei machten sich schwere Vorwürfe. Raimonda litt wie ich unter Albträumen und Schuldgefühlen. Blerina glaubte, sie hätte ihrer Schwester beistehen und sie retten müssen, als sie ihre Schreie hörte. Ihr war nicht eingefallen, dass Vjosa einen Reserveschlüssel hatte. Und Vjosa hatte geschlafen. Beide fühlten sich mitschuldig am Tod der Schwester. Zudem konnte sich meine Neunjährige nicht verzeihen, dass sie Angst bekommen hatte. Meine Kleine, deren zerwühlte Haare unter der Decke hervorlugten, hielt sich für feige.

Wir begaben uns in therapeutische Behandlung. Zweimal die Woche fuhr ich meine Töchter nacheinander zu Einzelgesprächen mit der Psychologin, als Letzte war ich selbst an der Reihe. Vjosa konnte nicht alleine sein. Sie litt unter Panikattacken. Zum ersten Mal passierte es, als sie zur Toilette ging. Schreiend kam sie aus dem weiß getünchten Raum gelaufen: «Ich habe den Papa gesehen!» Er hatte ein verzerrtes Gesicht gehabt, ein Zahn fehlte ihm. Wo immer es weiß war – ob in weißen Gardinen oder an der weißen Wand –, sie sah ihn. Vjosa verfolgte ihr Vater, den sie nach der Tat weinend und putzend im Keller angetroffen hatte, wie ein Alb.

Es war dunkel im Zimmer, und ich ging auf Zehenspitzen durch den Raum, um meine Mädchen vorsichtig zuzudecken.

Drei Wochen nachdem sie Ulerika gefunden hatten, beschlossen wir gemeinsam, den Nachnamen Behluli abzulegen und meinen Mädchennamen Gashi anzunehmen. Auslöser für unsere Entscheidung waren Fotos, die mir die Kripo bei einem Befragungstermin vorgelegt hatte. Die Bilder zeigten Ulerika am Ufer des Baggersees, aus dem ihre Leiche geborgen worden war. Der Notarzt beugte sich über sie. Um Ulerikas Kopf und Hals waren noch Reste des Klebebandes gewickelt, mit dem sie stranguliert worden war. Raimonda legte ihren Finger auf eine Frage, die wir noch lösen mussten: «Was tun wir, damit Ulerika nicht die Einzige von uns ist, die noch Behluli heißt?» Wir kamen täglich an ihr Grab, inzwischen waren die Kränze und Blumen verwelkt und abgeräumt. Wir hatten junge Narzissen und Hyazinthen gesetzt. Ich fragte auf dem Pfarramt, ob wir auf dem Grabstein ‹Ulerika Gashi› eingravieren lassen konnten. Es war nach deutschem Recht nicht möglich. Der Pfarrer schlug vor, Ulerikas Nachnamen auf dem Stein einfach wegzulassen.

Ulerika
* 1986
† 2003

steht heute auf dem Grabstein. Später fand ich in Ulerikas Tagebuch eine Passage, in der sie ihren Nachnamen mit wütendem Stift durchgestrichen hatte. «Ich hasse diesen Namen», schrieb sie und unterzeichnete mit Mirsads Familiennamen: «Ulerika Zenuni».

Zwei Monate nach Ulerikas Tod nahm ich meine Arbeit wieder auf. Am Nachmittag ging ich wie so oft zu ihrem Grab, wo sich Stiefmütterchen und Vergissmeinnicht der schon tief stehenden Mai-Sonne entgegenreckten. «Ulerika, schau, ich habe dir Narzissen mitgebracht», sagte ich zu meiner toten Tochter. «Alle trauern um dich. Auch im Seniorenheim haben die alten Menschen schon auf mich gewartet.» Ich zupfte ein paar welke Blätter aus den Stiefmütterchen. «Sie wollten mir noch einmal ihr Beileid aussprechen. Viele kamen in ihren Rollstühlen, nahmen mich mit Tränen in den Augen in den Arm. Ich hab geweint, war verwirrt und gerührt.» Ich redete gerne mit Ulerika, mir schien, als könne sie mich hören. «Natürlich fand ich nicht gleich ein Taschentuch. Ich hab mich für das gesammelte Geld und ihre Beileidskarte mit dem Bibel-Gedicht bedankt. Warum das ausgerechnet mir passiert sei?, fragte eine alte Dame. Sie hätte ja keine Ahnung gehabt, dass ich so einen Mann hatte. Ja, Ulerika, du hast immer gesagt, niemand weiß, wie wir leben.» Ich suchte ein Taschentuch. «Sie sagten, ich wäre doch immer mit einem Lächeln auf den Lippen gekommen, so, als ob ich ein glücklicher Mensch sei. Dann musste ich schon wieder weinen.» Tränen rannen über meine Wangen. «Ach, Ulerika, ich habe doch extra für die alten Menschen gelächelt. Gerne gelächelt. Sie sollten sich nicht wie in einem Heim fühlen.» Ich versuchte mich zu fassen. «Ulerika, viele sind auf unserer Seite. Sie spenden uns Trost und Mitgefühl. Das gibt deinen Schwestern und mir Kraft. Jetzt schüttle ich wieder täglich Betten auf, richte das Essen, bereite Tabletten vor. Trotzdem – wenn ich den alten Leuten den Puls messe, denke ich immer an dich. Eine Minute ist so lang. Oder zwei. Bis man stirbt. Ohne Luft.»

Fuchsien, Begonien und Rosen schmückten das Grab meiner ersten Tochter, als wir im Juni anderswo eine neue Wohnung fanden. Sie war erst notdürftig renoviert, nur ein Zimmer war bezugsbereit. Auch die Küche musste noch gestrichen und eingerichtet werden. Die Pfarrersfamilie wollte uns nicht gehen lassen, bis die neue Wohnung fertig sein würde. Aber ich wollte auf keinen Fall länger stören. Sie hatte uns mehr als genug geholfen.

Ein halbes Jahr nach Ulerikas Tod, wir hatten ihr gerade violette und gelbe Astern ans Grab gebracht, erinnerte ich mich an den Artikel aus der Zeitung. Nina hatte ihn mir acht Tage nach der Ermordung meiner Tochter auf den Tisch gelegt. Die Tübinger Frauenrechtsorganisation Terre des Femmes und der Mädchentreff Tübingen hatten in einem Interview mit dem «Schwäbischen Tagblatt» die Vermutung geäußert, es handele sich bei Ulerikas Tod um einen Ehrenmord. Damals hatte ich nur einen kurzen Blick darauf geworfen. Ich wollte keine Zeitungsartikel über den Mord an meiner Tochter lesen. Aber da war auch noch Herr Eisele gewesen. Auch er brachte den Zeitungsbericht mit. Herr Eisele sammelte für mich sämtliche Artikel, die über den Mord erschienen. Ich kannte den liebenswürdigen Rentner über seine inzwischen verstorbene Frau, die ich lange gepflegt hatte. Er war froh gewesen, dass er und seine Gattin in den schweren Zeiten ihrer Krankheit an mir eine Stütze gehabt hatten. Nun wollte er auch für mich da sein. Er half mir, wo er konnte, und meinte, mir mit den Zeitungsausschnitten einen Gefallen zu tun. «Mich interessiert das nicht», sagte ich immer wieder. Doch er blieb hartnäckig. Damals hatte ich den Bericht immerhin kurz gelesen und mir die Kontakt-Adresse von Terre des Femmes notiert. Ich wollte anrufen, wenn ich mich nicht mehr so schwach fühlte.

Jetzt nahm ich den Zeitungsausschnitt wieder zur Hand und begann zu lesen. Nach Meinung von Terre des Femmes musste Ulerika sterben, «weil sie sich verhalten hat wie jedes andere Mädchen in ihrem Alter: Sie schminkte sich, trug modische Kleider und hatte einen Freund.» Eine Pädagogin vom Mädchentreff berichtete, der Mord gehe vielen Migrantinnen sehr nahe, weil sie Ähnliches befürchteten. Die Einrichtung werde oft zur Zuflucht für junge Frauen aus der Türkei, dem Libanon oder Albanien, die mit der Familienehre in Konflikt geraten seien. Eine Tochter sei etwa vom Vater grün und blau geschlagen worden, weil sie einen Freund gehabt habe. Ja, das konnte ich mir gut vorstellen. Und was konnte für die Mädchen getan werden? Terre des Femmes sagte, für gefährdete junge Frauen sei es schwer, Hilfe zu finden. Lehrkräften, Schulsozialarbeitern und Jugendämtern fehle es an Wissen. Und, ergänzte ich bitter in Gedanken, die Mädchen sprechen nicht! Sie haben Angst oder schämen sich. Wie meine Tochter.

Nachdenklich legte ich den Text beiseite. Vielleicht konnten wir uns gegenseitig helfen. Ich könnte ihnen und Terre des Femmes viel erzählen. Vielleicht würden andere Mädchen vor Ulerikas Schicksal bewahrt werden. Gleichzeitig könnte mir Terre des Femmes helfen. Denn es nervte mich zunehmend, dass jeder glaubte, über «den Fall» reden zu können. Niemand scherte sich darum, ob es stimmte. Unter den Kosovo-Albanerinnen und -Albanern im Dorf, in dem Ruka lebte, wurde zeitweise verbreitet, die Mutter von Ulerika sei Alkoholikerin gewesen. Andere munkelten, Ulerika sei mit einem Afrikaner zusammen gewesen. Manche bedauerten gar Adem, von dem ich mich inzwischen hatte scheiden lassen. «Der Arme», sagten sie, «muss jetzt wahrscheinlich fünfzehn Jahre ins Gefängnis. Das hat er seiner Tochter zu verdanken.» Niemand sagte so etwas direkt zu mir. Ich hörte aus zweiter Hand, dass die Stimmung gegen Ulerika war. Ich beschloss, Terre des Femmes meine Geschichte zu erzählen. Ihr werdet sehen, wer Ulerika, Hanife und Adem waren, dachte ich grimmig.

Doch nicht alles ist so leicht getan, wie gesagt. Es war der 23. September, und ich schlich schon Stunden ums Telefon. Immer wieder holte ich tief Luft, nahm zitternd den Hörer ab und legte ohne zu wählen wieder auf. Manchmal schaffte ich es, die Nummer bis zum Rufton durchzuwählen. Das Klingeln erschreckte mich, schnell warf ich den Hörer auf die Gabel. Warum rufe ich an?, schoss es mir durch den Kopf. Was wollte ich eigentlich? Wieder drehte ich eine Runde im Wohnzimmer. Wie soll ich das Gespräch beginnen?

Ich griff zum Telefon und wählte. Diesmal meldete sich die Frauenstimme, bevor ich aufhängen konnte: «Terre des Femmes, Myria Böhmecke, guten Tag.»

«Ich ... ähhmm, ich heiße ähm ... Hanife Gashi.» Mir brach der Schweiß aus. «Ich bin Ulerikas Mutter.» O Gott, was rede ich, dachte ich. Wie sollten die Frauen wissen, wer Ulerika ist. Es gibt ja in Deutschland viele Ulerikas.

«Ich meine die Ulerika, die von ihrem Vater umgebracht wurde.»

«Frau Behluli?»

«Ja. Nein, ich bin Frau Gashi.» Jetzt brachte ich sie bestimmt völlig durcheinander. «Also ich bin Ulerikas Mutter», begann ich von neuem. «Sie haben im Schwäbischen Tagblatt gesagt, es handle sich um einen Ehrenmord. Ich kann Ihnen viel dazu erzählen. Aber nicht am Telefon.» Es war raus. Bald darauf saß ich zum ersten Mal in der Bundesgeschäftsstelle der Frauenrechtsorganisation.

Die in hellem Grau gehaltenen Räume verbreiteten eine freundliche Atmosphäre, ungefähr 15 meist junge Frauen arbeiteten dort. Vor mir standen Kaffee und Plätzchen. Zwei Frauen saßen mit mir am Tisch. Ich wusste nicht so genau, ob ich bei Terre des Femmes richtig war. War ich etwa eine Frau, die vor ihrem prügelnden Ehemann Schutz suchte? Nein. War ich ein Mädchen, das von seinen Eltern verprügelt wird oder von Zwangsverheiratung oder Ehrenmord bedroht ist? Nein. In meiner Familie war bereits alles passiert, meine Tochter war tot und konnte bei keiner Hilfsorganisation mehr Zuflucht oder eine neue Zukunftsperspektive suchen. Was wollte ich denn? War nicht sowieso alles zu spät? Hätte ich nicht für Ulerika früher Hilfe suchen müssen?

Myria Böhmecke spürte meine Unsicherheit. Die Referentin lächelte mich an und stellte sich vor. Das Gespräch kam in Gang, und ich erfuhr, was Terre des Femmes tut. Faltblätter über die Ausbeutung von Frauen in der Dritten Welt lagen vor mir. Geschäftsführerin Christa Stolle erklärte mir, dass Terre des Femmes viele solcher Informationen herausgibt, Bücher veröffentlicht, Forderungen an die Politik formuliert und mit anderen Organisationen zusammenarbeitet. Es imponierte mir, wie sie Spenden sammeln für genitalverstümmelte Frauen. Es leuchtete mir ein, wie sie durch ihre Kampagne gegen Zwangsheirat Mädchen helfen. Zum Beispiel geben sie Unterrichtsmappen heraus, laden zu Info-Veranstaltungen ein und vermitteln Hilfesuchende an die leider nur vier Schutzeinrichtungen, die es bisher in Deutschland gibt. Und in Myria Böhmecke finden Mädchen, die schnelle Hilfe brauchen, eine verständnisvolle Gesprächspartnerin und beherzte Helferin.

Ja, jemanden zum Reden, das hätte ich damals im Kosovo auch brauchen können. Jetzt war es zu spät. Allerdings – sprechen konnte ich immer noch. Und ich begann, die Geschichte unserer Familie zu erzählen. Von Zwangsverheiratung und Ehrenmord, von Gewalt und Verzweiflung. Die Betroffenheit im Raum war mit Händen zu greifen, sie sahen mich weinen, aber ich wollte erst aufhören, wenn ich alles erzählt hatte. Ich sprach weiter, immer weiter.

Myria Böhmecke goss mir noch eine Tasse Kaffee ein. «Sie sagen, es war ein Ehrenmord, Frau Gashi.»

«Nun ja, bei uns ist es nicht wie in arabischen Ländern, dass Familien ihre Tochter töten, weil sie einen Jungen küsst oder ledig schwanger wird. Jedenfalls ist mir diese Art von Gewalt nur als große Ausnahme bekannt. Ehrenmorde gibt es aber, wenn eine Tochter einen Mann heiratet, der kein Albaner ist.»

«Warum war das für ihren geschiedenen Mann denn so wichtig?», wollte Christa Stolle wissen.

«Ich weiß es nicht. Vielleicht, weil sich Kosovo-Albaner und Serben hassen. Adem wollte keinen Mann zum Schwiegersohn, der eine bosnische Mutter hat und wie viele Bosnier einen serbischen Dialekt spricht. Vielleicht spielt es eine Rolle, dass die Kosovo-Albaner meistens Muslime sind und die Serben orthodox. Aber eigentlich hat dieser Hass nichts mit der Religion zu tun. Wir selbst waren ja auch nicht religiös.» Ich schaute den Frauen ins Gesicht. «Es ist für unsere Generation einfach Tradition: Wir Frauen sollten nur Albaner heiraten. Wer gegen diese Regel verstieß, beleidigte die Ehre der Familie.» Ich musste eine kurze Pause machen. Es war sehr schmerzlich, über all die Dinge zu reden. Doch hier stieß ich auf offene Ohren, musste mir keine Sorgen machen, dass mir nicht geglaubt würde.

«Eins muss ich aber auch sagen: Die Sitten im Kosovo haben sich in den letzten zwanzig Jahren verändert. Unsere Mädchen dort heiraten inzwischen auch Soldaten aus Amerika. Manche heiraten Deutsche und wollen in Deutschland leben. Aber hier gibt es immer noch Landsleute wie Adem, die an den alten Sitten festhalten. Für sie ist die Zeit stehen geblieben.»

«Das ist eine Erfahrung, die viele Organisationen machen, die sich mit den Problemen von Migrantenfamilien beschäftigen», bestätigte Christa Stolle. «Hätte Ulerika denn selbst einen Mann wählen können?»

«Mein Ex-Mann wollte sie von Männern fern halten. Er wollte ihren Ehepartner auswählen und dessen Familie in Augenschein nehmen. Dazu sah er sich von der Tradition verpflichtet. Außer Bosniern wären für ihn auch keine Türken in Frage gekommen. Serben natürlich auch nicht. Ihm schwebte ein Albaner aus dem Kosovo vor. Zwar hätte er Ulerika wohl zugestanden, einen Mann abzulehnen. Das Wichtigste aber war: Er wollte den Ehemann aussuchen. In dieser Beziehung forderte er unbedingten Respekt.»

«Wie hat sich Ihr Ex-Mann denn seinen Schwiegersohn vorgestellt?», wollte Myria Böhmecke wissen.

«Er sollte traditionell denken, zu Adems Familie in Radoste passen, tüchtig arbeiten können und es zu etwas bringen wollen. Er sollte ein Mann sein, der über Frau und Kinder bestimmte. Und obwohl alle seine Töchter eine Ausbildung machen sollten, hätte er es in Ordnung gefunden, wenn der Ehemann verlangen würde, dass sie zu Hause bleiben und die Kinder versorgen.»

«Ja, und warum durfte es kein Albaner sein, der in Deutschland aufgewachsen war?»

«‹Die jungen Kosovo-Albaner, die hier aufwachsen, das sind halt Deutsche›, pflegte er abfällig zu urteilen. Sie seien keine ‹richtigen Männer›. Sie dächten nur an ihr Vergnügen und an Discos, wollten keine Verantwortung für eine Familie übernehmen.»

Myria Böhmecke runzelte die Stirn: «Nun ja, wenn junge Menschen gerne tanzen gehen, heißt das ja nicht, dass sie später keine Verantwortung tragen könnten. Aber», fuhr sie fort, «Sie bestätigen uns gerade, was wir immer wieder erfahren: Nicht nur junge Migrantinnen, auch junge Migranten lassen sich von ihren Eltern nicht mehr auf traditionelle Rollen und Erwartungen festlegen. Da sind Konflikte programmiert. Er hat die Liebe zwischen Ulerika mit Mirsad nicht geduldet», schloss Myria Böhmecke. «Und schon lange missbilligte er, dass sich Ulerika den Bauchnabel piercen ließ oder Tops anzog. Er spionierte ihr nach, er las ihr Tagebuch. Als Vater wollte er das Oberhaupt der Familie sein. Der Herr über Frau und Kinder. An diesem Punkt hängen Mannes- und Familienehre eng zusammen. Ulerika hat sich seiner Macht verweigert und wehrte sich. Er sah seine Ehre beschmutzt.»

«Ja. Er hat sie getötet.» Ich schwieg und fragte mich, was sie jetzt, wo meine Tochter ermordet war, noch für mich tun konnten. Plötzlich wusste ich, was ich mir von meinem Besuch bei Terre des Femmes erhoffte. Ich wollte gerne eine Kundgebung haben. Ich wollte gegen Männer wie Adem kämpfen. Männer, die ihre Töchter umbringen wegen der Ehre. Alle sollten verurteilen, was er getan hatte. Es gibt viele solcher Täter, die noch ihre Familien terrorisieren. Sie sollten sich nicht sicher fühlen, sie sollten von unseren Protesten in den Zeitungen lesen, sie im Fernsehen sehen und im Radio hören. Das war mein Wunsch.

Und dann fragte ich. Die Frauen schauten sich an. Trotzig beschloss ich, es notfalls alleine zu organisieren, und zwar bald. Ich hörte Myria sagen: «Wir können eine Demonstration auf die Beine stellen. Aber wir könnten mehr Menschen ansprechen, wenn wir die Veranstaltung nicht sofort machen, sondern gut vorbereiten und richtig terminieren.»

Ich war erstaunt und glücklich. Natürlich war ich wieder ungeduldig gewesen.

Christa Stolle dachte nach. «Wie wäre es, wenn wir eine Trauerkundgebung für Ulerika am Samstag vor dem 25. November, dem Internationalen Protesttag ‹NEIN zu Gewalt an Frauen›, veranstalten würden?»

So machten wir es. Ab da trafen wir uns öfter, um die Details zu planen. Terre des Femmes informierte bundesweit Zeitungen, Radio- und Fernsehsender, lud andere Frauenverbände ein, entwarf Flugblätter und organisierte Rednerinnen. Am 22. November 2003, eineinhalb Wochen vor dem Prozessbeginn gegen meinen Ex-Mann, sollte ich zum ersten Mal vor einer versammelten Menge über meine Tochter Ulerika sprechen. Als ich kurz vor zwölf Uhr mit meinen Töchtern und meiner Schwester Ruka auf dem Tübinger Marktplatz eintraf, hatten sich schon viele Menschen vor dem historischen Rathaus versammelt. Alle waren sehr still, die Atmosphäre war fast feierlich. Ich war berührt von der Anteilnahme der Menschen, von den Transparenten, auf denen zum Beispiel «Wir gedenken Ulerika» oder «Nein zu Verbrechen im Namen der Ehre» zu lesen war. Bewegt ging ich zum Info-Stand von Terre des Femmes, wo ich schon von weitem die große Gestalt und die blonden Haare von Geschäftsführerin Christa Stolle sah. Mit ihr wollte ich mich treffen. Wir begrüßten uns. «Kommen Sie», nickte sie mir aufmunternd zu. «Wir reihen uns in den Protestzug ein. Gleich gehen wir los.» Meine Kinder hatten ihre Freundinnen und Mitschülerinnen entdeckt. Ich sah Ulerikas Freundinnen und meine Arbeitskolleginnen.

Langsam setzte sich der Protestzug in Bewegung. Wir gingen schweigend die Fußgängerzone entlang, hinab zur Brücke am Neckar. Dort wendeten wir uns nach links und liefen die verkehrsreiche Mühlstraße hinauf. Rechter Hand lag der Österberg. Mir war mulmig. Dort gab es eine Zweigstelle der Justizvollzugsanstalt. Fast war mir, als müsste er mich sehen. Sieh nur, Adem, sie alle protestieren gegen deinen feigen Mord. Wir wollen es nicht hinnehmen! Tränen rannen über mein Gesicht.

Es war noch warm für einen Tag im November. Über dreihundert Menschen waren gekommen: Damit hatte ich nicht gerechnet. Ich sah Männer und Frauen, die spontan ein Stück in unserem Protestzug mitliefen. Mit ihren Einkaufstaschen reihten sie sich ein, Studentinnen und Studenten stiegen von ihren Fahrrädern. Wir bogen mit dem Protestmarsch wieder in die Fußgängerzone, Straßen wurden zu Gassen. Die überregionale Presse war auf uns aufmerksam geworden. Vor einer Woche war in der Berliner Wochenzeitung «Welt am Sonntag» ein Artikel über Ulerika erschienen. Ich war die erste Mutter, die in deutschen Medien darüber sprach, wie sie ihr Kind durch einen Ehrenmord verloren hatte. Vorsichtig und sensibel hatte der Journalist seine Fragen gestellt, mir Zeit gelassen zu antworten und dann auf einer ganzen Seite berichtet. Zum Schluss kündigte er unsere Kundgebung mit den Worten an: «Sie will alle Frauen warnen, die sich morgens ihre Blutergüsse wegschminken, die vor der Haustür Harmonie heucheln, während dahinter eine Hölle lodert.»

Ja, genau so hatte ich es gemeint. Inzwischen waren Anfragen von Zeitungen und Fernsehsendern aus ganz Deutschland bei Terre des Femmes eingegangen. Die Sendungen «Stern-TV» und «Mona Lisa» hatten Teams geschickt, Artikel sollten bald in der ganzen Republik erscheinen. Raimonda und ihre Freundinnen trugen Plakate genauso wie Vjosa mit Ulerikas Freundinnen. Kameraleute filmten.

Ich sah auch einige Albanerinnen und Albaner. Aber es waren nicht viele. Sie wussten nicht so recht, was sie davon halten sollten. Und wer sollte mich als Frau schon ernst nehmen. Immerhin, niemand kritisierte mich offen. Ruka ging aus Solidarität mit mir mit. Volle Unterstützung fand ich bei meiner jüngsten Schwester, die im Kosovo lebt. Auch eine kosovo-albanische Freundin hier in Deutschland fand unser Engagement gut. Die in Deutschland geborene 21-Jährige war wie ich von ihren Eltern verheiratet worden.

Wir Albanerinnen – eigentlich ist es unsere Mentalität, die Taten unserer Männer zu verstecken. Ob sie uns schlagen, ob sie fremdgehen – wir schweigen. Schon gar im Ausland. Aber ich denke, die Frauen und Mütter fanden es dennoch richtig, dass ich anders handelte. Das merkte ich in den Gesprächen. Bisher hatten viel zu viele Adem bedauert. Jetzt verstanden sie: Es war nicht Ulerikas Schuld. Das hoffte ich jedenfalls.

Wir hatten wieder den Ausgangsort des Marsches erreicht und betraten das Kopfsteinpflaster des Marktplatzes. Stumm versammelten sich die Menschen. Ich ging mit Christa Stolle die Treppe neben dem Rathaus hinauf. Dann sprach sie die einleitenden Worte zur Kundgebung. «Wir haben uns heute hier auf dem Marktplatz versammelt, um der ermordeten Ulerika zu gedenken …» Mir wurde schwer ums Herz. Die Kamerateams suchten mich mit ihren Objektiven. Eine Terre des Femmes-Frau drückte mir die Hand. Gleich musste ich reden. Würde mir die Stimme versagen, würden alle meine Worte, die ich an die Menschen richten wollte, von Tränen erstickt werden? Bitte, ich kann jetzt nicht weinen! «Ehrenmorde sind ein weltweites Phänomen», hörte ich die Stimme Christa Stolles. «Laut UN-Bericht werden Mädchen und Frauen in mindestens 14 Ländern der Welt im Namen der Ehre missbraucht, verstoßen, ermordet. Jährlich sterben weltweit 5000 Mädchen und

Foto: Terre des Femmes/Barbara Tolle

Gedenkveranstaltung für Ulerika in Tübingen. Hunderte von Menschen beteiligten sich an dem Marsch durch die Innenstadt und an der anschließenden Kundgebung.

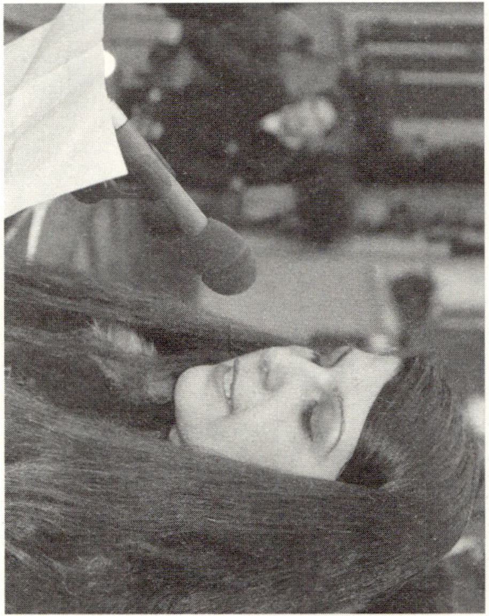

Foto: Terre des Femmes/Barbara Tolle

Foto: Terre des Femmes/Dr. Claus Bull

Frauen. Die Dunkelziffer ist jedoch um ein Vielfaches höher. Auch in Deutschland werden Mädchen und Frauen in Namen der Ehre misshandelt und ermordet …»

Wie Ulerika! Wie sie! Meine Tränen flossen. Ein Kameramann löste sich aus der Menge, lief auf mich zu und hielt mir sein Gerät mitten ins Gesicht. Wütend scheuchte ihn Christa Stolles Assistentin fort.

Langsam trat ich vor. Unten standen Blerina und Vjosa, sie hielten selbst gemalte Plakate in die Höhe. Ich entdeckte Raimonda, die mit anderen Mädchen ein riesiges Transparent hochhielt.

Rede von Hanife Gashi
zur Gedenkveranstaltung am 22. 11. 2003
Wir lieben das Leben in Freiheit ohne Gewalt

«Warum können wir nicht das Leben in Freiheit genießen?
Warum sollen wir wie die Blumen ohne Wasser vertrocknen?
Sind wir schuld, dass wir Frauen sind, dass uns die Natur so schön geschaffen hat wie schöne Blumen? Wir wollen auch das Leben in Freiheit genießen. Warum mögt ihr uns nur, um Familien zu zeugen, warum sperrt ihr uns ein, warum macht ihr unser Leben schwarz? Warum verbrennt ihr uns lebendig, warum lasst ihr unsere Schönheit, unsere Sympathie und unsere Lebensfreude verschwinden?

Ich bin stolz, eine Frau zu sein. Ihr Mörder, die ihr das Leben der jungen Frauen nehmt, wisst ihr, dass es für euch weder auf dieser Welt noch in der anderen einen Platz gibt? Ihr sollt das Blut der jungen Mädchen nicht wie die Vampire aussaugen.

Aber ihr habt sie nicht wirklich getötet, sie sind in Engel verwandelt worden. Sie beobachten uns vom Himmel und beten, dass die Freiheit für die Frauen, die leiden, kommt. Mit vollem Stolz rede ich vor den hier versammelten Männern und Frauen, obwohl ich noch die offene und nicht geheilte Wunde im Herzen trage.

Ich habe meine 16-jährige Tochter verloren. Sie wurde von den Unmenschen ermordet, die sich dem Leben und dem Umfeld nicht anpassen können. Ulerika war meine Tochter und meine Freundin. Obwohl ich siebzehn Jahre in dunkler Finsternis lebte, meinen Stolz als Frau habe ich nie verloren. Ich habe immer den Kopf hoch gehalten und ein lachendes Gesicht gezeigt, obwohl mein Herz blutete.

Ulerika, Seele deiner Mama, meine erste aufgeblühte Blume – du bist Märtyrerin für unsere Freiheit geworden und vielleicht auch für viele andere Frauen und Familien, die in dunkler Finsternis leben. Ich hoffe, dass du im Himmel beten wirst und allen Frauen, die leiden, die Freiheit bringst. Wir Frauen sind alles auf dieser Welt. Wir sind das Wasser, welches das Feuer löscht, wir sind die Luft, die die Seele erfrischt, wir sind ein Acker, in den der Samen eingepflanzt wird, und wir sind diejenigen, die die Früchte großziehen.

Ich bitte Sie, liebe Zuhörerinnen und Zuhörer, die Gewalt gegen Frauen endlich zu stoppen! Ich appelliere an alle Frauen, die misshandelt werden, nicht am Boden liegen zu bleiben. Ihr sollt stark sein und eure Persönlichkeit und Schönheit nicht zunichte machen lassen. Ihr sollt nicht wie eine Blume ohne Wasser vertrocknen. Es wird eine Zeit kommen, in der die Mörder für immer verschwunden sein werden. Die größte Bitte ist, dass ihr mehr mit den Freundinnen über Probleme redet oder mit Lehrerinnen in der Schule und diese nicht jahrelang verheimlicht, weil euch sonst vielleicht der Tod erwartet.

Allen Frauen wünsche ich Freiheit. Ich habe noch eine Botschaft an junge Mädchen: Ihr sollt euer Leben selbst in die Hand nehmen, ihr sollt euch eine eigene Meinung bilden. Ihr sollt die begangenen Fehler nicht bereuen, egal, welcher Art sie sind. Denn niemand hat die Todesstrafe verdient, und vor allem nicht von einem Elternteil.

Ich danke Ihnen fürs Zuhören.»

Ich ging vom Podium, ein paar Frauen legten fürsorglich ihren Arm um mich. Wie aus der Ferne hörte ich noch eine Lehrerin aus Ulerikas Hauptschule. Sie erzählte von meiner Tochter, der ehemaligen Schulsprecherin und begeisterten Theater-AG-Mitspielerin. Gerade, als die Schülerinnen und Schüler einen Aktionstag gegen Gewalt vorbereiteten, war an der Schule die Nachricht von Ulerikas Tod eingegangen.

Die Reporter warteten bereits auf die versprochenen Interviews. Ich war sehr durcheinander. Zwischendurch zog mich meine Arbeitskollegin auf die Seite. «Du hast eine Revolution geschafft», sagte sie stolz und zugleich besorgt. «Aber hast du keine Angst, dass dir etwas passiert?»

«Was sollte mir denn passieren?»

«Nun, nicht allen Männern wird gefallen, was sie hören.»

Natürlich hatte sie Recht. Ich hatte ein Tabu gebrochen. Doch wir Albanerinnen und Albaner mussten darüber sprechen. Nichts liegt mir ferner, als unsere Kultur an den Pranger zu stellen. Aber es hilft auch nicht, Gewalt unter den Teppich zu kehren.

Und war es nicht auch im Interesse der Skeptiker, dass ich den Mund aufmachte? Denn es konnte ihnen doch nicht gefallen, wenn der Eindruck entstand, unsere Landsleute sind latent gewalttätig. Und wenn die Leute dachten, Muslime töten ihre Töchter. Nein. Wir mussten über unsere Probleme, die wir in einem fremden Land bekommen können, sprechen. Wir müssen offen miteinander sein, nur so können wir uns gegenseitig helfen. Unsere Familie hatte viel zu wenig miteinander reden können. Das war unser Fehler. Und ich hätte Adem viel früher verlassen sollen, hätte nicht auf die Man-lässt-sich-doch-nicht-scheiden-Tradition hören sollen. Dann würde Ulerika vielleicht noch leben. So aber konnte ein Mann, der die Lösung seiner Probleme in der Gewalt suchte, zum Mörder werden.

Er war sein ganzes Leben nicht zufrieden gewesen. War er es jetzt? Diese Frage hätte ich ihm gern entgegengeschleudert. Als ich rund zehn Tage später bei Günther Jauch saß, stellte ich die Frage öffentlich und hoffte sehr, er könne mich sehen.

Günther Jauch hatte mich und Terre des Femmes-Frau Myria Böhmecke zu seiner Sendung «sternTV» nach Köln eingeladen. Mitsamt den Kindern waren wir hingefahren, waren nervös und aufgeregt. Im Studio angekommen, begrüßte uns Günther Jauch. Es war noch Zeit bis zur Sendung, und mit seinem jungenhaften Charme nahm er uns die Scheu. Er bot uns Kaffee an und unterhielt sich mit den Kindern, die ihn gleich ins Herz schlossen. Dann erklärte er uns, wie unser Gespräch geplant war. Sie zeigten uns den Filmbericht über Ulerika, den sie gedreht hatten, und fragten, ob ich einverstanden sei. Ich war überwältigt und gerührt. «Ja», sagte ich zu ihm gewandt. «Ich bin einverstanden. Die ganze Welt soll wissen, warum er sie umgebracht hat.»

Dann waren wir auf Sendung. Meine Töchter standen hinter den Kulissen und durften zuschauen. Ich erzählte unsere Geschichte. «War es trotzdem richtig, dass Ulerika sich gewehrt hat, um zu leben, wie sie wollte?», fragte Günther Jauch.

«Ja», entgegnete ich mit fester Stimme. «Sie kam im Alter von zweieinhalb Jahren nach Deutschland. Sie konnte nicht anders leben.»

Sie konnte nicht! Sie wollte ein ganz normales Mädchen sein. «Was raten Sie betroffenen Frauen und Mädchen?», hörte ich den Moderator Myria Böhmecke fragen. Sie riet ihnen, zuerst mit einer Freundin oder einer Lehrerin zu sprechen, der sie strikt vertrauen könnten. Der nächste Schritt könne dann sein, gemeinsam eine Beratungsstelle aufzusuchen. «Es ist wichtig, nicht Jahre still vor sich hinzuleiden.» Auch an Terre des Femmes wendeten sich Hilfe suchende Frauen und Mädchen. «Wir hören zu, beraten sie intensiv und suchen gemeinsam nach Lösungswegen. Mit Zufluchtsstätten arbeiten wir eng zusammen und können Betroffene auf Wunsch dorthin vermitteln.» Aber oft, erklärte sie, zögerten junge Türkinnen, Albanerinnen, Musliminnen und manchmal auch Portugiesinnen. Sie hätten oft wahnsinnige Angst vor Prügeln oder angedrohtem Totschlag. Und oft wollten sie ihre Mütter und Geschwister nicht verlassen.

Es war uns wichtig, Menschen nicht nur aufzurütteln, sondern

Frauen auch Hilfe anzubieten. «Nach einer Studie werden allein in Berlin jedes Jahr 230 Mädchen und Frauen zwangsverheiratet», sagte Myria Böhmecke. Und die Dunkelziffer sei unbekannt. Die Mädchen, die einen Mann nicht heiraten wollen und fliehen, bräuchten dringend mehr Hilfe. Denn wer auf diese Weise die Familienehre verletze, könne umgebracht werden. Zum Beispiel gebe es in Deutschland nur drei Schutzeinrichtungen, die solche Mädchen über längere Zeit aufnehmen und qualifiziert betreuen können.

Dann fragte Günther Jauch nach Mirsad. Ich erzählte, wie sehr der Siebzehnjährige unter Ulerikas Tod litt. Ich hatte ihn und seine Familie besucht. Auch er fühlt sich schuldig. Nach meinem Besuch wurde er drei, vier Wochen krank und konnte nicht in die Schule. Er braucht Abstand, damit er sich wieder fangen kann.

Es war gut, unsere Geschichte im Fernsehen und in Zeitungsinterviews publik zu machen. Terre des Femmes und ich, wir wollen Leidensgenossinnen ermutigen, ihr Schicksal nicht still zu ertragen, sondern sich zu wehren und Rechte einzufordern. Dafür lassen wir auch einiges über uns ergehen. Denn eine korrekte Berichterstattung, das ist keine Selbstverständlichkeit. So gab es eine Journalistin, sogar von einem öffentlich-rechtlichen Sender, die sich mit miesen Tricks und mit einem kompletten Kamerateam in meine Wohnung Einlass verschaffte. Es gibt Zeitungen und Zeitschriften, die Tatsachen reißerisch verfälschen oder aufmotzen. Und immer wieder schieben Medien den Ehrenmord dem Islam in die Schuhe. «Er war ein strenger Muslim», schreiben sie, was nicht wahr ist. So legen die Blätter nahe, die Gründe für den Mord wären in der Religion zu suchen. Ich kann nur betonen: Mein Ex-Mann brachte seine Tochter nicht deshalb um, der Islam spielte dabei keine Rolle.

Doch die Mühe ist es wert. So bekam ich nach der Sendung Briefe von zwangsverheirateten Frauen, die nicht wussten, was sie tun sollten. Sie hatten Angst. Auch Töchter, denen eine Zwangsheirat drohte, wandten sich an mich. Und mir schrieben Ehefrauen, die sich gegen Gewalttätigkeiten ihrer Männer gewehrt hatten. «Es ist gut, dass Sie Ihre Geschichte erzählt haben», bestärkte mich eine. «Es gibt mehr von uns, als man denkt.»

Auch Männer schrieben mir. Sie boten mir Fahrdienste an oder wollten mir beim Einkaufen helfen. Einer wollte mich zu einer Tasse Tee einladen, ein anderer ließ mir Blumen schicken. Nun ja, ich hatte ja ein eigenes Auto. Die Einkäufe schaffte ich aus eigener Kraft. Und statt Tee trank ich lieber Kaffee. Es war nett, dass sie mir helfen wollten, aber ich lehnte freundlich ab.

Es gab auch negative Reaktionen auf meinen Entschluss, in die Öffentlichkeit zu gehen. Nach einem Interview, das ich einer Journalistin des «Schwäbischen Tagblatts» in Tübingen gegeben hatte, erreichte die Zeitung ein Leserinnenbrief: Eine Frau hielt mir vor, die Kultur meines Mannes missachtet zu haben, weil ich zum Beispiel meine Tochter in die Disco gefahren habe. Sie beschuldigte mich des Selbstdarstellungsdrangs. Es war der einzige Brief, der diese Meinung vertrat, später hat sich die Schreiberin in der Lokalzeitung entschuldigt, veranlasst durch die empörten Reaktionen auf der Leserbriefseite. Ich möchte zu solchen Vorwürfen nur Folgendes sagen: Menschen wie sie schreiben über Dinge, die sie nicht wissen oder wissen können. Natürlich ist im Kosovo einiges anders als in Deutschland. Aber es war und ist nicht gegen die Kultur im Kosovo, wie Ulerika lebte. Schon ich habe als Mädchen viele Freiheiten genossen. Auch ich tanzte als Kind verkleidet wie Ulerika im Zimmer herum und imitierte Sängerinnen. Wir Mädchen rieben Öl auf unsere Lippen, um den modischen Schimmer zu erreichen, der bei Frauen damals Mode war. Meine Eltern schimpften nicht, denn es war nicht gegen die Kultur. Ich konnte nichts dafür, dass ich mit einem Mann aus einem anderen Kulturkreis verheiratet worden bin. Will man mir vorwerfen, dass ich meine Kinder anders erziehen wollte, als es in Adems Dorf damals üblich war? Hätte ich akzeptieren sollen, dass mein Ex-Mann für meine Mädchen Ehemänner aussucht? Sie sollten selbst entscheiden dürfen. Die Liebe kommt – ob du es willst oder nicht. Wir haben keinen Einfluss darauf. Sie kommt ganz von allein. Auch meine jüngste Schwester und mein Bruder wählten ihre Ehepartner selbst. Aber ganz abgesehen davon: Meine Töchter und ich wollten modern leben, frei und selbstbestimmt – egal, ob sich nun die Kultur in diesem oder jenem Teil des Kosovo geändert hatte oder nicht.

Sicher, manchmal hatte ich mich selbst dabei ertappt, wie ich veraltete Traditionen weitertragen wollte. Einmal wollte ich Ulerika beibringen, türkische Pitta zu backen, damit sie ihrem Mann mal etwas Ordentliches auftischen konnte. Sie entgegnete lachend: ‹Nein, Mama, denkst du, ich bin so blöd wie du? Mirsad und ich werden das anders machen. Wir kochen beide. Wer früher nach Hause kommt, der macht das Essen.› Zuerst wäre mir fast das Mehl aus der Hand gefallen. Doch dann musste ich mit ihr lachen. Sie hatte Recht. Trotzdem lernte sie übrigens, Pitta zu backen. Ulerika war eine Albanerin mit deutscher Kultur – genau wie ihre Schwestern. Eines Tages hätte sie wahrscheinlich genau wie wir die deutsche Staatsangehörigkeit beantragt. Sie hatte Wurzeln in Deutschland geschlagen. Wie wir.

Wir sollten uns in das Land, in dem wir leben, integrieren. Wir Eltern sollten tolerant sein. Wenn wir unseren Kindern verbieten, was sie unbedingt wollen, dann werden sie es trotzdem machen – und zwar heimlich. Ich kenne Mädchen aus muslimischen Familien, die legen ihr Kopftuch ab, sobald sie aus dem Haus sind. Sie gehen angeblich zur Tante und sind stattdessen in der Disco – im Minirock. Am nächsten Morgen sind sie wieder mit Kopftuch unterwegs. Wir müssen unseren Kindern erlauben, offen zu sein. Es kommt eines Tages ohnehin so, wie die Kinder es wollen. Viele albanische Mädchen finden Wege, zu tun, was sie möchten. Sie erzählen es mir, weil sie mir vertrauen. So gab es manche, die sich verliebten und sich heimlich mit dem Jungen trafen. Es tat mir in der Seele weh, wenn sie einen anderen heiraten mussten.

Auch junge Männer leiden unter der Praxis der Zwangsheirat. Ein junger, in Deutschland aufgewachsener Albaner erzählte mir: «Meine Eltern haben es gut gemeint und mir eine wunderschöne, liebe Frau ausgesucht. Aber ich kann sie nicht lieben. Ich kann nicht. Das ist nicht richtig von mir, denn meine Frau ist wegen der

Heirat extra aus dem Kosovo hergebracht worden.» Heute hat das Paar drei Kinder und er, nach etlichen Jahren, eine Geliebte. Seine Frau weiß es. Er kommt manchmal drei, vier Tage nicht heim. Es ist ein kaltes Zuhause.

Der Prozess

Der 3. Dezember 2003 ist ein kalter und grauer Tag. Wolken verhängen die Sonne, aber es sieht nicht nach Schnee aus. Die Leute auf den Straßen tragen dicke Jacken. Ich habe meinen Kindern verboten mitzukommen. Mir ist heiß. Ich habe Angst. Was würde sein, wenn ich Adem treffe? Ich hetze die Stufen zu dem altehrwürdigen Tübinger Gebäude hinauf – das Landgericht. Meine Freundinnen und mein Anwalt warten bereits.

Kurz vor neun Uhr betreten wir den holzgetäfelten Saal des Landgerichts. Der Parkettboden knarrt unter den Füßen der rund 80 Besucher, die in den Zuhörerreihen sitzen oder sich einen der letzten Holzklappsitze sichern. Kamerateams filmen die noch leere Richterbank, schwenken ihre Objektive über den Saal und die wenigen noch freien Sitze mit den roten, samtgepolsterten Lehnen.

Mein Anwalt begleitet mich mit zu der u-förmigen Richterbank. Hier auf der linken Seite werde ich als Nebenklägerin sitzen, hinter uns hat der Staatsanwalt Platz genommen. Mir gegenüber vor den drei riesigen, steingefassten Fenstern sehe ich den Verteidiger und den Dolmetscher Adems. Die schweren, goldbrokat-glänzenden Vorhänge sind zurückgezogen, Tageslicht mischt sich mit Kunstlicht.

Die Gerichtsdiener bringen Adem. Sie setzen ihn genau mir gegenüber, neben den Dolmetscher. Alle Blicke richten sich auf sein grau-fahles Gesicht. Mein Mund ist trocken. Wut steigt in mir auf. Wie gepflegt er aussieht! Er trägt einen dunklen Anzug und einen schmucken Rollkragenpulli. Wo er ihn herhat, weiß ich nicht. Ich hatte mich geweigert, ihm einen Anzug für den Prozess zu schicken. Den in der Tatnacht verlorenen Zahn hat er ersetzen lassen. Hass rumort in mir. Auch ich will mich schön machen, wenn er verurteilt werden wird. Wir, meine Kinder und ich, werden zum Urteil ganz in Weiß erscheinen!

Um neun Uhr betreten die Richter in ihren schwarzen Roben den Saal. Sie setzen sich ans Kopfende des U: der Vorsitzende, zwei Richter, zwei Schöffen. Der Prozess gegen den Angeklagten Adem B. wegen Mordes an seiner Tochter Ulerika, auf fünf Tage anberaumt, beginnt. Es ist ein drei viertel Jahr nach Ulerikas Tod.

Als Erstes bekommt der Angeklagte das Wort. «Ich heiße Adem Behluli und bin Kosovo-Albaner-Muslim», eröffnet er seine Aussage. Stolz und gerade steht er da. Ich bin sprachlos. Vor wenigen Minuten hat er sich noch geschämt.

Er erzählt seinen Lebenslauf, der Dolmetscher übersetzt. Der Vorsitzende Richter fragt nach seinen Kindern. Er beginnt, sie aufzuzählen. Beim Namen und Geburtstag seiner ersten Tochter bricht er in Tränen aus.

Er berichtet von seiner Familie, unserer Ehe, gibt zu, mich geschlagen zu haben. Seine Darlegungen werden wirr. Der Richter ermahnt ihn, nicht abzuschweifen. Er fragt, ob Schläge in seiner Familie üblich waren. «Wenn eine Frau etwas falsch macht, ja», erwidert Adem. «So mit der Hand. Ich weiß, in Deutschland gibt es ein anderes Gesetz.» Der Vorsitzende will wissen, welches Gesetz für ihn gelte. Er sagt, es sei nicht recht, seine Frau zu schlagen. Aber wenn man sich mit Worten nicht verständigen könne … Ich hätte die Kinder schlecht versorgt, sei ständig aus dem Haus gewesen, hätte Ulerika aufgehetzt.

Er hat seine Tochter umgebracht, und dann erzählt er solche Lügen! Ich hätte am liebsten dazwischengerufen. «Ganz ruhig», sagt mein Anwalt. «Wir haben noch viel Gelegenheit, uns dazu zu äußern.» Ich muss warten.

Dann erzählt er von der Tatnacht, wie er von einem Freund ein

Auto ausgeliehen habe. Er sei eifersüchtig gewesen, mir aber erst nachgefahren, als ich mit Susy bereits weg war. Er habe mich aus den Augen verloren. Vieles an seiner Aussage ist verworren.

Dann sei Ulerika heimgekommen. Seine Schilderung wird flüssiger. Er berichtet, wie sie sich im Club-Keller wegen Musikkassetten gestritten hätten, wie er sie schlug, wie sie gestürzt sei, wie sie sich gewehrt und ihm mit dem Ellenbogen den Zahn ausgeschlagen habe, wie er sie mit dem angeblich zufällig herumliegenden Klebeband erwürgte, wie er die Schwestern eingeschlossen habe aus Angst vor einem Überfall von Türken oder Albanern. Er erzählt, wie er Ulerika in ein Leintuch wickelte. «Ich habe sie die Treppe hinaufgeschleift. Mir war nicht recht klar, dass sie tot war. Ihr Kopf schlug auf jede Stufe.» Die Menschen im Gerichtssaal erstarrten, erzählte mir nachher eine Frau von Terre des Femmes.

Er habe die Kinderzimmer aufgesperrt, das fremde Auto zurückgegeben und dann Ulerika im Kofferraum des eigenen Wagens fortgebracht. Während der nächtlichen Irrfahrt sei er zufällig am Hirschauer Baggersee vorbeigekommen und habe sein Kind hineingeworfen. In der zweiten Reihe rechts sitzen Schülerinnen mit blonden Pferdeschwänzen.

Am Abend fragen meine Kinder, warum sie nicht mit ins Gericht durften. Alle seien da gewesen, Freundinnen, meine Arbeitskolleginnen, Unbeteiligte. Außerdem wollten sie aussagen. Auf der einen Seite verstehe ich sie. Auf der anderen mache ich mir Sorgen. Würden sie es schaffen, vor ihn hinzutreten? Darf ihnen eine solche Belastung zugemutet werden? Nach dem Gesetz müssen sie als Angehörige des Täters nicht vor Gericht erscheinen. Doch sie wollen unbedingt sagen, was er uns angetan hat. Nur Blerina ist hin- und hergerissen. Mein kleines Mädchen hat große Angst.

Unsere Therapeutin schlägt vor, die Kinder in einem anderen Raum aussagen zu lassen. Doch die beiden Großen wollen ihm auf jeden Fall ins Gesicht schauen. Was soll ich tun? Wenn ich ja sage, überfordern sie sich vielleicht. Sage ich nein, dann sind sie vielleicht beleidigt und machen sich zudem ein Leben lang Vorwürfe, geschwiegen zu haben. Ich stehe vor einer sehr schweren Entscheidung. Mein Anwalt rät: «Wenn Ihre Töchter unbedingt wollen, dann lassen Sie sie.»

12. Dezember, dritter Prozesstag. Nachdem am zweiten Verhandlungstag die ersten Zeugen gehört wurden, muss ich heute aussagen. Meine Kinder und ich haben in der Nacht kaum schlafen können.

So langsam bin ich mit dem Ablauf vertraut. Der Verhandlungstag beginnt mit dem Einzug des fünfköpfigen Richter-Gremiums, alle Anwesenden erheben sich eiligst und geräuschvoll von den Sitzen. «Guten Morgen, nehmen Sie Platz», grüßt der Vorsitzende Richter, der den Prozess souverän und straff führt.

Ich spreche über unsere Verheiratung, die langen Ehejahre. Aber ich erzähle nicht alles, was er uns und mir angetan hat. Ich berichte über unseren Geldmangel, stelle seine Verdrehungen richtig, und beobachte, wie er seine Lippen zusammenpresst, als der Richter aus den Akten des Familiengerichts seine Misshandlungen an mir vorliest. Dann berichte ich von der Tatnacht.

Meine Töchter werden als Zeuginnen aufgerufen. Ich habe ihrem Wunsch nachgegeben. Raimonda und Vjosa sind erst vierzehn und zwölf Jahre alt, sie dürfen unter Ausschluss der Öffentlichkeit aussagen. Adem hält die Hände gefaltet, den Kopf gesenkt, starrt seine Tochter Raimonda unter den Augenbrauen hervor böse an, als wolle er ihr seinen Willen mit Blicken aufzwingen. Sie lässt sich nicht einschüchtern, genauso wenig wie Vjosa.

Blerina kommt mit dem evangelischen Pfarrer. Wir wollten unsere Zehnjährige in einem anderen Raum aussagen lassen, doch Adems Verteidiger sagt nein. Jetzt betritt sie mit dem Geistlichen den holzgetäfelten Gerichtssaal, schützend legt er einen Arm um sie. Wie ein verfolgtes Reh vor seinem Jäger sucht sie Schutz hinter dem breiten Brustkorb des Pfarrers, will von ihrem Vater nicht gesehen werden. Mir zerreißt es das Herz. Dann sagt sie mit leiser Stimme, dass sie nicht in seinem Beisein aussagen will. So wollen es die Formalitäten. Dann gehen die beiden wieder raus. Adem muss den Saal verlassen.

Der Richter legt seine Robe ab und spricht mit Blerina. Sie solle keine Angst haben. Aber sie ist durcheinander. Anders als bei der Polizei vor neun Monaten, wo sie die Beamten durch die Klarheit ihrer Beobachtungen und Aussagen beeindruckte, ist sie hier völlig eingeschüchtert und kann sich schlecht konzentrieren. Sie stottert, ist nervös, der Richter sieht es und versucht, sie nicht allzu sehr zu quälen.

Als wir um 17 Uhr nach Hause gehen, quellen die Mülleimer im Flur des Gerichtsgebäudes über von Tetrapaks und Hamburger-Verpackungen des nahe gelegenen McDonald's. Sehr viele junge Leute, Freundinnen von Ulerika, meinen Töchtern oder Mirsad, sind heute da gewesen. Meine kleine Heldin Blerina ist unzufrieden mit sich.

Am vierten Prozesstag werden die Kripo-Beamten gehört. Sie sagen, der Angeklagte habe in der Tatnacht die geplante Tötung gestanden. Adem sitzt da, die Arme verschränkt, den Blick auf den Tisch gerichtet. Immer wieder nuschelt der Vorsitzende etwas in sein nicht eingeschaltetes Mikrophon. Die Zuhörer murren, sie hören nichts. Jemand knipst ihm das Mikro an. Irgendwann ist die Zeugenvernehmung abgeschlossen. Die Urkundenbeweise sind an der Reihe. Passagen aus Ulerikas Tagebuch werden verlesen. Dann stellt der medizinische Gutachter, der Adem nach der Tat untersuchte, fest: Er war nicht betrunken, stand nicht unter Drogen oder Medikamenten. Nur Koffein, Nikotin und ein pflanzliches Beruhigungsmittel waren in seinem Blut.

Der Gerichtsmediziner wird aufgerufen. Er liest aus seinem Gutachten von der Obduktion Ulerikas.

Ihr Gesicht war aufgedunsen. Violett verfärbt. Strangmarken im vorderen und seitlichen Halsbereich. Das Tatwerkzeug war ein Isolierband. Nach einem Erdrosselungsvorgang trat der Hirntod ein. Durch Sauerstoffmangel. Nach vier Minuten. Adem heult, schaut auf den Tisch. Es gab Anzeichen stumpfer Einwirkungen auf der linken Schädelseite. Eine Wunde am Scheitel. Ein Stück rotes Isolierband klebte noch im Haar. Der Gerichtsmediziner hält es für wahrscheinlich, dass Ulerika beim Streit gestürzt ist und sich den Kopf anschlug. Vielleicht habe sie sich nicht verteidigt, weil sie benommen oder bewusstlos war. Es gab keine Abwehrverletzungen an den Armen und Gelenken. Sonnenstrahlen fallen durch die grau getönten Scheiben.

Rund zehn Schürfungen und Blutunterlaufungen. An der Nase, an den Wangen, an beiden Schläfen, an der Schulter. Sie könnten nach dem Hirntod des Opfers entstanden sein. Als der Angeklagte den Körper von Ulerika die Treppe hinaufzerrte. Mutmaßt der Experte. Und wenn er sie doch verprügelt hat?, frage ich mich. Der Gutachter sieht dafür keine hundertprozentig sicheren Anhaltspunkte.

Verteidiger, Staatsanwalt, Richter und Schöffen versammeln sich um den Vorsitzenden. Sie betrachten die Fotos von Ulerikas Leiche. Vorn an der Richterbank zusammengesteckte Köpfe, leise Fragen und Erklärungen. Die Zuschauer werden unruhig. Der Vorsitzende verlangt mit Verweis auf die Würde des Gerichts, Privatgespräche einzustellen. Ich bin sitzen geblieben. Adem auch. Er schaut mit verschränkten Armen vor sich auf den Tisch. Wortfetzen dringen an mein Ohr. Ich weiß nicht, wohin ich mich wenden soll. Dann, plötzlich, treffen sich unsere Blicke. Erschrocken schaut er weg.

Nachmittags verneint der psychiatrische Gutachter schuldmindernde Gründe. Der Professor kann weder eine psychologische Erkrankung feststellen noch eine hirnorganische. Der Angeklagte habe weder Krampfleiden, eine Alkohol- oder Drogensucht noch eine intellektuelle Minderbegabung. «Der Angeklagte hat zwar auffällige Persönlichkeitszüge, aber keine Persönlichkeitsstörung. Er ist ein impulsiver Mensch, sehr kontrollierend, neigt zum Misstrauen, reflektiert Gefühle wenig, neigt dazu, Probleme auf andere zu schieben, nach dem Motto: ‹Schuld sind immer die anderen.›» Seine Beurteilung decke sich auch mit Zeugenaussagen. Vielleicht sei eine grundlegende Unsicherheit der Grund, «oder er ist einfach so». Adem weint.

Tatmotive habe der Angeklagte mehrere angegeben: den Freund Ulerikas, die angeblich untreue Ehefrau sowie den Lebensstil der Tochter. Aber keines der Motive sei einem krankhaften Phänomen entsprungen. Mein Anwalt fragt: «War der Angeklagte der Meinung, er dürfe seine Tochter töten, wenn sie sich falsch verhält?» Der Gutachter bejaht.

Autoritätsverlust als Vater, Scheidungsbegehren der Gattin, Hass auf die Serben, der verhasste Freund der Tochter – der Verteidiger fragt, ob der Angeklagte mit seiner Persönlichkeit denn Chancen gehabt hatte, aus dem «sinkenden Schiff» herauszukommen. Der Psychiatrieprofessor stellt klar: «Er hatte nur rudimentäre Fähigkeiten. Aber er war dreizehn Jahre in Deutschland und hätte wissen können, dass er Beratungsstellen aufsuchen kann.»

Die Verhandlung dauert länger als geplant. Ein sechster Verhandlungstag wird anberaumt.

Die Staatsanwaltschaft plädiert am fünften Prozesstag auf Mord nach Paragraph 211 Strafgesetzbuch. Der Angeklagte habe aus Heimtücke und niedrigen Beweggründen gehandelt. Und der Staatsanwalt stellt den Antrag, die besondere Schwere der Schuld festzustellen. Adem solle nach der Haft nicht entlassen werden, sondern in Sicherungsverwahrung bleiben. Als Nebenklägerin schließe ich mich an. Adem schaut tief in seine verschränkten Arme. Fast berührt die Nase die Knöchel seiner Hand. Der Verteidiger sieht nur einen Totschlag nach Paragraph 212 gegeben. Mein Ex-Mann sei verzweifelt gewesen, weil ich die Scheidung beantragt hatte, wir im Trennungsjahr lebten und er Ulerikas Freund nicht akzeptieren konnte. Der Angeklagte habe seine Tochter im Streit getötet. Auf keinen Fall sei die Tat geplant gewesen. Der dunkle Anzug, den Adem trägt, ist zu groß. Wie bei einer Marionette stecken seine Arme in den Ärmeln.

Adem hat das letzte Wort. Gespannte Stille, alle, auch der Verteidiger, warten auf Sätze der Reue. Adem schweigt. Durch den Saal geht ein Raunen.

Am 22. Dezember 2003, dem sechsten Prozesstag, sind die Kamerateams wieder da. Nur eines darf in den Gerichtssaal. Adem trägt einen schwarzen Rollkragenpullover und einen dunkelgrauen Anzug. Nein, meine Töchter und ich sind nicht in Weiß erschienen. Die drei Wochen Verhandlung haben uns viel zu sehr mitgenommen.

Der Vorsitzende Richter verkündet: «Der Angeklagte ist des Mordes schuldig. Er wird deshalb zu lebenslanger Freiheitsstrafe verurteilt.» Adem blickt starr in den Raum.

Das Gericht glaubt nicht, dass Adem Ulerika spontan im Streit getötet hat. Vielmehr habe er Anfang März beschlossen, seine Todesdrohung wahr zu machen. Er habe Vorbereitungen getroffen, habe überlegt, wo er die Leiche verstecken könne, habe ein fremdes Auto geliehen und die Schlüssel zu den Zimmern im Dachgeschoss gesucht, um seine Kinder einzusperren. In der Tatnacht sei Ulerika gegen 23 Uhr nach Hause gekommen. «Gegen 23 Uhr 50 ging der Angeklagte ins Dachgeschoss und schloss die Zimmer ab.» Er habe Ulerika zu sich gerufen, es sei zum Streit gekommen. Er habe sie am Hals gepackt, Ulerika habe sich heftig gewehrt und ihm einen Zahn ausgeschlagen. Sie habe gerufen: ‹Was habe ich dir getan?› Vor der Clubtür seien die beiden auf den Teppich gestürzt. Er habe seinen Würgegriff gelockert und Ulerika erneut aufgefordert, ihren Freund zu verlassen. Sie weigerte sich. Dann habe er seinen Mordplan in die Tat umgesetzt. Kurz nach Mitternacht strangulierte er sie mit dem zurechtgelegten, fünf Zentimeter breiten Klebeband. Er wickelte sie in ein Leintuch, fuhr sie mit dem geliehenen Auto fort. Dann warf er sie in den Baggersee. Das Tuch und den blutbefleckten Teppich stopfte er in einen Altkleider-Container, verwischte Spuren, putzte, legte falsche Fährten. Er täuschte einen Überfall von Türken oder Albanern vor. In derselben Nacht fuhr er um 1 Uhr 40 zur Polizei, wohl, um sich ein Alibi zu verschaffen. Spätnachmittags gestand er: «Ich war's.»

Das Gericht verweist auf die Glaubwürdigkeit der Zeugen, erklärt, warum es die Aussagen meines geschiedenen Mannes für widersprüchlich und für Schutzbehauptungen hält. Die Zuhörer lauschen konzentriert, Presseleute schreiben mit.

Die Tat bewertet das Landgericht als Mord aus niedrigen Beweggründen. Adem sei nicht mit der Abstammung von Mirsad einverstanden gewesen. Solch ethnisch begründeter Hass sei dem Rassenhass gleichzustellen: «Er steht auf niedrigster Stufe.» Dass er aus Rassenhass die eigene Tochter getötet habe, sei erst recht ein niedriger Beweggrund. «Daran», heißt es im Urteil, «vermag auch der Umstand nichts zu ändern, dass es die Getötete in der Zeit vor der Tat an Respekt gegenüber dem Angeklagten fehlen ließ, frech war und äußerte, sie warte nur auf den Auszug des Angeklagten aus der gemeinsamen Wohnung. Ein derartiges, von Widerspruch getragenes Verhalten ist bei einem sechzehnjährigen Mädchen nicht ungewöhnlich. Ihm muss von den sorgeberechtigten Eltern in angemessener Weise begegnet werden.» Zudem habe er Ulerikas respektloses Verhalten durch jahrelange Demütigungen, massive Drohungen und Schläge provoziert. Adem sei nicht bereit gewesen, «das Ende seiner Rolle als uneingeschränkter Gebieter» hinzunehmen, und habe auf diese Gefahr mit der «Vernichtung seiner Tochter Ulerika» geantwortet. «Er hat einen Menschen als Mittel zum Zweck gebraucht, sich zum Herrscher über Leben und Tod gemacht.» Einen weiteren niedrigen Beweggrund für die Tat sieht das Gericht in Adems Hass auf mich, weil ich selbständiger geworden war und mich scheiden lassen wollte. Diesen Hass habe er auf die Tochter umgeleitet. Wut, Zorn, Enttäuschung und Rachsucht beruhten beim Angeklagten deshalb auf niedrigen Beweggründen und trügen folglich nicht zu dessen Entlastung bei, schließt der Richter.

Einen Ehrenmord verneint das Landgericht. Seine Argumente: Der Islam spielte in Adems Leben keine große Rolle, seine Familie übte keinen Druck aus oder zwang ihn gar zu der Tat. Der Richter betont, die Tat sei mit den Maßstäben der Rechtsgemeinschaft der Bundesrepublik zu bewerten. Denn er habe die hier geltenden Werte wie Gleichberechtigung und freie Partnerwahl gekannt. «Bei einem Menschen, der Asyl gewährt bekam und nicht zurück will, kann man davon ausgehen, dass er nicht so stark albanisch denkt», sagt der Richter. Weil das Gericht Heimtücke und eine besondere Schwere der Schuld verneint, kann Adem nach 15 Jahren entlassen werden. Vorher wird geprüft, ob er noch eine Gefahr für uns ist. Eine vorzeitige Entlassung wegen guter Führung wenigstens ist aber nicht möglich.

Adem blickt während der ganzen Verhandlung fast nur nach

unten und hört seinem Dolmetscher zu. Nur einmal schaut er seine Kinder scharf an. Alle drei sitzen nebeneinander in der ersten Reihe.

Nachts im Bett beschäftigen mich noch immer Fragen. Werde ich jemals erfahren, was Ulerika erleiden musste? Der Gutachter mutmaßte, Ulerikas Verletzungen an Kopf und Schultern kämen vom Aufschlagen auf die Kellertreppe, als Adem meine tote Tochter dort hinaufzerrte. Gutachter und Gericht sind den Aussagen meines geschiedenen Mannes in dieser Hinsicht gefolgt. Ich dagegen glaube, er hat sie misshandelt. Sie hat doch laut geschrien. Blerina hatte es gehört. Ulerika muss starke Schmerzen gelitten oder begriffen haben, er wird sie töten. Die Polizei hat viele Blutspritzer auf der Treppe, auf dem Teppich und an der Heizung gefunden. Sie sagt, sie stammten von Adems ausgeschlagenem Zahn. Aber es kann doch auch das Blut meiner Tochter gewesen sein. Ich will nicht die Arbeit der Polizei und der Experten infrage stellen. Aber dies sind Fragen, die mich mein Leben lang verfolgen werden. Egal, was die anderen sagen.

Der Preis der Freiheit

Die Leute wussten nicht so recht, wie sie es ausdrücken sollten. Fröhliche Weihnachten!, das konnten sie uns schlecht wünschen. «Frohe Weihnachten» vielleicht? «Gesegnete Weihnachten»? Versucht, euch über die Feiertage zu erholen, sagten sie liebevoll und scheu.

Der weihnachtliche Frieden sollte nicht lange währen.

Kurz vor Silvester kam die Polizei. Wir waren spät dran mit dem Essen. Es war 21 Uhr, und die Spaghetti brodelten noch auf dem Herd. Gleich nach dem Urteil hatten wir Polizeischutz erhalten, denn im Gerichtssaal hatte ein Mitglied seiner Familie Drohungen gegen uns ausgestoßen. Sobald wir ins Kosovo kämen, seien wir tote Leute. Jede Stunde fuhr eine Polizeistreife an unserem Haus vorbei. Ich dachte, sie würden wie schon öfter fragen, ob es besondere Vorkommnisse gegeben hatte. Doch diesmal machten der Beamte und die Beamtin ernstere Gesichter. Ich bat sie ins Wohnzimmer und goss noch schnell die Spaghetti ab. Ich ahnte nichts Gutes. «Wir haben ein Fax bekommen. Sie müssen das Haus verlassen.»

Ich wurde blass. «Ja, warum denn?», stammelte ich.

«Ihr Mann hat im Psychiatrischen Krankenhaus der Justizvollzugsanstalt Drohungen gegen Sie, Frau Gashi, ausgestoßen. Wir müssen das sehr ernst nehmen.»

Ich hatte keinen Hunger mehr.

Mein Ex-Mann, erfuhr ich, habe sich auf dem Weg zum Gefängnis-Gottesdienst mit einem Albaner unterhalten. Er habe ihm geklagt, ich sei vor Gericht nicht auf seiner Seite gewesen. Ich hätte gegen ihn ausgesagt und die Familienehre beschmutzt. Voller Hass habe er angedeutet, ich würde auch bald tot sein.

«Ja, aber was soll er denn tun, er sitzt doch im Gefängnis?»

«Der Mitgefangene berichtet, Ihr geschiedener Mann wolle Sie nach Holland entführen lassen. Dort würde ein gedungener Mörder auf Sie warten.» Der Häftling hatte sofort die Polizei informiert. «Ihr Ex-Mann», sagte der Polizeibeamte, «hat schon einmal einen Menschen getötet. Wir nehmen diese Drohung sehr ernst. Deshalb müssen wir Sie dringend bitten, Ihre Wohnung auf der Stelle zu verlassen.»

«Will er den Kindern auch etwas antun?»

«Von den Kindern war nicht die Rede.»

Ich erzählte Blerina und Vjosa die böse Nachricht. Die schockierten Mädchen und ich begannen, Kleider und Schuhe zusammenzuraffen. Hektisch versuchte ich, Raimonda auf ihrem Handy zu erreichen. Sie war in Tübingen. Doch ihr Telefon war ausgeschaltet. Genauso wenig erreichte ich die befreundete Familie, zu der wir fliehen wollten. Nur der Anrufbeantworter war zu hören. Um halb elf war ich immer noch nicht weg. Das Packen dauerte länger als gedacht. Wenigstens hatte ich Raimonda erreicht. Wir würden sie mit dem Auto abholen. Überall waren Polizisten, im Haus und vor dem Haus. Noch immer ging bei der Familie keiner ans Telefon.

Die Beamten drängten zum Aufbruch. Hastig stopften wir unsere Taschen ins Auto. Die Polizisten schärften mir ein, sofort anzurufen, wenn ich in unserem Asyl angekommen sei und die Familie angetroffen hätte. Wir fuhren los. Düster und bedrohlich schien uns die Landschaft, jedes Auto hinter uns ein Verfolger. Wir sammelten Raimonda ein. Die Polizei rief an, ob wir schon in unserem Fluchtdomizil seien. Nein, waren wir nicht. Wir hatten Döner besorgt, um wenigstens noch schnell etwas in den Magen zu bekommen. Wieder ein Anruf von der Polizei: «Frau Gashi, Sie haben sich nicht gemeldet.» Nein, wir waren noch nicht dort. Wir saßen im Auto und brausten die Bundesstraße hinunter durch die Nacht. Eine halbe Stunde später klingelte wieder das Handy. «Wir sind fast da», antwortete ich.

Um halb eins nachts erreichten wir das Versteck. Vor dem kleinen Haus stiegen wir aus. Kein Licht brannte. Aber das Auto der Familie stand vor der Tür. Wir klingelten. Als sich die Tür öffnete, fiel mir ein Stein vom Herzen. Wir waren in Sicherheit. Doch unsere innere Unruhe, unsere Angst begleiteten uns noch lange.

Ich sollte die nächsten zwei Wochen nicht arbeiten gehen. Zu gefährlich, erklärte die Polizei meinem Chef. Mir war das gar nicht recht. Nun mussten meine Kolleginnen meine Arbeit mit erledigen, und manchen Senioren hatte ich versprochen, nach Weihnachten bald wiederzukommen. Ich war schon wegen des Prozesses vier Wochen nicht bei der Arbeit gewesen, Herr Wagner wartete bestimmt schon auf mich. Besorgt dachte ich an den netten, älteren Herrn, der mir vor der Verhandlung alles Gute gewünscht hatte und dass ich eines Tages einen guten Mann finden würde. Herrn Wagner ging es gar nicht gut. «Ach, Hanni, du bist so liebenswert. Jeder muss dich einfach mögen», hatte er gelächelt und sich erschöpft ins Kissen fallen lassen. «Aber du wirst mich nicht mehr sehen.»

«Ach, kommen Sie, was reden Sie nur», hatte ich versucht, ihn aufzumuntern.

Nach vier Tagen fiel mir die Decke auf den Kopf. Ich wollte nicht länger bei meiner Arbeit fehlen, wollte für meinen Chef nicht zum Problemfall werden. Mein Job gab mir Sicherheit, ich wollte ihn nicht gefährden. Und so verstieß ich gegen alle Regeln, setzte mich ins Auto, parkte meinen Wagen beim Altenheim ein Stück weiter die Straße hinunter. So hatte es mir die Polizei in der Fluchtnacht vor Silvester erklärt. Alle zehn Schritte blickte ich mich um. Dann erreichte ich erleichtert die Eingangstür. Ich trat meinen Dienst an. Sofort nachdem ich meine Kolleginnen und Kollegen begrüßt und meinen Chef beschwichtigt hatte, ging ich in den zweiten Stock. Das Zimmer von Herrn Wagner war leer. Er war vor einigen Tagen gestorben. Fassungslos blieb ich an seinem leeren Bett sitzen.

Eigentlich hätten wir erst nach zwei Wochen in unsere Wohnung zurückkehren dürfen. Wir gingen bereits nach einer Woche. Die Polizei bemerkte mein Auto vor der Wohnung und sah Licht in unseren Fenstern. «Das war nicht gut», tadelte mich die Polizei. «Besonders, weil Sie uns nicht informiert haben.» Ich versuchte zu erklären, dass wir alle unser Zuhause sehr vermisst hatten. Es war für die Kinder schon schwer gewesen, dass sie Silvester nicht mit ihren Freunden feiern durften. Obwohl sie Angst hatten wegen der Drohungen ihres Vaters gegen mich – sie waren auch Kinder und wollten feiern. «Sehen Sie», meinte ich, «ich schlafe dort wie hier schlecht.» Aber so sei ich wenigstens in der eigenen Wohnung. Die Polizei akzeptierte schließlich meinen Wunsch. Sie verstärkte die Patrouillen, mit der sie unsere verlassene Wohnung überwacht hatte. «Bitte melden Sie sich, wenn Sie ungewöhnliche Geräusche hören», schärfte mir ein Beamter ein. «Wir kommen dann sofort vorbei. Uns ist es egal, wenn sich herausstellt, dass es nur eine Katze war. Oberste Priorität hat Ihre Sicherheit!» Wir vereinbarten noch ein Codewort für Notfälle. Wenn uns jemand in unserer Wohnung oder auf der Straße überfiele, sollten wir versuchen, den Handy-Notruf heimlich zu drücken und das Codewort zu sagen.

Dass die Kinder nicht mehr alleine aus dem Haus gingen, dafür hatte ich gesorgt. Wenn ich sie nicht selbst fahren konnte, gab es Leute, die sie im Bus begleiteten oder zur Schule fahren würden. Auch zu Hause waren sie nie allein.

Die Polizei war in dieser Zeit unser ständiger Gast. Sie beschützte uns, und mit Experten einer Opferschutz-Organisation stellte sie fest, dass unsere Fenster nicht aus Sicherheitsglas waren, eine Alarmanlage fehlte und das Türschloss veraltet war. Wer sollte das bezahlen? Wir lebten zur Miete. Ich konnte mir diese Investitionen nicht leisten, die privaten Spenden und die Zuwendungen vom Opferschutz reichten nicht aus. Wir schliefen schlecht. Der Opferschutz-Verein wollte mir einen Bodyguard zum Einkaufen mitgeben. Ich lehnte ab. Einen Schatten, der ständig hinter mir ging, wollte ich nicht. Ich hätte mich unfrei und kontrolliert gefühlt, fast wie in meiner Ehe.

Für die Polizei lag die Lösung auf der Hand. «Frau Gashi, an Ihrer Stelle würde ich anonym leben», sagte einer. «Sie werden sich dann fühlen wie neugeboren – im wahrsten Sinne des Wortes.»

«Anonym leben?»

Anonym leben, erfuhr ich, hieß, unterzutauchen und seine Identität zu wechseln. Sie sagten, wir müssten weit weg ziehen und unsere Namen ändern. Wir dürften keine Freunde besuchen und nicht mit ihnen telefonieren. Keine Telefonate – mit niemandem! Wenn wir neue Freunde fänden, dürften wir keinem erzählen, was passiert war. Wir müssten uns eine neue Familiengeschichte ausdenken. Ich fand diesen Vorschlag schockierend. Ulerika würde ausgelöscht, ausgelöscht mit unserer alten Identität. Genauso schlimm war, dass ich den Kontakt zu meiner Familie abbrechen sollte. Auch mit ihr sollte ich nicht einmal Telefonate führen. Ich dachte an Ruka. Sie lebte mit der Familie Behluli. Sollte ich sie aufgeben? Ich hatte mein Leben doch auch für sie gelebt. Ich hatte geheiratet, damit meine Familie, besonders Ruka, keine Probleme bekommen sollte. Nach Ansicht der Polizei hätte ich auch nicht mehr ins Kosovo reisen dürfen. Meine dort lebenden Eltern und Geschwister hätten mich nicht mehr besuchen dürfen.

Wie neugeboren? Ich fand, es wäre schlimmer, als tot zu sein. Trotzdem dachte ich über den Vorschlag nach und sprach mit den Kindern. Doch auch sie wollten die Gegend, ihre Freundinnen, ihre Schule nicht verlassen. Wir beschlossen, nicht unterzutauchen. Wir konnten und wollten unsere Vergangenheit nicht leugnen. Eine Vergangenheit mitsamt den Vorstellungen von Tradition, die Ulerika das Leben gekostet hatten. Nein, wir wollten uns und das Vergangene nicht verstecken. Im Gegenteil: Wir möchten das Gute ehren, zum Beispiel die Freunde und Menschen, die zu uns stehen. Und ich will das Übel in der Öffentlichkeit anprangern, damit Frauen und Töchter frei und glücklich leben können.

Und so lebten wir weiter wie gehabt. Nicht nur Nachbarn und Freunde hielten die Augen offen, nicht nur die Polizei schützte uns nach Kräften, auch das Jugendamt beobachtete uns. Und zwar mit Missfallen. Die Behörde warf mir vor, meine Pflichten zu verletzen. Ich sei traumatisiert und nicht imstande, die Bedrohungslage zu erkennen. Sie dachten auch, ich lasse die Kinder allein zu Hause.

Blerina sei allein an der Bushaltestelle gesehen worden. Ja, aber das war vor Weihnachten, dachte ich. Das war doch vor Adems Drohung! Bei all der Trauer, all dem Stress und den Erschöpfungszuständen, bei all der Angst – jetzt auch noch Ärger mit dem Jugendamt. Waren wir nicht schon gestraft genug?

Am liebsten wäre ich direkt zum Jugendamt gegangen und hätte den Verantwortlichen den Wisch ins Gesicht geworfen. Ich war so sauer. Warum schrieben sie einen so verletzenden Brief? Zwar verstand ich ihre gesetzliche Pflicht, die Dinge nicht zu vernachlässigen. Aber warum waren sie so verletzend? Einer, der mich gar nicht kannte, hielt mir vor, die Lage nicht mehr zu überblicken! Er warf mir als Mutter Versagen vor.

Doch meine Freundinnen, mein Chef, alle rieten mir ab. Sie wollten lieber bezeugen, dass ich mein Leben im Griff hatte. Und so verfassten sie und meine privat organisierten Helferinnen ein Schreiben an die Behörde. Nichts von den Vorwürfen sei berechtigt, immer sei eine Aufsichtsperson bei den Mädchen.

Unsere Betreuerin vom Jugendamt kam. Sie hatte Ulerika seit dem Verfahren wegen des Gewaltschutzgesetzes betreut. Schnell wurde klar: Auch sie, die sonst so verständnisvoll gewesen war, würde mir nicht helfen. Ich wurde richtig böse. Dann ließ sie die Katze aus dem Sack: «Es kann sein, dass Ihre Kinder getrennt von Ihnen leben müssen. Zu ihrer Sicherheit.»

Ich rang nach Luft. Ich sollte meine Kinder weggeben?! Nie! Was bliebe mir dann noch? Mein Leben wäre ohne Sinn! Ich muss sehr aufgeregt gewesen sein, denn sie sagte, sie habe den Brief nicht geschrieben. «Warum nicht?», fragte ich. «Sie kennen mich! Und Sie wissen doch, ich tue alles für meine Kinder.»

«Das stimmt», pflichtete sie mir bei.

Es kam zu einer Anhörung vor Gericht. Der Richter, mein Anwalt, unsere Betreuerin vom Jugendamt, ein Polizeivertreter und ich saßen in einem kleinen Raum des Gerichtsgebäudes. Schnell wurde klar: Das Jugendamt war unter Druck. Ein Kind, Ulerika, das sie betreut hatten, war ermordet worden. Nun wollten sie nicht erneut in den Schlagzeilen stehen. Unsere Betreuerin drängte, wir sollten in die Anonymität abtauchen. Würde ich mich weigern, wollte mir die Behörde die Kinder wegnehmen.

Ich war aufgeregt, meine Hände schwitzten. Doch ich zwang mich zur Ruhe. Mein Anwalt und ich legten meine Sicht der Dinge dar, erklärten, warum wir nicht «verschwinden» wollten. «Sehen Sie», sagte ich zum Schluss, «mein geschiedener Mann hat nur mich bedroht.» Es sei deshalb nicht richtig, meine Töchter einer fremden Umgebung, der Lüge und der Einsamkeit auszusetzen. Und mussten wir wirklich «verschwinden», weil mein Mann Drohungen und Verwünschungen ausstieß? Ich verlangte Beweise für eine konkrete Bedrohungssituation. «Wenn es diese Beweise gibt, dann werden wir uns in unser Schicksal fügen.» Die Hasstiraden eines Adem allein überzeugten mich nicht. Die Jugendamtsvertreterin wurden unruhig.

«Wir haben mit den Therapeutinnen der Kinder gesprochen», sagte nun mein Anwalt. «Sie befürworten es nicht, wenn die drei minderjährigen Töchter anonym leben müssen. Die Psychologinnen verweisen darauf, wie wichtig es ist, dass die Kinder die Geborgenheit ihrer vertrauten Umgebung nicht verlieren. Sie brauchen Freundinnen und Freunde, mit denen sie reden können. Das hilft ihnen sehr beim Verarbeiten der Geschehnisse.»

Ich dachte an Ulerikas Grab. Oft gingen wir sie besuchen, sprachen mit ihr, erzählten ihr unsere Sorgen. Das half uns. Wahrscheinlich hätte ich Ulerika mit einer Sondergenehmigung sogar mitnehmen dürfen an den Ort, wo wir untertauchen konnten. Aber ich hatte erst gar nicht gefragt. Wir wollten bleiben, wo wir zusammen gelebt hatten.

Der Richter bat nun die Polizei, ihre Sicht der Dinge zu schildern. Ursprünglich, erfuhr er, wäre die Lage als sehr gefährlich beurteilt worden. Man habe es schließlich mit einem Mörder zu tun gehabt. Die Polizei war zu Adem in die Vollzugsanstalt gefahren, um sich persönlich einen Eindruck zu verschaffen. Und in der Tat war mein Ex-Mann voller Hassgefühle und Rachegedanken gewesen. Ich hätte die Familienehre beschmutzt. Inzwischen aber sehe man die Situation weniger dramatisch. Es gäbe für meinen Ex-Mann keine

Chance, seine Pläne zu verwirklichen. Er säße in einem Gefängnis mit höchsten Sicherheitsvorkehrungen, an Flucht sei nicht zu denken. Wollte er tatsächlich einen Killer anheuern, müsse er viel Geld bezahlen. Und das habe er nicht. Die Familie wurde von der Polizei nicht als Gefahr eingestuft. Die Polizei habe die Behlulis aber auf jeden Fall vor Vergeltungshandlungen gewarnt. «Wir sind bereit, alles Menschenmögliche zu tun, um die Familie Gashi zu schützen», schloss der Vertreter der Polizei: «Vor allem, wenn es hilft, dass Frau Gashi ihre Kinder behalten kann.»

Ich war bewegt von seinen Worten.

Der Richter hielt den Brief des Jugendamtes in die Höhe: «Da steht, Frau Gashi sei traumatisiert. Mein Eindruck ist, sie kann ihre Lage realistisch darstellen und einschätzen. Sie kann auch ihre Entscheidungen begründen.» Er blickte die Frau vom Jugendamt an: «Ich bin bereit, dem Anliegen des Jugendamts Rechnung zu tragen. Aber Sie müssen dem Gericht Beweise vorlegen.»

Das Jugendamt lenkte ein. Und so endete die Anhörung einvernehmlich damit, dass ich meine Kinder behalten durfte. Der Polizeischutz vor unserer Wohnung wurde aufrechterhalten. Später stattete ich dem verantwortlichen Sachbearbeiter beim Jugendamt einen Besuch ab. Ich wollte, dass er mich kennen lernte und sah, dass ich keine pflichtvergessene und unfähige Mutter war.

Heute ist Ruhe mit dem Jugendamt. Eine Familienhelferin unterstützt mich beim Betreuen von Blerina. Sie spielt mit ihr, hilft ihr bei den Hausaufgaben, fährt sie zur Therapie oder begleitet sie in ihrer Freizeit.

«Mama.» Blerina hat braune Augen wie die junge Katze, die sie hält. «Schau!» Ich stelle den Besen in die Küchenecke und streichle das seidige Fell des Tieres. Fast ein Jahr ist seit der Diskussion mit dem Jugendamt vergangen, Blerina ist jetzt elf und hat ein Kätzchen bekommen. Sie strahlt. Das Kätzchen sitzt auf ihrem Schoß. Es stupst nach dem baumelnden Schlüssel an dem breiten Band um ihren Hals. Alle drei Schwestern haben sich das schwarz-rote Band gekauft. «Voll cool», findet Vjosa die Aufschrift «Albania». Blerina steht auf und schüttet Brekkies in eine Schale am Küchenboden. An der Wand hängt das große, rosafarbene Plakat, das Schülerinnen von Ulerikas Hauptschule für die Trauerkundgebung gemalt haben. Blerina hat auch ein Plakat in ihrem Zimmer, genauso wie Vjosa und Raimonda. Es ist Januar, wieder ist ein Weihnachtsfest vorbeigegangen. Ohne unsere Ulerika.

Das Kätzchen hopst von Blerinas Schoß und tippelt ins Wohnzimmer. Der Gummibaum und die Hängepflanzen von früher sind groß geworden, Katzenpfoten angeln nach den Ranken. Blerina schubst das Jungtier weg. «Das darfst du nicht!», sagt sie mit strenger Kinderstimme. Bunte Schokoladen-Nikoläuse stehen im Wohnzimmerregal neben der Büste von Skendr Beo. Sie nimmt das Kätzchen auf den Arm, und beide machen es sich auf dem dunkelblauen Schlafsofa gemütlich. Es ist dasselbe, auf dem wir in Ulerikas Todesnacht auf ein Zeichen von ihr warteten. Das ist nun bald zwei Jahre her.

Ich gehe zum Fenster, draußen schneit es. Gleich wird die Familienhelferin kommen, um Blerina zu betreuen und mit ihr Ulerika auf dem Friedhof zu besuchen. Ich habe Nachmittagsdienst im Altenheim. Vjosa und Raimonda sind mit Freundinnen in Tübingen. Noch haben meine Töchter Winterferien.

Sie sind noch immer in Therapie. Vjosa geht offen, fast aggressiv mit Fragen nach dem Vater um. Auf unserem Italien-Urlaub letztes Jahr lernten wir auf einem Campingplatz ein junges, albanisches Ehepaar kennen. Der Mann hatte dort Arbeit gefunden. Wie man unter Landsleuten schon mal fragt, wollte er wissen, wie ihr Vater hieße. «Adem», antwortete sie, «aber er ist im Gefängnis.» Und sie erzählte, warum. Stolz ist sie und will ihr Haupt nicht senken. «Oh, ihr Armen, da hat deine Mutter es sicher schwer als allein erziehende Mutter mit drei Kindern», meinte der geschockte Albaner. «Nein», flunkerte sie. «Wir haben zwei Häuser in Deutschland, und meine Mama arbeitet und fährt ein Cabrio.» Meine Vjosa, sie wollte uns nicht als arme Opfer darstellen. Und sie wollte gleich der Vorstellung abhelfen, weil ich keine Söhne hatte, die mich versorgen könnten, müssten wir arm sein. Denn so wäre es im Kosovo.

Wofür war Ulerika gestorben? Würde mein Schritt an die Öffentlichkeit wenigstens andere Frauen und Familien ermutigen, gegen Zwangsheirat und Gewalt aufzubegehren? Ich setzte mich aufs Sofa neben Blerina und streichelte über die Haare meiner Tochter. Es gibt noch so viele Menschen, die leiden. Damals, auf dem italienischen Campingplatz, hatte die kosovarische Ehefrau des Albaners angefangen zu weinen. «Auch meine Eltern wollten nicht, dass ich meinen Mann heirate. Ich bin Muslima, er ist ein albanischer Katholik», hatte sie erzählt. Wie aus heiterem Himmel war sie von Vjosas offenen Worten getroffen worden. «Ich floh mit ihm vor meiner Familie nach Italien. Seit fünf Jahren habe ich keinen Kontakt mehr. Heute möchte mein Vater, dass ich mit meiner kleinen Tochter zu Besuch ins Kosovo komme. Aber ich will ihn nicht sehen. Nur wir wissen, wie wir in der Fremde überlebt haben.» Der Schwiegervater aus Albanien hatte übrigens nichts gegen die Heirat einzuwenden gehabt. Ein Sohn kann machen, was er will.

Meine Töchter leiden. Vjosa sagt, ihr schönster Tag sei, wenn sie heirate; der Tag, an dem ihre Rache beginne. Ihr Vater würde nie erfahren, wer ihr Mann sei. Seine Enkelkinder solle er nie sehen. Und nie würden ihre Kinder erfahren, dass sie einen Opa hätten. Das ist ihre Strafe für ihn.

Für Raimonda ist es, als sei ihr Vater tot. Sie spricht nicht gerne über das Thema. Aber an Ulerikas Grab schwor sie, sie würde nie wieder Kontakt zu ihrem Vater haben.

«Blerina, zieh deine Stiefel an», sage ich. «Wir müssen gleich gehen.» Meine jüngste Tochter setzt das Kätzchen auf das Sofa und steht auf. Ich schaue aus dem Fenster. Noch ist die Helferin nicht zu sehen. Auch für Blerina ist es, als sei ihr Vater nicht mehr existent. Mir fällt ein, wie sie einen Schulaufsatz über das Thema «Meine Eltern» schreiben sollte. Sie war verwirrt und sprach mit ihrer Lehrerin. «Zum Glück», sagte sie zu mir, «durfte ich nur über dich schreiben. Denn ich habe keinen Vater mehr.» Das Kätzchen hopst vom Sofa und stakt zu Blerina. Sie sitzt vor dem Schuhregal. Es versucht, ihre Zehen zu erhaschen.

Ich kann Adem nicht verzeihen. Auch wenn er mir schreibt, er bereue die Tat. Er ist nicht damit einverstanden, dass ich Ulerika in Deutschland beerdigen ließ. Irgendwann will er sie in das Kosovo überführen lassen. Damit sie eines Tages an seiner Seite ruhen könne.

Er fragt nach seinen Kindern. Wenn sie ihn besuchen wollen, sage ich nicht nein. Er ist ihr Vater. Aber sie wollen ihn nicht sehen. Vjosa und Blerina haben auch Angst vor ihm. Was mich angeht, für mich ist er der Mörder meiner Tochter, ich hasse ihn und möchte ihn nie wieder sehen. Und dennoch: Manchmal ertappe ich mich bei dem Gedanken, ihn zu besuchen und zu fragen: Wie konntest du das tun? Ist sie schnell gestorben? Was waren ihre letzten Worte? Denn er ist der Einzige, der mir die Ungewissheit nehmen könnte.

Blerina rüttelt an meiner Schulter. «Mama! Das Telefon klingelt. Soll ich gehen?»

«Nein, lass nur.» Als ich den Hörer abnehme, ist niemand mehr in der Leitung. Es war bestimmt eine meiner Freundinnen. Bedrückt lege ich auf und wische ein Stäubchen von den Keramikfliesen unseres Wohnzimmertisches. Ich weiß, sie fühlen sich vernachlässigt, weil ich nicht anrufe. Sie haben mir viel geholfen, und jetzt melde ich mich so selten. Ich gehe kaum mit ihnen aus. «Ach komm, du hast schon Zeit, wenn du willst!», sagen manche. Nicht jede begreift, dass ich meine Kinder allein großziehen muss, dass ich eine 80-Prozent-Stelle habe. Oft ist mir alles zu viel. Manchmal treffe ich mich mit ihnen, wenn jemand auf die Kinder aufpasst. Ich sitze im Café, bin fröhlich, lache, und dann denke ich: ‹Ulerika ist tot! Wie kannst du nur die Freiheit genießen!› Dann muss ich weinen. So ist es oft in schönen Momenten.

Ich gehe zum Schrank und suche meinen warmen, roten Pulli. Ja, Ulerika hat uns befreit. Als sie noch lebte, konnte ich nicht gemütlich ausgehen. Letzte Woche war ich in einer Gaststätte, es wurde deutsche Volksmusik gespielt. Die mag ich. Und plötzlich kam wieder dieses Gefühl. Wäre meine Tochter noch am Leben, dann wäre ich nicht hier. Ich will diese Freiheit nicht genießen. Ich kann nicht! Ich habe die Gaststätte verlassen. Auch die Kinder sind oft bedrückt, wenn andere feiern. Letztes Jahr an Fasching wollte

Blerina auf keine Veranstaltung gehen. Denn Ulerika hat Fasching geliebt. Auf Blerinas Handy-Display ist zu lesen: ‹Miss you, Ulerika›.

Es klingelt an der Tür. Hastig ziehe ich den Pullover über den Kopf. Blerina öffnet, die Familienhelferin ist gekommen. Meine Kleinste versteht sich gut mit der blond gelockten, jungen Frau. Eingepackt in Stiefel, Jacke, Handschuhe und Schal, ziehen die beiden los, das Kätzchen schaut mit großen Augen hinterher.

Ich bin spät dran. Rasch verschließe ich die Wohnungstür und eile zum Auto. Unser Anrufbeantworter ist kaputt, ich muss vor Dienstantritt noch einen neuen besorgen. Vorsichtig steuere ich mein Auto durch die winterliche Gegend, die Landstraße ist vom Streusalz nassgetaut. Schneeflocken fliegen gegen die Windschutzscheibe. In der Reutlinger Geschäftsstraße parke ich meinen Wagen in einer Seitengasse. Hinter Bäumen. Dann steuere ich den Elektromarkt an. Es ist kalt, und das Geschäft für Brautmoden liegt auf dem Weg. Wie so oft betrachte ich Brautkleider im Schaufenster. Eine Bekannte heiratet demnächst. Im Geiste suche ich ihr das weiße, kurze Seidenkleid aus. Das passt gut zu ihren dunkelbraunen Haaren.

Ulerika wird niemals Hochzeit feiern. Das schöne Kleid, das ich ihr aussuchen wollte, das schöne Kleid, das ich nie hatte, auch sie wird es nie tragen. Das weiße Kleid, mein Traum, ist jäh zerrissen. An seiner Stelle brennt ein Schmerz. Er wird mich nie verlassen.

Ich merke, wie mich Passanten verstohlen mustern. Schnell wische ich mir die Tränen ab und rufe mich zur Ordnung. Ich gehe durchs Portal des Elektromarktes, beengende Wärme schlägt mir entgegen; Neonlicht, kein Verkäufer. Ich finde den Anrufbeantworter, der mir empfohlen wurde. Schnell laufe ich aus dem Laden, noch eine Viertelstunde bis Dienstantritt.

Jeder sagt, ich hätte mich verändert. Ich sei dünnhäutiger geworden. Das stimmt. Ich reagiere schnell negativ, auch wenn es niemand böse meinte. Jemand erzählt eine Geschichte, und ich fühle mich angesprochen und beleidigt. Die Kolleginnen und Kollegen nehmen Rücksicht. Und ich versuche, nicht ungerecht zu sein.

Oft ertappe ich mich dabei, dass ich meine Zeit mit Arbeit, Terminen, Erledigungen voll packe. Ich hetze durch den Tag und kann nicht ausruhen. Mein Terminplan ist eng. Wenn etwas anders läuft als erwartet, entsteht Hektik. Nein, ich nehme nicht gern Urlaub. Dann kommen die Gedanken. Noch immer muss ich zur Therapie. Es gibt Tage, da könnte ich in alle vier Ecken weinen.

Trotzdem – ich bin eine starke Frau geworden. Ich habe um meine Kinder gekämpft, kann Situationen besser einschätzen als früher. Heute schaue ich mir die Fakten an, überlege und entscheide. Früher war ich unentschlossen. Bis zur Untätigkeit. Denn es hätte ja dieses oder jenes passieren können. Ich zermarterte mir den Kopf, was mein Bruder, was meine Schwester sagen würden. Heute nehme ich nicht mehr so viel Rücksichten. Wichtig sind meine Kinder. Sie stehen an erster Stelle. Auch wenn mir meine Familie viel bedeutet, auch wenn ich meine Geschwister nicht missen möchte, heute würde ich sie nicht mehr fragen, wenn ich in Schwierigkeiten bin: Darf ich? Kann ich? Was meint ihr? Ich entscheide jetzt selbst! Und ich habe entschieden, ein Buch über unsere Geschichte zu schreiben.

Ich fahre die letzten Meter zum Seniorenheim. Es sind noch fünf Minuten bis Dienstantritt. Die alten Leute freuen sich auf Kaffee und Kuchen mit Volksmusik. Am Wochenende war Ruka mit ihren Töchtern bei uns zu Hause. Aber eigentlich ist mir jeder Besuch zu viel. Es stört mich oft, wenn meine Brüder, meine Schwester, meine Cousinen und Cousins fröhlich auf meinem Sofa sitzen. Alle genießen es, mich jetzt endlich besuchen zu können; jetzt, wo Adem weg ist. Neulich habe ich mich geweigert, Pizza für sie zu bestellen. Einfach so. Nicht wegen des Geldes. Ich bin nicht böse auf meine Familie, aber sie haben sich die letzten zwei Jahre vor Ulerikas Tod nicht genug um uns gekümmert. «Und wenn uns dein Mann was tut?», hatten sie gehadert. Ich will nicht unfair sein. Wahrscheinlich hatten sie sogar Recht, nicht zu kommen. Trotzdem bleibt die Enttäuschung. Jetzt möchten sie mir gern helfen. Doch ich komme allein zurecht. Ich könnte mich nie von ihnen trennen, aber es tut weh, dass sie mir nicht energischer geholfen haben. Ich werde meiner Schwester beistehen, wenn sie in Schwierigkeiten ist. Aber sonst möchte ich im Moment für mich bleiben. Ich möchte meine Familie nicht lachen hören, weil Adem weg ist. Denn er ist nur weg, weil Ulerika tot ist. Ulerika hat uns befreit.

Ich parke meinen Wagen in der Seitenstraße, geschützt von Bäumen und Sträuchern. Ein Fußgänger mit dick gefütterter Jacke und Handschuhen führt seinen Hund spazieren. Ich gehe die hundert Meter die Straße entlang, öfter schaue ich über meine Schulter. Schon lange stelle ich mein Auto nicht mehr auf die Parkplätze des Altenheims. Ich gehe durch die Tür, es duftet schon nach Kaffee.

Wir haben unser Haus verlassen, den Namen Behluli abgelegt, und ich ließ mich scheiden. Er aber, verurteilt wegen Mordes aus niedrigen Beweggründen an seiner Tochter, fragt nach mir, nach seinen Kindern, schreibt Briefe, möchte uns sehen. Er will seinen Lebensabend mit mir verbringen. In seinem Haus. «Was 300 Albaner zusammengefügt haben, können drei Leute nicht scheiden.» Sagt er.

Nachwort zur Taschenbuchausgabe

Es ist jetzt fast ein Jahr vergangen, seit mein Buch im Januar 2005 erschienen ist. Wir haben in der Zwischenzeit gelernt, besser mit unseren Ängsten zurechtzukommen. Unser Leben normalisiert sich. Meine Töchter fürchten sich nicht mehr, allein in ihren Zimmern zu schlafen. Nur meine jüngste, inzwischen zwölfjährige Tochter Blerina ist noch in therapeutischer Behandlung. Doch auch sie fühlt wieder Stärke in sich. Das Buch gibt uns Kraft, auch wenn uns der grausame Tod von Ulerika nie loslassen wird. Wir haben immer noch Albträume.

In solchen schweren Stunden lese ich manchmal in den Briefen, die ich von Leserinnen und Lesern aus ganz Deutschland, aus Österreich, Italien und der Schweiz bekommen habe. Sie haben darin ihrer Betroffenheit Ausdruck verliehen, uns Trost gespendet und Kraft gewünscht. Eine Schweizerin ist sogar an Ulerikas Grab gewesen, hat ihr eine Rose auf das Grab gelegt und einen Brief hinterlassen, in dem sie uns wünschte, dass wir wieder glücklich werden.

Der immense Zuspruch war und ist uns eine große Hilfe. Umso größer ist deshalb meine Freude, dass auch ich mit meinem Buch anderen Frauen und Mädchen helfen kann. Bei Terre des Femmes haben sich, ermutigt durch das Buch, viele Migrantinnen gemeldet, die für die Aufklärungsarbeit von Frauenorganisationen sonst kaum erreichbar gewesen wären. Häufig hatte eine Freundin oder Nachbarin ihnen mein Buch heimlich zugesteckt oder Passagen für sie übersetzt. Es waren Frauen und Mädchen, die schon seit langem in Deutschland leben, aber kaum Gelegenheit hatten, Deutsch zu lernen. Die nur selten das Haus verlassen, die über Jahre hinweg unterdrückt und misshandelt worden sind.

Für die Belange dieser Frauen und Mädchen wollte ich auch auf öffentlichen Veranstaltungen eintreten. Vor meiner allerersten Lesung legte mir meine Tochter Raimonda eine Rose und ein Herz auf den Tisch. «Wir sind stolz auf dich!», stand auf dem Herz geschrieben. Wie sehr habe ich mich darüber gefreut!

Bei meinen Zuhörerinnen und Zuhörern löste die Geschichte von Ulerika tiefe Betroffenheit aus. Manche berichteten über eigene Erfahrungen von Gewalt. In meinem Publikum saßen Deutsche, Türkinnen oder Bosnierinnen; einmal war sogar ein Imam, ein muslimischer Vorbeter, anwesend.

Trotz allen Zuspruchs kostet jede Lesung sehr viel Kraft, denn beim Vorlesen kommen all die schmerzlichen Erinnerungen zurück. Manchmal gelingt es mir nicht, die Tränen zurückzuhalten. Aber ich mache weiter, denn ich tue es zu Ulerikas Gedenken und für alle Mädchen, die gefährdet sind. Ich möchte an dieser Stelle die Gelegenheit nutzen, den betroffenen Frauen noch einmal ganz persönlich zu sagen: Haben Sie Mut, über die Gewalt in Ihrer Familie zu sprechen! Es hat keinen Sinn, darauf zu warten, dass sich die Situation von allein bessert. Reden Sie mit einer Freundin, einer Nachbarin oder rufen Sie eine Beratungsstelle an. Melden Sie sich bei Terre des Femmes. Sie brauchen keine Angst zu haben oder sich zu schämen.

Für mich kann ich heute sagen: Es war richtig, nicht in die Anonymität zu fliehen. Meine Mädchen und ich haben an Selbstbewusstsein gewonnen, unsere Stimmen werden gehört. Und ich bin stolz, dass es Organisationen wie Terre des Femmes gibt! Die Frauen dort waren mir eine große Stütze.

Ja, ich habe den Eindruck, dass in unserer Gesellschaft heute offener über Gewalt, Zwangsheirat und Ehrenmorde geredet wird als früher. Denn außer mir haben auch andere mutige Frauen ihr Schweigen gebrochen. Doch noch immer gibt es Menschen, die glauben, wir Frauen seien selbst Schuld, wenn Männer gewalttätig werden, weil wir «wie Deutsche» leben. Allein in den letzten Monaten sind in Deutschland acht Frauen im Namen der Ehre ermordet worden. Wir stehen mit unserer Arbeit erst am Anfang. Aber wir werden nicht nachlassen in unserem Engagement. Im Namen von Ulerika und allen anderen Opfern von Ehrenmorden appelliere ich an die Politik und jeden Einzelnen: Helfen Sie, Frauen und Mädchen wie Ulerika vor Gewalt und Ehrverbrechen zu schützen!

Hanife Gashi

Terre des Femmes: Nachwort

Ein Bericht in der Zeitschrift «Brigitte» Anfang 1981 über Ehrenmorde und die Flucht bedrohter Frauen aus dem Mittleren Osten war der Anstoß zur Gründung von Terre des Femmes. Und «Tod als Ehrensache» hieß das erste Buch von Terre des Femmes, das 1987 erschien und viele Beschreibungen persönlicher Schicksale enthält. Fast alle dargestellten Fälle von Ehrverbrechen und sonstigen schweren Menschenrechtsverletzungen an Frauen und Mädchen ereigneten sich im Mittleren Osten.

Fast 25 Jahre später ist Terre des Femmes immer noch mit diesem Thema befasst und startete im November 2004 eine zweijährige Kampagne unter dem Motto «NEIN zu Gewalt im Namen der Ehre». Hanife Gashi unterstützt diese Form der Gegenwehr in Deutschland mit ihrer vorliegenden Biographie, die ein Zeichen setzen will gegen den männlichen Terror in vielen Migrantenfamilien, weil sich die Mädchen und Frauen nicht so verhalten, wie Tradition und Kultur es vorschreiben.

Ein in der Herkunftsgesellschaft vorherrschender traditioneller Ehrenkodex bildet die Grundlage von Ehrverbrechen. Die Familienehre muss als höchstes Gut von allen Familienmitgliedern bewahrt und verteidigt werden, da sie die Stellung einer Familie in der Gesellschaft definiert. Typisch für solche Gesellschaftsstrukturen und Moralvorstellungen sind klar definierte geschlechtsspezifische Rollenzuweisungen. Für die Frau ist es die Rolle der Ehefrau, Mutter und Hausfrau, für den Mann die Funktion des Familienoberhauptes und Beschützers der weiblichen Familienmitglieder.

Die Familienehre hängt in erster Linie vom Verhalten der weiblichen Familienangehörigen ab. Sie sind die Trägerinnen der Familienehre und können diese bei Verstoß nicht durch eigenständige Handlungen wiederherstellen. Meistens kann sie nur durch Verstoßen oder Tod des beschuldigten Mädchens oder der Frau bereinigt werden. Die Gründe sind vielfältig: Ein Gespräch oder das Anlächeln eines Fremden kann schon ein Verstoß gegen die Familienehre sein. Eine uneheliche Schwangerschaft bedeutet in extrem männerdominierten Ländern den sicheren Tod. Ob sie durch eine außereheliche Beziehung oder durch Vergewaltigung zustande kam, ist dabei irrelevant. Oft reicht schon ein Gerücht über unbeaufsichtigten Kontakt zu einem Mann, um die Familienehre zu verletzen, denn entscheidend ist letztlich der *Ruf* der Familie in der Gesellschaft.

Besonders erschreckend ist, dass schon der Wunsch nach einem selbstbestimmten Leben oder das Durchsetzen der eigenen Meinung für Frauen schwere Konsequenzen haben kann.

In einigen Fällen dient ein Mord nur vordergründig der Wiederherstellung der Ehre. Tatsächlich sollen andere Straftaten wie Vergewaltigung oder Inzest vertuscht werden. Die Aufgabe, die Gewalttat zu begehen, fällt nahen männlichen Verwandten – in der Regel Brüdern oder Vätern – zu.

Sowohl Männer als auch Frauen stehen im Zusammenhang mit Ehrverbrechen unter enormem gesellschaftlichen Druck. Wird der Mann seiner Aufpasser- und Schutzfunktion nicht gerecht, oder erfüllt er seine Pflicht zur Verteidigung oder Wiederherstellung der Familienehre nicht, so gilt er als unmännlich und wird von der Gesellschaft als nutzlos ausgestoßen. Denn als Besitzer der Frau ist der Mann auch für ihr Verhalten verantwortlich.

Die Gewalttätigkeiten, die im Namen der Ehre begangen werden, reichen von Beschimpfungen und Bedrohungen hin zu Misshandlungen und Mord.

Zu Ehrverbrechen im weitesten Sinn zählen auch Steinigung, Zwangsheirat, Mitgiftmorde, Säureattentate und Witwenverbrennungen. Diese Verbrechen stehen ebenfalls mit traditionellen Vorstellungen von Schande und Unreinheit im Zusammenhang und dienen der Kontrolle und Unterdrückung der Frau.

Jedes Jahr werden laut den Vereinten Nationen mindestens 5000 Frauen weltweit im Namen der Ehre umgebracht. Die Dunkelziffer ist jedoch um ein Vielfaches höher, denn nur ein kleiner Prozentsatz der Fälle wird vor Gericht gebracht, und viele dieser Verbrechen werden in ländlichen, teilweise isolierten Gegenden begangen.

Länder in denen Frauen besonders gefährdet sind, sind Pakistan, Indien, Jordanien und die Türkei. Aber auch in Brasilien und Italien geschehen Ehrenmorde. In einigen dieser Länder existieren strafmildernde Gesetze für Täter aus dem unmittelbaren Familienkreis.

Häufig werden auch Minderjährige mit der Tat beauftragt, um eine Strafe zu umgehen. Gleichzeitig besteht kein oder nur ein unzureichender staatlicher Schutz für gefährdete Frauen.

In Jordanien werden Frauen «zu ihrem eigenen Schutz» jahrelang in Gefängnissen eingesperrt.

Über das genaue Ausmaß der Verbrechen, die in **Deutschland** im Namen der Ehre begangen werden, liegen keine repräsentativen Studien vor.

Häufig werden innerhalb von Familien mit Migrationshintergrund traditionelle Wert- und Ehrvorstellungen besonders stark hervorgehoben und tradiert, um sich von der als befremdlich und unverständlich empfundenen Umgebung abzugrenzen. Davon sind vor allem Mädchen und Frauen betroffen, die vom Kontakt mit der als verwerflich wahrgenommenen Umwelt abgehalten werden sollen, um die Familienehre nicht zu gefährden.

Dass es dabei zum Zusammenprall zweier Welten kommt – auf der einen Seite die der Familie und ihres Ursprungslandes, auf der anderen Seite die der neuen Umgebung, an die sich gerade junge Frauen gerne anpassen möchten –, ist nicht zu vermeiden. Daraus erwachsen schwere Konflikte. Ulerika Gashi ist leider kein Einzelfall. Allein im Jahr 2003 kümmerte sich Terre des Femmes um 79 Fälle, die im Zusammenhang mit Kulturkonflikten stehen.

Terre des Femmes fordert im Hinblick auf die auch in Deutschland vorkommenden Verbrechen im Namen der Ehre:

- Eine Erhebung über Formen und Ausmaß dieser Verbrechen in Deutschland. Eine solche Studie ist Voraussetzung, um geeignete Präventivmaßnahmen zu erarbeiten.
- Die Einrichtung spezieller Beratungsangebote und anonymer Zufluchtsstätten, die auf diese Problematik ausgerichtet sind.
- Integrationsmaßnahmen für Migrantinnen und Migranten unter anderem durch die Einrichtung von überregionalen Integrationsstellen, die für eine Verbesserung der Eingliederungsprozesse zuständig sind und gleichzeitig eine Art Vermittlungsposition zwischen der jeweiligen Familie und den Behörden (Polizei, Jugendamt) einnehmen.
- Neben einer möglichst breiten Öffentlichkeit sollten insbesondere Lehrkräfte sowie Beschäftigte von Jugendamt und Polizei für die Problematik sensibilisiert werden. Dies soll durch konkrete Schulungen geschehen.
- Weiterhin fordern wir, dass geschlechtsspezifische und staatliche Verfolgung als eigenständiger Asylgrund anerkannt wird, damit Frauen, die zum Beispiel vor einem drohenden Ehrenmord aus ihrer Heimat geflohen sind, ein dauerhaftes Aufenthaltsrecht in Deutschland erhalten.

Auf **internationaler Ebene** fordert Terre des Femmes die Abschaffung von Gesetzen, die Tätern Strafmilderung im Fall von Ehrverbrechen zugestehen. Ehrverbrechen sollten als Verstöße gegen internationale Menschenrechtsabkommen öffentlich angeprangert und auf internationalen Konferenzen und Staatsbesuchen explizit thematisiert werden. Organisationen vor Ort, die Frauen Schutz und Beratung anbieten, müssen unterstützt oder ins Leben gerufen werden.

Verbrechen im Namen der Ehre sind schwerwiegende Menschenrechtsverletzungen und stehen im Gegensatz zu fundamentalen Rechten, wie sie in der *Allgemeinen Erklärung der Menschenrechte* (1948) und dem *Internationalen Übereinkommen zur Beseitigung jeder Form von Diskriminierung der Frau* (CEDAW, 1981) festgelegt sind. Für alle Unterzeichnerstaaten besteht die Verpflichtung, kulturellen Praktiken entgegenzuwirken, die Frauen diskriminieren und sie ihrer universellen Rechte berauben.

Bemühungen, gegen diese Gewalttaten vorzugehen, haben bereits Erfolge gezeitigt. Der Deutsche Bundestag verabschiedete 2001 einen Antrag zur weltweiten Ächtung von Verbrechen im Namen der Ehre. Im Mai 2004 änderte die Türkei im Zuge einer Strafrechtsreform verschiedene Regelungen, die zuvor Strafnachlass bei Ehrverbrechen ermöglicht hatten.

Alle Frauen und Mädchen sollen und müssen die Chance haben, selbstbestimmt, unabhängig und frei auf dieser Erde zu leben, befreit von traditionellen und kulturellen Vorschriften. Wir hoffen, dass die Erinnerungen und Gedanken von Hanife Gashi dabei helfen, dem Frieden zwischen den Geschlechtern näher zu kommen.

Christa Stolle, Terre des Femmes

Terre des Femmes macht sich stark für ein selbstbestimmtes und freies Leben von Frauen und Mädchen weltweit. Ziel ist ein partnerschaftliches und gleichberechtigtes Geschlechterverhältnis.
Die gemeinnützige Menschenrechtsorganisation unterstützt Frauen und Mädchen durch internationale Vernetzung, Einzelfallhilfe und Förderung von einzelnen Projekten. Mit eigenen Publikationen, Veranstaltungen, Jahreskampagnen und Lobbyarbeit will Terre des Femmes die breite Öffentlichkeit über Misshandlung und Diskriminierung von Frauen aufklären. Die Arbeit des Vereins finanziert sich aus Spenden und Mitgliedsbeiträgen.
Schwerpunktthemen von Terre des Femmes sind der Kampf gegen Frauenhandel, Genitalverstümmelung, Zwangsheirat, Ehrenmorde, Kinderprostitution, die Ausbeutung von Arbeiterinnen und den sexuellen Missbrauch von Mädchen und Frauen.

Terre des Femmes e.V.
Menschenrechte für die Frau
D-72015 Tübingen

Tel. 07071/7973-0
Fax 07071/7973-22
tdf@frauenrechte.de
www.frauenrechte.de